中華現代學術名著叢書

甲骨文字釋林

于省吾 著

商務印書館

圖書在版編目(CIP)數據

甲骨文字釋林/于省吾著.—北京:商務印書館,2010(2022.12重印)
(中華現代學術名著叢書)
ISBN 978-7-100-07486-5

Ⅰ.①甲… Ⅱ.①于… Ⅲ.①甲骨文—研究 Ⅳ.①K877.14

中國版本圖書館CIP數據核字(2010)第210553號

本書據中華書局2009年版影印,
由中華書局授權出版。

中華現代學術名著叢書
甲骨文字釋林
于省吾 著

商務印書館出版
(北京王府井大街36號 郵政編碼100710)
商務印書館發行
北京冠中印刷廠印刷
ISBN 978-7-100-07486-5

2010年12月第1版 開本880×1240 1/32
2022年12月北京第4次印刷 印張16⅞ 插頁2

定價:78.00元

于省吾

(1896—1984)

四十五歲時像 (1940年)

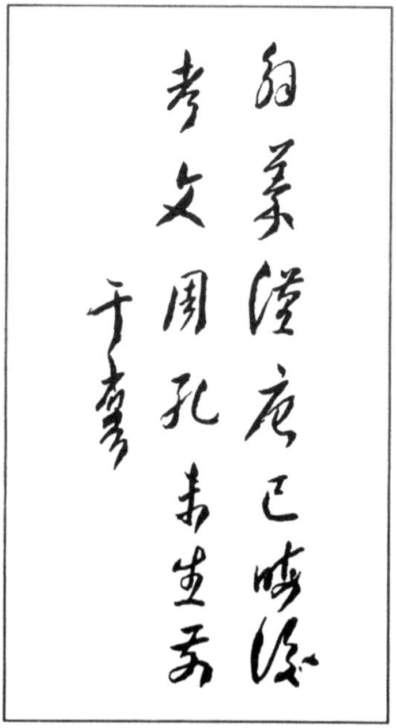

作者手迹：解義漢唐已晦後
考文周孔未生前

晚年讀書 (1983年)

與助手林澐在一起 (1981年)

在書房指導研究生 (1981年)

與夫人金搴芙及長女、女婿在一起 (1980年)

出版説明

百年前，張之洞嘗勸學曰：『世運之明晦，人才之盛衰，其表在政，其裏在學。』是時，國勢頹危，列强環伺，傳統頻遭質疑，西學新知亟亟而入。一時間，中西學并立，文史哲分家，經濟、政治、社會等新學科勃興，令國人亂花迷眼。然而，淆亂之中，自有元氣淋漓之象。中華現代學術之轉型正是完成於這一混沌時期，於切磋琢磨、交鋒碰撞中不斷前行，涌現了一大批學術名家與經典之作。而學術與思想之新變，亦帶動了社會各領域的全面轉型，爲中華復興奠定了堅實基礎。

時至今日，中華現代學術已走過百餘年，其間百家林立、論辯蜂起，沉浮消長瞬息萬變，情勢之複雜自不待言。温故而知新，述往事而思來者。『中華現代學術名著叢書』之編纂，其意正在於此，冀辨章學術，考鏡源流，收納各學科學派名家名作，以展現中華傳統文化之新變，探求中華現代學術之根基。

『中華現代學術名著叢書』收録上自晚清下至二十世紀八十年代末中國大陸及港澳臺地區、海外華人學者的原創學術名著（包括外文著作），以人文社會科學爲主體兼及其他，涵蓋文學、歷史、哲學、政治、經濟、法律和社會學等衆多學科。

出版『中華現代學術名著叢書』，爲本館一大夙願。自一八九七年始創起，本館以『昌明教育，開啓民智』爲己任，有幸首刊了中華現代學術史上諸多開山之著、扛鼎之作；於中華現代學術之建立與變遷而言，既爲參與者，也是見證者。作爲對前人出版成績與文化理念的承續，本館傾力謀劃，經學界通人擘畫，并得國家出版基金支持，終以此叢書呈現於讀者面前。唯望無論多少年，皆能傲立於書架，并希冀其能與『漢譯世界學術名著叢書』共相輝映。如此宏願，難免汲深綆短之憂，誠盼專家學者和廣大讀者共襄助之。

商務印書館編輯部

二〇一〇年十二月

凡例

一，『中華現代學術名著叢書』收錄晚清以迄二十世紀八十年代末，爲中華學人所著，成就斐然、澤被學林之學術著作。入選著作以名著爲主，酌量選錄名篇合集。

二，入選著作内容、編次一仍其舊，唯各書卷首冠以作者照片、手迹等。卷末附作者學術年表和題解文章，誠邀專家學者撰寫而成，意在介紹作者學術成就，著作成書背景、學術價值及版本流變等情況。

三，入選著作率以原刊或作者修訂、校閱本爲底本，參校他本，正其訛誤。前人引書，時有省略更改，倘不失原意，則不以原書文字改動引文；如確需校改，則出脚注説明版本依據，以『編者注』或『校者注』形式説明。

四，作者自有其文字風格，各時代均有其語言習慣，故不按現行用法、寫法及表現手法改動原文；原書專名（人名、地名、術語）及譯名與今不統一者，亦不作改動。如確係作者筆誤、排印舛誤、數據計算與外文拼寫錯誤等，則予徑改。

五，原書爲直（横）排繁體者，除個別特殊情況，均改作横排簡體。其中原書無標點或僅有簡單斷句者，一律改爲新式標點，專名號從略。

六，除特殊情況外，原書篇後注移作脚注，雙行夾注改爲單行夾注。文獻著録則從其原貌，稍加統一。

七，原書因年代久遠而字迹模糊或紙頁殘缺者，據所缺字數用『□』表示；字數難以確定者，則用『（下缺）』表示。

目録

中卷

下卷

甲骨文字釋林序

截至現在為止，已發現的甲骨文字，其不重複者總數約四千五百个左右。其中已被確認的字還不到三分之一。不認識的字中雖有不少屬于冷僻不常用者，但在常用字中之不認識者，所占的比重還是相當大的。而且，已識之字仍有不少被研契諸家誤解其義訓、通假者。所以說目前在甲骨文字的考釋方面，較諸羅、王時代雖然有所發展，但進度有限。

我從事古文字研究已四十餘年，雖然很少間斷，但用力多而成功少。專就甲骨文字來說，我所新識的字，和對已識之字在音讀、義訓方面糾正舊說之誤而提出新解，總共還不到三百。如釋三為气、釋昊為敗、釋咒為毀、釋桑為喪，均屬新識之字；又如釋奚為以手提攜奚奴之髮辮、釋戉為刃尾迴曲之透孔斧鉞、釋孚為戰爭俘獲兒童、釋⊕象首甲之形，均屬對已識之字的造字本義作出新的解釋；再如釋启為前軍、釋齒為舛牾、釋生正為櫰祡、釋其為詼，則均屬對已識之字的義訓及通假提出新的見解。就所釋之對象而言：或有關天文，如釋[illegible]為虹、釋云為雲、釋[illegible]為靁、釋大叓蘉為大驟風；或有關地理，如釋膏魚為高魚或高梧、釋兕羊為汪芒、釋兇為流、釋四單為四臺；或有關世系，如釋王亥女（母）為王亥之配偶、釋羌甲譌為沃甲、釋小王為孝己、釋中宗祖丁及中宗祖乙之中為仲；或有關社會活動，如釋𦔮為協力耕作、釋遷為驛傳、釋雉眾為夷眾、釋寇為打鬼；凡此種種，不煩一一詳列。今將解放前我所寫的甲骨文字考釋，大加刪訂，和解放以後所寫的甲骨文字考釋，彙集在一起，共一百九十篇，名之為「甲骨文字釋林」。至于其中的釋一至十之紀數字、釋具有部分表音的獨體象形字、釋古文字中附劃因聲指事字的一例等篇，並非專釋一字一詞，而是根據甲骨文字的某些構形進行綜合性的解釋，就文字起源和造字方法提出了一些新的看法。

甲骨文的研究是多方面的，但文字考釋是一項基礎工作。要使文字考釋有較快的進展，方法問題很重要。過去在古文字考釋的方法上，長期存在着唯物辯證法和唯心主義形而上學的鬥爭。古文字是客觀存在的，有形可識，有音可讀，有義可尋。其形、音、義之間是相互聯系的。而且，任何古文字都不是孤立存在的。我們研究古文字，既應注意每一字本身的形、音、義三方面的相互關係，又應注意每一个字和同時代其它字的橫的關係，以及它們在不同時代的發生、發展和變化的縱的關係。只要深入具體地全面分析這幾種關係，是可以得出符合客觀的認識的。有的人完全不懂得這種唯物辯證的認識方法，說什麼「揅討三千年上之殘餘文字，若射覆然」，其影響所及，使古文字考釋工作陷入唯心主義不可知論的泥淖。還應當看到，留存至今的某些古文字的音與義或一時不可確知，然其字形則為確切不移的客觀存在。因而字形是我們實事求是地進行研究的唯一基礎。有的人卻說：「考釋文字，舍義以就形者，必多窒礙不通，而屈形以就義者，往往犂然有當。」這種方法完全是本末倒置，必然導致主觀，望文生義，削足適履地改易客觀存在的字形以遷就一己之見。這和真正科學的方法，是完全背道而馳的。在這方面，清代考據學家的成果，仍有許多是值得我們參考和吸取的。清代考據學儘管有其很大的局限性，但它的無徵不信、實事求是的精神，是應該加以肯定的。總之，我們今天考釋古文字，首先應努力掌握馬列主義的唯物辯證法，而且還要注意吸收前人的優秀成果，才能使古文字的考釋工作有較快的進展。

關于古文字資料在研究古代歷史上的地位問題，我過去一再強調要以地下發掘的文字資料為主，以古典文獻為輔。象甲骨文這樣保存在地下的文字資料，是三千多年來原封不動的。而古典文獻則有許多人為的演繹說法和轉輾傳訛之處。例如：

有關商代的世系，史記殷本紀作上甲微、報丁、報乙、報丙，而甲骨文則作上甲、匚乙、匚丙、匚丁，顯然史記所記是錯誤的，應以甲骨文為準。又如殷本紀的沃甲、沃丁，當為羌甲、羌丁之譌，也賴甲骨文的發現，才真相大白（詳釋羌甲）。當然，我們同時也要用古典文獻來補充地下發掘的文字資料的不足，特別還需要用地下發掘的實物資料，來補充文字資料的不足，把這幾方面辯證地結合起來，交驗互足，才能使我國古代史的研究不斷取得新的成果。

研究古文字的主要目的，是為探討古代史、尤其是探討古代的階級和階級鬥爭史服務的。而且，中國古文字中的某些象形字和會意字，往往形象地反映了古代社會活動的實際情況，可見文字的本身也是很珍貴的史料。在本書中，我利用甲骨文字的構形和甲骨文的記事，對我國成文歷史的開始，對我國古代社會的經濟基礎和上層建築，都進行了一些研究。而特別值得注意的是，其中所反映出來的商代統治階級對于人民的踐踏和刑殺，在這裏有必要概括地闡述一下這一問題。

一，人身的蹂躪。甲骨文有（鬱）字，中从作，勹乃俯伏之伏的本字（詳釋勹鳥匍），象一人踐踏在俯伏于地的另一人的脊背之上（詳釋）。甲骨文有字。其所从之尼作或，均象一人坐于另一人的脊背之上（詳釋尼）。甲骨文中還有字（乙三八四三），則象一人騎在另一人的頭上。以上都是對于人民身體蹂躪的寫真。

二，捆縛。甲骨文羗字作，係字作（詳釋係），均象用繩索縛人之頸。甲骨文訊字作或，右旁乃象人跪形而反縛雙手。至于甲骨文字也作，則象反縛奚奴而以斧鉞砍其頭。

三，械具和囹圄。甲骨文執（執）字作或，象兩腕同械之形（殷虛出土的陶俑，女奴械兩腕于胸前，男奴械兩腕于

背後）。而執字的異構或作□形，象以手扼其人之頸；或作□形，象既械其腕而復縛其頸；或作□形，象持朴鞭打其人之背；或作□形，象拘其人之首于籠內（以上均詳釋執）。此外，甲骨文還有圉（圉）字，象監禁囚徒于囹圄之中，這裏就不詳說了。

四，肉刑。甲骨文有刖字，作□或□，象以刀割鼻。甲骨文有刵字，作□，象以戈割耳（詳釋刵）。甲骨文中還有□字，頗多異構，象持鋸（古稱鋸為錡，詳馬瑞辰毛詩傳箋通釋·破斧）斷人之右足，商器簋文有□字（錄遺一三三），象手持鋸形，可資參證。

五，火刑。甲骨文有□字（前六·二一·五），象焚燒係索于頸之人于火上。甲骨文有巫妝（鄴初下三八·六），又有□字作□（甲四二二），象焚巫于火上，即暴巫以乞雨。甲骨文中還有烄燃女奴隸以乞雨之貞，例如：「叀婞烄」（簠雜六七），「于甲窔凡」（鄴三下四八·三，凡字他辭也作⿰女凡），「叀㚸窔㞢雨」（乙一二二八），是其證。

六，陷人以祭。甲骨文字也作、、等形，都應釋為臽，即陷的初文。其字从人（或从女）从凵（凵乃坑坎之坎的本字），象陷人于坑坎之中（詳釋），甲骨文的「其作豊（禮）于伊臽」（粹五四〇）、「甲辰至戊臽人」（後下一六·一一），均指陷人以祭。甲骨文還有字（藏五九·三），象陷人于坑坎之中而又持錘杵以舂之。

七，砍頭以祭。砍頭即書呂刑大辟之刑。伐字甲骨文作，商器鬳戈作，均象以戈斷人之頸。甲骨文還有字（京津三一〇二），象以斧鉞砍頭之形。此字商代金文常見，例如父辛觚作，作父丁尊作，鼎文作，無須備列。

八，敋與乇。甲骨文常見用人牲以祭，其殺戮之方法，以敋與乇最為殘暴。敋字典籍通作胣或施，乃剖腹刳腸，為後世凌遲之刑的起源。甲骨文有「攺百羌」以祭的例子（詳釋攺）。乇字也作舌或䄻，典籍通作矺，與磔同，乃裂其肢體而殺之。甲骨文有「舌十人又五」和「䄻羌」以祭的記載（詳釋乇舌䄻）。

綜括上述各條，從甲骨文中所反映的商代統治階級對于人民羣衆的踐踏和刑殺，極殘暴之能事。就蹂躪人身方面來看，既踐踏于人的脊背而又安坐于其上，踐踏安坐之不足，還要騎在人民頭上；就捆縛方面來看，為了防止俘虜或罪犯的逃亡，既縛其頸部韋之以行，而在刑訊或屠殺他們的時候，還施之以反縛；就帶械者來看，不僅械其兩腕，有時還扼其項、縛其頸、擊其背、籠其首、置諸囹圄之中；就肉刑方面來看，有的施之以斷鼻的劓刑，有的施之以鋸去右足的刖刑，而在軍事上或割取左耳以獻功；就火刑方面來看，既焚係累的俘虜于火上，又暴巫或燃燒女奴隸以乞雨；就陷人以祭方面來看，既活埋于坑坎之中，有的還執錘杵以舂擊之；就砍頭以祭方面來看，以鈎兵斷首固屬常見，用斧鉞砍頭也是慣例；就敚、乇人牲方面來看，敚為剖腹刳腸，乇（磔）為割裂肢體，其殘酷已達于極點。

總起來說，商代統治階級對待被壓迫階級的踐踏和刑殺，無所不用其極。特別是甲骨文中有關用人牲以祭的占卜，觸目皆是。其每次祭祀用人牲的數量，由一个或幾个，以至于幾十幾百，甚至上千。這樣揮戈揚斧、殺氣騰騰、血淋淋的慘酷情景實屬駭人聽聞，較之所謂人間地獄，有過之而無不及。這就充分暴露了自商代中葉以來歷世商王，尤其是武丁，踐踏和刑殺了那麼多的人民羣衆，妄圖乞福于鬼神，以保持他們腐化奢淫的生活，其殘虐凶狠已達到何等地步！然而典籍中却說什麽，高宗（武丁）「不敢荒寧，嘉靖殷邦，至于小大，無時或怨」（書無逸），「神明」而「睿廣」（國語楚語），「修政行德，天下咸驩」（史記殷本紀）。這都是肆意妄加頌揚，完全違反了歷史事實。我們研究古代歷史要想達到「古為今用」，就必須把被顛倒的歷史重新顛倒過來。

本書中華書局在去年已列入出版規劃，因為無人謄寫，延遲至今年，才由同學林澐從事繕寫，由同學姚孝遂和陳世輝相助校對。但整理倉猝，荒誤之處在所難免。希望讀者多加指正，至為盼矚。

一九七八年九月夙興宴于省吾時年八十又二

凡例

一，本書的上卷是由雙劍誃殷契駢枝共三編（初編爲一九四〇年出版，續編爲一九四一年出版，三編爲一九四三年出版）九十八篇刪訂而成。其中初篇的釋攺，已重寫加入本書中卷，續編的釋⿰角耳改爲釋⿰火耳，已重寫加入本書下卷。下餘九十六篇，除刪去四十三篇外，共存五十三篇，作爲本書的上卷。

二，我在解放前所寫的雙劍誃殷契駢枝四編稿本，曾被陳夢家借去，擇引于殷虛卜辭綜述一書中。現在將四編中的各篇加以刪削，只有十篇重行改寫，加入本書中、下卷。

三，本書中卷的釋⿰埶卑是由發表于考古一九六二年第九期的釋奴婢一文改寫的。釋圣即發表于考古一九七二年第四期的從甲骨文看商代的農田墾殖一文，畧有改訂。釋黍、齍、來、釋禾年、釋秜三篇是由發表于東北人民大學人文科學學報一九五七年第一期的商代的穀類作物一文分别改寫的。釋遷、釋𠬝兩篇是由發表于東北人民大學人文科學學報一九五五年第二期的殷代的交通工具和馹傳制度一文分别改寫的。本書下卷的釋尼曾發表于吉林大學社會科學學報一九六三年第三期，畧有删改。釋庶是和陳世輝同學合寫的，曾發表于考古一九五九年第十期，這次又作了修改。本書附錄的釋毌呂兼論古韻部東冬的分合曾發表于吉林大學社會科學學報一九六二年第一期，亦有改訂。

四，本書為了力求精簡，寧缺毋濫，不僅將舊寫篇數加以删削，而且在每篇中，文字有煩瑣處，也加以删改，當然要以說明問題為準。

五，本書並非一時所寫，上卷是從前用文言所寫的，中、下兩卷是後來用語體文所寫的。在引用甲骨文和各家說解方面，或繁或簡，由于時間關係，前後均未能劃一。

六，在本書一百九十篇（包括附錄兩篇）之外，對于甲骨文中舊所不識之字，還擬加以新的解釋者，例如：釋楙（甲骨文編六．五，以下簡稱「文編」）為柏（舊只釋杲為柏），釋絃（乙一八六六，乙一六二）為妶，釋𣏟（文編六．五）為柆（見說文），釋權（文編六．四）為楓，釋𠂤（乙七三八）為心，釋匿（文編一二．二一）為匡（揚），釋岀（文編附上二一）為迪，釋⿱丷夂（文編附上九一）為麥，釋品（前六．六六．一）為蕒，釋⿰乃甘（甲一九〇九）為⿰而心（从而从心，即恧。本書釋心漏引），等等，約共二十餘字，不備列。將來得暇，再從事解釋。

七，在此需要附帶加以聲明。孫氏甲骨文編的釋遷（二．二二）、釋竟（三．四）、釋毀（三．二一）、釋雒（四．一〇，謂「古雒夷通用」）、釋⿱卄丂（五．六）為粵、釋夗（七．八）、釋靁（一一．一二）、釋姬（一二．五）、釋婢（一二．七）、釋小王（合文一一）等，均是剿襲余說。余說雖然發表在前，但如不加以聲明，則容易使人誤會為我是襲孫氏之說。

本書引用書目的簡稱

（依簡稱筆劃為序）

董作賓	小屯·殷虛文字乙編	乙
方法斂	甲骨卜辭七集	七
陳邦懷	殷虛書契考釋小箋	小箋
胡厚宣	甲骨六錄	六
孫海波	甲骨文錄	文錄
唐　蘭	天壤閣甲骨文存	天
饒宗頤	巴黎所見甲骨錄	巴
張秉權	小屯·殷虛文字丙編	丙
胡厚宣	戰後平津新獲甲骨集	平津
董作賓	小屯·殷虛文字甲編	甲
楊樹達	積微居甲文說	甲文說

郭沫若	甲骨文字研究	甲研
羅振玉	三代吉金文存	代
董作賓	殷虛文字外編	外
	西清古鑑	西清
楊樹達	卜辭求義	求義
商承祚	殷契佚存	佚
郭沫若	兩周金文辭大系圖錄攷釋	系考
胡厚宣	戰後京津新獲甲骨集	京津
貝塚	京都大學人文科學研究所藏甲骨文字	京都
林泰輔	龜甲獸骨文字	林
明義士	殷虛卜辭	明
方法斂	金璋所藏甲骨卜辭	金
顧廷龍	古匋文孴錄	匋文錄
曾毅公	甲骨叕存	叕

羅振玉	殷虛書契前編	前
明義士	柏根氏舊藏甲骨卜辭	柏
葉玉森	鐵雲藏龜拾遺	拾
胡厚宣	戰後南北所見甲骨集	南北
楊樹達	耐林廎甲文說	耐林
羅振玉	殷虛書契後編	後
方法斂	庫方二氏藏甲骨卜辭	庫
金祖同	殷契遺珠	珠
郭沫若	卜辭通纂	通
郭若愚	殷契拾掇	掇
郭若愚	殷契拾掇第二編	掇二
唐　蘭	殷虛文字記	殷記
余永梁	殷虛文字考	殷考
余永梁	殷虛文字續考	殷續

陳邦懷	殷契拾遺	殷拾
陳邦懷	甲骨文零拾	陳
容　庚	善齋吉金圖錄	善
吳大澂	說文古籀補	補
李旦丘	鐵雲藏龜零拾	零拾
羅振玉	殷虛書契菁華	菁
葉玉森	殷虛書契前編集釋	集釋
孫海波	誠齋殷虛文字	誠
商承祚	福氏所藏甲骨文字	福
李旦丘	殷契摭佚	摭
李亞農	殷契摭佚續編	摭續
葉玉森	殷契鉤沈	鉤沈
吳其昌	殷虛書契解詁	解詁
郭沫若	殷契粹編	粹

胡厚宣	戰後寧滬新獲甲骨集	寧滬
王國維	戩壽堂所藏殷虛文字	戩
郭沫若	古代銘刻彙考續編	銘考續
陳夢家	殷虛卜辭綜述	綜述
郭若愚	殷虛文字綴合	綴合
曾毅公	甲骨綴合編	綴合編
唐　蘭	古文字學導論	導論
胡厚宣	甲骨學商史論叢	論叢
羅振玉	增訂殷虛書契考釋	增考
黃　濬	鄴中片羽初集	鄴初
黃　濬	鄴中片羽三集	鄴三
容　庚	殷契卜辭	燕
羅振玉	鐵雲藏龜之餘	餘
郭沫若	金文餘釋	餘釋

陳邦懷	殷代社會史料徵存	徵存
孫詒讓	契文舉例	舉例
于省吾	商周金文錄遺	錄遺
王　襄	簠室殷契徵文	簠
王　襄	簠室殷契類纂	簠類
于省吾	雙劍誃古器物圖錄	雙古
羅福頤	古璽文字徵	璽徵
商承祚	殷虛文字類編	類編
劉　鶚	鐵雲藏龜	藏
吳式芬	攈古錄金文	攈
羅振玉	殷虛書契續編	續
胡厚宣	甲骨續存	續存

甲骨文字釋林上卷

海城于省吾撰

釋屯、萅

甲骨文□字習見。王襄釋為矛，以為「古茅字」（簠類一．三）。唐蘭同志釋□為「豕形無足而倒寫者」（天考一七）。又甲骨文之「帚□」，董作賓釋為「餽矛」（安陽發掘報告第四期帚矛說）。郭沫若同志釋為「婦勹」，謂「刻辭中之若干□，即言卜骨之包裹」（銘考續．骨臼刻辭）。按以上各說並誤。

甲骨文□字作□、□、□、□、□等形，即屯之初文。屯父己鼎二器作□□，金文編入于附錄。屯作兄辛毀之器與蓋作□□。以上二鼎一毀均係商器。屯字，周代金文作□、□、□、□、□、□等形，說文作□。此乃屯字之演變源流。至于甲骨文之多屯、示屯、乞屯之屯，舊説均不可據，存以待考。

甲骨文春秋之春作≈、≈、≈、≈、≈、≈、≈、≈等形，舊誤釋為楙或𣘥。甲骨文今屯、來屯屢見，是有時亦以屯為春。説文：「萅，推也，从艸从日，艸春時生也，屯聲。」萅字隸變作春。商代和周初只有春秋兩季，後來發展為四季。甲骨文有𪚴字，唐蘭同志隸定作𪚴，釋為秋（天考二〇），是也。甲骨文有時以萅與𪚴為對貞，例如：「叀今𪚴〇于𣪘。」（粹一一五一）「叀𦵼令□田〇叀𪚴令𠂤。」（續存上一九九九）甲骨文無夏字，雖有冬字，但均作終字用，當然亦無冬夏對貞之例。此乃商代有春秋而無夏冬之明徵（詳拙著歲時起源初考）。

釋虹

甲骨文𢀛字屢見，例如：「其□㞢設𢀛于西。」（前七．

七・一）「昃亦㞢設，㞢出◠自北□飲于河。」（殹存三五）「王固曰，㞢希，八日庚戌，㞢各云自東面母，昃亦有出◠自北飲于河。」（菁四）◠字，葉玉森謂：「象橋梁形，疑橋之初文。」（集釋七・六）郭沫若同志云：「◠是蜺字，象雌雄二虹而兩端有首。……蓋古人以單出者為虹，雙出者為蜺也。卜辭已有⿰虫申字，此自是蜺。」（通考四二六）按葉郭之說均誤。至于郭釋◌、◌為⿰虫申（通考四二九），其實乃古文𩆜字（詳釋𩆜）。◠係虹之象形，乃虹之初文。茲擇錄典籍中有關虹之解說以及可以證成◠為虹之初文者，條述于左：

一，虹蜺之別。爾雅釋天：「螮蝀謂之雩，螮蝀，虹也。蜺為挈貳。」郭注：「蜺，雌虹也，見離騷。挈貳其別名，見尸子。」音義：「虹雙出色鮮盛者為雄，雄曰虹；闇者為雌，雌曰霓。」楚辭遠遊：「建雄虹之采旄兮。」九章悲回風：「處雌蜺之標顛。」說文：「虹，螮蝀也，狀似蟲。从虫工聲。」

又：「霓，屈虹，青赤或白色，陰氣也。从雨兒聲。」釋名釋天：「虹，攻也，純陽攻陰氣也。」孟子梁惠王：「若大旱之望雲霓也。」趙注：「霓，虹也，雨則虹見。」按霓同蜺，分言之，雄者曰虹，雌者曰霓，通言之，則霓亦稱虹也。

二，虹霓之災異與神話。周書時訓：「小雪之日，虹藏不見。虹不藏，婦不專一。」釋名釋天：「美人，陰陽不和，婚姻錯亂，淫風流行，男美於女，女美於男，互相奔隨之時，則此氣盛，故以其盛時名之也。」又：「霓，齧也，其體斷絶，見于非時，此災氣也，傷害於物，如有所食齧也。」太平御覽十四天部引易通卦驗：「虹不時見，女謁亂公。」又引春秋演孔圖：「霓者斗之亂精也，斗失度則投霓見。」由是可證，虹霓之藏現有時，古人以藏現失時為不祥，卜辭以虹出為有希，其説由來尚矣。山海經海外東經：「䖟䖟在其北，各有兩首。」郭注：「虹，螮蝀也。」釋名釋天：「蝃蝀，其見每於日在西而見於東，啜飲東方之水氣也。」漢書燕王旦傳：「是時天雨，虹下屬宮中，飲井水，水泉竭。」太平御覽十四天部引黃帝占軍訣：「攻城有虹從南方入飲城中者，從虹攻之，勝。」初學記天部引異苑：「晉陵薛願，義熙初，有虹飲其釜，須臾，翕響便竭。」夢溪筆談異事：「世傳虹能入溪澗飲水，信然。……虹兩頭皆垂澗中。」按卜辭言「亦有出虹自北歙于河」，歙古飲字，虹而言飲，與典籍可相證發。

三，虹與杠梁、古玉璜形之相似。爾雅釋宮：「隄謂之梁，石杠謂之徛。」孟子離婁：「歲十一月，徒杠成。」說文：「杠，牀前橫木也。」廣雅釋器：「樹、⿰爿兆，杠也。」王氏疏證：「杠者橫亙之名，石橋謂之杠，義與牀杠相近也。」文選西京賦：「亙雄虹之長梁。」按杠與梁均有似于虹。葉玉森誤疑為橋之初文，實則其形似橋，不得謂為橋字也。又虹與古玉璜形亦相似。太平御覽十四天部引搜神記：「孔子修春秋，制孝經，既成。孔子齊戒，向北斗星而拜，告備於天。乃有赤氣如虹，自上而下，化為玉璜。」此雖事屬演義，然可推知古來有璜似虹形之觀念。說文：「璜，半璧也。」按半璧正象虹形。近年來出土之商周玉璜，兩端多雕成龍首、蛇首或獸首形，尤與傳記所稱虹有兩首之說相符。

總之，甲骨文以有希（祟）與出虹連文，以為虹能作禍祟。又視虹為有生機之物而能飲。均可與典籍相發明。虹之形與杠梁、玉璜頗相類，均可以證成為虹之象形初文。商代晚期金文則以形聲字之⿰目虹或虹代之，後此則虹行而⿰目虹廢，世人尤不知其本作矣。

釋云

甲骨文云字作、、、、等形。商承祚同志釋旬（類編九・三）。唐蘭同志謂：「商釋旬非誤，卜辭或作或

作ㄛ者，字形演變，時代有先後也。前編云，貞𢆶ㄛ其□，本書云，兹ㄛ雨者，並謂兹旬也。龜甲獸骨文字云，貞尞于三ㄛ，後編云，卜尞于六𠣌者，謂三旬及六旬也。蓋商人以旬記日，卜辭多卜旬之事，而今所傳骨版上常有六旬表及三旬表，即昔人所謂干支表也。商人尚鬼，則其於三旬六旬必有神主之，故尞之矣。以字形言之，則ㄛ當即云，在說文為雲字之古文；而旬字卜辭多作𠣌，當即勹字，旬从勹聲，說文以為从勹者誤也。云勻聲類相近，蓋本一字，而後世誤歧之也。」（燕釋四頁）

按甲骨文云勻有別，唐以三云六云為三旬六旬誤矣。云為雲之初文，加雨為形符，乃後起字。甲骨文稱：「今𢆶云雨。」（前六．四三．四）「𢆶云其雨。」（乙四六〇〇）是均以云為雲之證。甲骨文又稱：「允㞢設，明（明）㞢各云。」（前七．四三．二）設謂自然界所設之徵兆（詳釋設）。各即格，謂來至也。又：「王固曰，㞢希，八日庚戌，㞢各云自東圓母。」（菁四）

㞢𠦪即有祟。圓母當爲地名。又：「又來于六云五豕，卯五羊。」（後上二二·三）「來豕四云。」（庫九七二）「來于三云。」（林一·一四·一八）「來于云。」（珠四五一）「來于帝云。」（續二·四·一一）六云、四云、三云謂雲之色也，帝云謂上帝之雲也。又：「耏三嗇云。」（燕二）嗇即啚，應讀爲色。公羊哀六年傳：「諸大夫見之，皆色然而駭。」王引之經義述聞：「色者歡之借字也。」又謂通俗文引公羊傳作「歡然而駭」。按文選枚叔七發之「中若結轖」，李注：「轖音色也。」以上是从啚之字與色字通之證。三啚云謂三色之云也。于云言來言耏，乃祀云之典禮。周禮保章氏：「以五雲之物，辨吉凶水旱降豐荒之祲象。」鄭注：「物，色也，視日旁雲氣之色。降，下也，知水旱所下之國。」鄭司農云，以二至二分觀雲色，青爲蟲，白爲喪，赤爲兵荒，黑爲水，黃爲豐。」孫詒讓周禮正義：「御覽咎徵部引三輔舊事云，漢作靈臺，以四孟之月登臺而觀，黃氣為疾病，赤氣為兵，黑氣為水也。其赤黑之占，與先鄭說同，唯云黃為疾病則異，又無青白二占，疑御覽所引文有挩誤也。」按御覽引三輔舊事，列黃赤黑三氣，非有挩誤，此謂三雲之色也。御覽天部八引洞冥記曰：「吉雲之國俗，常以雲占吉凶。」又引漢書曰：「宣帝祠甘泉，有頃，紫雲從西北來，散於殿前。」是于五雲三雲之外，又有紫雲。雲之色不限于五。雲之見也，或只一色，其數色並見者，所謂彩雲也。按近年來出土之商代調色器，其四桶者貯紅黃黑白四色。殷虛墓葬所發現之布質畫幔，亦用以上四色。或謂商代又有赭綠二色。商人已能使用多種顏料，當有相當發達之辨色能力。故于雲之色或稱三色云，或省語作三云、四云、六云。商代于雲有祀典，則雲氣之占，由來尚矣。

釋靁

甲骨文□字亦作□、□、□、□、□、□、□等形。羅振玉云：「說文解字，電古文作□，此从□，象電形，□象雨點，雨與電相將也。」（增考中五）葉玉森云：「說文，雹，雨冰也。古文从雨，□象形。」又云：「古人制雹字从□□，即申，象電燿屈折形，乃初文電字。許書虹字下出籀文蚺，謂申電也可證。□象冰點，□□象冰塊，釋雹似可無疑。」（鉤沈一）郭沫若同志云：「□乃虹字。說文：蚺籀文虹，从申，申電也。此字正从申，於申旁附以小圓或細點者，示虹之周遭有雨滴。」（通考四二一）按羅、葉、郭三說並誤。□或□乃靁之初文。或省作□，从實點與从虛廓一也。靁字亦作□或□。甲骨文之「才□」（粹一五七〇），以□為地名，郭沫若同志誤釋為疇。甲骨文之「才丘□」，丘靁亦為地名。綜之，从◇與从田一也，田形中間之橫豎畫乃文飾，無義可言。靁字，周器盠駒尊作□，說文古文作□。戴侗六書故謂「說文□即畾之省」，是也。商器靁甗靁字作□，父乙罍作□，周器師旂鼎作□，洀罍作□，中从𠃌、乙、乂，即□形之譌變。說文靁之古文作□，又由金文而譌變者也。說文：「靁，陰陽薄動，靁雨生物者也。从雨，畾，象回轉形。」按韻會引作「从雨畾聲」，是也。甲骨文稱：「七日壬申□，辛子雨，壬午亦雨。」（前三·一九·三）「茲□其雨。」（乙三四三四）「□不雨。」（乙七三一三）「帝其令□。」（南北輔一五）「帝其弘令□。」（乙六八〇九）按弘訓大，此言帝其大令雷也。要之，甲骨文靁字从申，申即電之初文。電者靁之形，靁者電之聲。靁字之演變，其作□，乃□或□形之省變，再變而作□、□，三變而作□、□、□，四變而作□，其增雨作形符，為說文作靁所本。揆其源流遞嬗之迹，灼然明矣。然則研契諸家之釋電釋雹釋虹，均無當矣。

釋大叓雚

甲骨文大叟雚常見，叟字作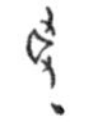、、、、、等形。葉玉森云：「古雷字或从上下兩手執斧鉞形，蓋古代神話謂雷能殺人，乃天地之斧鉞。」（鉤沈一）按葉乃臆測之說，不足據。叟字象上下兩手持耳形，當即掫之古文。說文：「掫，夜戒守有所擊也，从手取聲。春秋傳曰，賓將掫。」按古文从手从又一也。掫應讀為驟，驟从聚聲，聚从取聲，聲母同。朱駿聲說文通訓定聲謂掫字「叚借為聚」。史記樂毅列傳：「夫齊霸國之餘業，而最勝之遺事也。」王念孫讀書雜志：「最當為冣字之誤也。冣與驟同。」又：「冣古聚字。周官獸醫注，趨聚之節，釋文聚本亦作驟。驟聚冣三字古聲並相近。」按王說是也。掫之通驟，猶冣之通驟矣。老子二十三章之「驟雨不終日」，河上公注：「驟雨，暴雨也。」以暴詁驟，驟猶暴也。玄應一切經音義九引國語賈注：「驟，疾也。」詩終風之「終風且暴」，毛傳：「暴，疾也。」是驟與暴古同訓。爾雅釋天

之「日出而風為暴」，孫炎注：「暴，陰雲不興，而大風暴起。」

按大風暴起猶言大風驟起。總之，甲骨文之大叜雈即大掫風，

亦即大驟風，猶今言大暴風矣。

釋「不緝雨」

甲骨文稱：「甲兇卜，不緝雨。」（粹七二〇）緝字作[illegible]。郭沫若同志云：「緝疑聑（瑱）之古字，象耳有充耳之形。不緝雨者，猶它辭言不征雨，雨不延綿也。」按郭說非是。廣韻六止有緝字，並訓「緝緝嚳盛皃」。甲骨文緝字應讀作茸，緝與茸並諧耳聲，故通用。段注本說文：「茸，艸茸茸皃，从艸耳聲（而容切）。」漢書惠帝紀「及內外公孫耳孫」，師古曰：「耳音仍，仍耳聲相近。」文選司馬遷報任少卿書「在闒茸之中」，李注：「茸，細毛也。」茸亦通氄。書堯典「鳥獸氄毛」，僞傳：「鳥獸皆生耎毳細毛以自溫焉。」按細毛謂之茸，故細

雨亦可謂之葺。甲骨文之不緝雨，謂雨不葺細也。今吾鄉方言猶謂細雨為葺雨或毛毛雨。

釋旦

甲骨文□字作□、□、□、□等形。商承祚同志釋為「日丁」二字（佚考一六六），郭沫若同志釋昌（舊本粹考一〇二九），均不可據。按□即旦之初文。金文旦字，朢毁作□，克鼎作□，頌壺作□，伊毁作□，休盤作□。古文虛框與填實同，甲骨文旦字下不填實者，契刻之便也；其上从日或無點者，文之省也。甲骨文二體分離，金文多上下相連，只休盤□字與甲骨文相仿。形雖遞演，迹猶可尋。說文：「旦，明也，从日見一上，一，地也。」按古文無从一者，許說失之。甲骨文旦字之用法，例如：「于旦王迺田，亡𢦔。」（粹九八四）「于旦亡𢦔。」（粹一〇二九）均係占卜狩獵之事。「癸，于旦迺伐𢦏，不雉人。」（鄴三下四四·五）係占卜征伐之事。「旦不雨○食不雨。」（粹七○○）旦與食對文，食謂「大食」時。「旦涵（昧）至昏不雨。」（鄴初下三三·三）旦昧指天將明時言之。由旦昧至昏，猶今言早晚，義尤明顯。「兄（祝）叀今旦彭正。」（佚一六六）「旦其溦鼎。」（甲四○四）均謂旦時祭也。甲骨文稱：「于南門○于旦。」（甲八四○）又：「于南門旦。」（佚四六八）陳夢家謂旦「疑假作壇」（綜述四七二），可備一說。甲骨文復字作𡕥，亦作𡕒。甲骨文稱：「其𡕒⊖。」（佚八八二）⊖乃旦之殘文，應作𣅀。又：「丁卯卜，戊辰𡕒旦○弜𡕒旦，其征。」（南北明四四七）書大傳虞夏傳：「旦復旦兮。」甲骨文言旦謂即日之旦，言復旦謂翌日之旦。前引「戊辰𡕒旦」，戊辰即丁卯之翌日也。

釋兇

甲骨文萈字常見，作□、□、□、□、□等形。王襄釋羌（簠考·征伐三四）葉玉森謂：「疑即蒙字。」（集釋四·六一）唐蘭同志謂：「□則即說文死字古文之□。」（天考四〇）按以上各說均屬臆測。金文教字所从之矛，商器般甗作□，周器毛公鼎作□，鄀公毁則變作□。又克鼎有□字，舊誤釋為項。其字右从□，乃由□形所譌變。又直兵之矛字，商器鉦文作□（金文編入于附錄），周器鄭楙弔壺楙字从矛作□。周代金文遹字屢見，其所从之矛作□或□。以上所列直兵之矛字，與甲骨文□字及商周金文教字後世隸定為左从矛者迥然有別。□字本象人戴羊角形之帽。古代狩獵，往往戴羊角帽并披其皮毛，以接近野獸而射擊之（詳釋羌笱敬美）。甲骨文萈字之作□，即象此形。但萈與直兵之矛形近音同，因而後世混淆不分。甲骨文稱：「丁子卜，㱿貞，王□（學，讀為教）眾，九于萈方，受㞢又〇丁子卜，㱿貞，王弜□眾（眾下當有缺字）萈方，弗其受㞢又。」（丙二二）「貞，今□比𠂤疾虎伐𦉪方，受㞢又。」（前四．四四．六）「□□卜，殻貞，王伐𦉪，帝受我又。」（續存上六二七）以上𦉪方亦省稱為𦉪。甲骨文之𦉪，即書牧誓「及庸、蜀、羌、髳、微、盧、彭、濮人」之髳，亦即詩角弓「如蠻如髦」之髦。詩鄭箋：「髦，西夷別名。武王伐紂，其等有八國从焉。」按髳乃後起之變體繁文，髦又為髳之借字。以甲骨文驗之，則其初本作𦉪。其遞嬗演變之源流，宛然可尋。

釋𠂆

甲骨文𠂆字也作□、□、□、□、□等形，甲骨文編入于附錄。孫詒讓「疑亦即台字」（舉例上三四），林義光釋旨（鬼方黎國並見卜辭說），葉玉森釋椒（集釋四．一〇），郭沫若同志釋勹（中國古代社會研究）。商器𢻱□卣之□字，吳大澂釋旨（補附二六）。按各家所釋，均屬臆測。又古鉨文□字數見（璽徵附三二），丁佛言說文古籀補補入于附錄，並謂「或者為古厃字」。按丁說是也，但不知其字之源流，故不作肯定之詞。甲骨文[illegible]字乃厃字的初文。厃字孳乳為危，戴侗六書故謂厃即危字。說文厃作厃。並謂：「厃，仰也，从人在厂上。一曰，屋梠也，秦謂之桷，齊謂之厃。」按許氏據已譌之小篆分為兩說，均誤。其實，[illegible]字本象攲（俗作欹）器之形。荀子宥坐：「孔子觀於魯桓公之廟，有欹器焉。孔子問於守廟者曰，此為何器？守廟者曰，此蓋為宥坐之器。孔子曰，吾聞宥坐之器者，虛則欹，中則正，滿則覆。孔子顧謂弟子曰，注水焉。弟子挹水而注之，中而正，滿而覆，虛而欹。」楊注：「欹器傾欹易覆之器。宥與右同。言人君可置於坐右，以為戒也。說苑作坐右。或曰，宥與侑同，勸也。文子曰，三王五帝有勸戒之器，名侑卮。注云，欹器也。」說文：「攲，持去也，从支奇聲。」段注以攲為敧之借字，並謂：「此攲當作敧。危部曰，𢻱，𢻱䧢也。竹部箸訓飯攲，此攲字亦當作𢻱，箸必邪用之，故曰飯𢻱。廣韻𢻱，不正也。玉篇曰，攲今作不正之𢻱。」因此可知，□字象攲器，故皆作傾斜形。甲骨文又有□字（佚三八〇），象兩手捧□形，其象攲器尤為顯而易見。

甲骨文厃字作□，商器放厃卣作□，晚周古鉨文變作□、□、□、□等形（璽徵附三二）。晚周孝經古文危作□（見古文四聲韻．五支），可以與古鉨文相驗證。此字自漢以來又譌變為厃，孳乳為危，于是厃字之初文與本義，遂湮沒失傳。

早期甲骨文，以「下厃」與「厃方」為方國名者習見。第五期甲骨文之征人方，往往言「才厃」、「才厃貞」、「步于厃」，又均以厃為地名。其地望待考。

釋呈

甲骨文呈字作□、□、□、□等形，舊不識。甲骨文編入于附錄。按呈即呈之初文。春秋吳季子之子劍逞字从呈作呈，晚周郢鐸與郢爰之郢从呈亦作呈。晚周古鉨文「呈志」兩見，呈字作呈亦作𡈼。呈之作𡈼者乃後起之變體，為說文所本。說文：「𡈼，平也，从口壬聲。」此乃由獨體字譌化為形聲字。其演變源流，灼然可見。

甲骨文以呈為地名，見于第四、五期。其言「叀呈田」、「王叀呈田」、「王田呈」者常見。呈字後世變為呈，又孳乳為程。漢樊安碑之「作呈作式」，冀州從事郭君碑之「先民有呈」，均已以呈為程。詩常武：「王謂尹氏，命程伯休父。」續漢書郡國志「洛陽有上程聚」，劉昭注：「古程國。史記曰，重黎之後，伯休甫之國也。」甲骨文稱：「才呈貞，王田衣，逐亡災。」（前二·一五·一）因此可知，呈地接近于衣。

釋豐

甲骨文𠯑字習見，亦作𠯑、𠯑、𠯑、𠯑等形。甲骨文編入于附錄。商承祚同志「疑為祼字」（類編．待問一．一）葉玉森釋索（鉤沈六），吳其昌謂「𠯑之誼與𩐁相類」（解詁六三五）。按各家所釋均屬臆測。

甲骨文舋字，周器嫚冡敄毁作𠯑，𩐁靈悳毁作𩐁。又甲骨文𩐁字三見（甲骨文編三．一一釋𩐁，而未作分析。按其字右側从𠯑，下从𠂤，即皀形之變。甲骨文之既與卽左从皀變作𠂤者數見不鮮。又甲骨文卿字中从皀變作𠂤者屢見，可資互證），周器卯毁作𩐁，說文作𩐁。此字左下从皀，後來變作从食，與周代金文毁亦作𣪘，卿亦作𩛥同例。至于甲骨文舋字上部所从之甾，即甾之初文。說文甾字作甾，並謂：「東楚名缶曰甾」。（詳釋甾）依據上述，則舋與𩐁均从甾聲（金文編誤以為从由），𩐁與𩐁均从才聲，古从甾从才之字音近通用。例如：周器之子陵行甾之甾作由，假甾為从才聲之𩐁，金文編誤認為「行甾為鼎之別名」。又詩丰鄭箋之「紂衣纁袡」，釋文「紂本作緇」；禮記檀弓之「紂衣」，釋文「紂本作緇」，是其證。此例典籍常見，無須備舉。總之，𦉢字為从冂、从毀省、从甾聲之形聲字。

甲骨文𦉢字為帝乙帝辛周祭中五項重要祀典——彡翌祭𦉢劦之一。甲骨文言「王賓某（先王廟號）𦉢亡尤」或「王賓某爽匕某𦉢亡尤」者習見，甲骨文言祭某甲或𦉢某甲而又言劦某甲者亦習見。𦉢字說文作𩜁，並謂：「𩜁，設飪也，从丮从食，讀若載。」易鼎之「亨，飪也」，釋文謂「飪，熟也。」玉篇丮部：「𩜁，設食也。」按祭祀需要設食以享鬼神，故甲骨文以𦉢為祭名。

釋宂

甲骨文于用牲每言宂，其字作□、□、□、□、□、□、冗等形。商承祚同志「疑即祭字之省」（類編·待問一·四）。吳其昌謂「冗之與用，義殆不異」（解詁四八五）。楊樹達釋貴，引說文「古文妻从肖女，肖古文貴」為證，以為「甲文之叀羊可作貴羊」（甲文說上四）按其字與祭形迥別，亦與用義不同。至于楊氏釋貴亦誤，因為商周金文遺字从貴屢見，無一从肖者。其實冗即說文盬之初文，茲分別闡明如下：

一，冗字所从之凡、冃、冂、几，均象几案形。其或一足高一足低者，邪視之則前足高後足低。其有橫者，象橫距之形，今俗稱為橫撐。禮記明堂位：「俎……夏后氏以嶡。」鄭注：「中足為橫距之象。」周代金文處字从几，宗周鐘作Ω，弓鎛作Ω，蚰匕作Ω，均象几形。近年來長沙出土之漆几作Ω形，尤其明徵。又漢代鏡銘飢字从几作冃或冂，猶存古文遺風。

二，說文：「盬，以血有所刏涂祭也。从血幾聲。」按幾與几同音，故通用。至于飢之與饑，机之與機，典籍每互作。

因此可知，𠕒與䘒為古今字。𠕒从數點象血滴形，與䘒之从血同義。

三，䘒字典籍亦假幾、刉、祈為之。周禮犬人：「凡幾珥沈辜用駹可也。」鄭注：「玄謂幾讀為刉，珥當為衈，刉衈者釁禮之事。」山海經東山經：「祠毛用一犬，祈聃用魚。」又中山經：「刉一牝羊，獻血。」郭注：「以血祭也，刉猶封也。」管子形勢：「山高而不崩，則祈羊至矣。」祈即刉也。由是可證，甲骨文𠕒字當於說文之䘒，典籍亦作幾、刉、祈者。並係音近字通。說文：「血，祭所薦牲血也。」甲骨文言𠕒，皆謂刉物牲或人牲，獻血以祭也。此與周代祀典取牲血以涂釁祭器者，顯而不同。

四，甲骨文言𠕒之例。甲骨文稱：「□寅卜，貞，𠕒㞢彡戠，自毋辛衣。」（前一·三〇·四）「丙寅卜，㝑貞，來羌，來甲戌，𠕒，用。」（前六·六七·四）「□戌卜，貞，卓見

（獻）百牛，宂用自上示。」（前七·三二·四）「丙申貞，射𠂤以羗宂用自甲。」（後上二五·七）「甲辰貞，其大𢀛，王自甲盟，用白豕九，下示宂十□。」（粹七九）「丁未貞，其大𢀛，王自甲盟，用白豕九，四示宂牛。才父丁宗卜。」（摭續六四）「乙亥貞，又彳伐，自甲宂至父丁。」（粹九九）「王其生宂。」（珠六五五）「己亥卜，穷貞，宂用來羌。」（甲五九）「丁未貞，桒年，自上甲六示牛，小示宂羊。」（南北明四五七）「丁酉卜，自甲宂用人。」（南北明五二五）「癸丑卜，自甲宂，又伐。」（南北明五二四）「辛酉其若，亦宂伐。」（甲八九六）以上所列諸辭，或單言宂，或以羊與牛為言，或以羌與人為言，以宂之形音義及其辭例推之，則為刉物牲或人牲，取血以祭，較然明矣。

綜之，甲骨文之宂，說文作釁，宂與釁為古今字。宂為宂物牲或人牲，獻血以祭。周代典籍作幾、刉或祈者，借字也。

釋𥛱

甲骨文稱：「己卯卜，我貞，𥛱月又史。」（前八·五·六）「癸子卜，于𥛱月又㞢。」（前八·六·三）「王其寍𥛱。」（甲二七七四）𥛱字本作𠦪或𠦪，舊不識。按𠦪字應隸定作𥛱，从示𠦪聲。𠦪即古拔字，象兩手拔木之形。古文四聲韻入黠引古老子拔字作𠦪，是其證。𥛱即祓之初文，祓與拔並諧犮聲，祓从示，从犮聲與从𠦪聲一也。説文：「祓，除惡祭也，从示犮聲。」繫傳：「祓之為言拂也。」周禮女巫：「掌歲時祓除釁浴。」鄭注：「歲時祓除，如今三月上巳如水上之類。」御覽八百八十六引韓詩：「鄭國之俗，三月上巳之日，於兩水上，招魂續魄，拂除不祥。」要之，甲骨文以𥛱為祭名，𥛱月有事，謂祓祭之月有事，猶他辭言「今東月有事」矣。此乃後世三月上巳祓祭之起源。

釋甾

甲骨文甾字作□、□、□、□等形。葉玉森誤釋為苗（集釋六・四九）。按甾即曾之初文，茲闡述于下：

說文：「曾，詞之舒也。从八，从曰，四聲。」按古文曾字無从四从曰者，許說失之。周代金文曾字常見，曾究伯鼎作□，曾子中宣鼎作□。甲骨文甾字與曾究伯鼎曾字上从甾形同。是曾字初文上兩畫與田形相連，積漸孳化，離析為二。甲骨文从八之字亦作□，猶□之从甾或作□，□之或作□，是其證。其从田亦作曰者，乃省畫，猶界或作畀。又周初器中甗之「才甾」，猶存初形。甲骨文之「田于□」（續三・二四・五），以□為地名。又：「令門□」（前六・五七・六），乃□字之縱列者，下从疊甾，已省其一。葉玉森集釋誤釋為𦍌苗二字。□字金文□鼎作□，右旁已由甲骨文之疊甾變為从甾，然則甾為曾之初文，斷可識矣。甲骨文甾字常見，每用為地名。又甲骨文稱：「弜甾用。」（燕六一八）「貞，辛甾彭牛。」（巴一一）「牧氏（讀致）羌，征于口（祊）甾用。」（後下一二·一三）則以甾為祭名。周器段毀：「王鼎畢蒸，戊辰曾。」亦以曾為祭名。曾當讀為贈。周禮占夢：「乃舍萌於四方以贈惡夢。」鄭注：「贈，送也，欲以新善去故惡。」又男巫：「冬堂贈無方無筭。」鄭注：「故書贈為矰。杜子春云，矰當為贈。堂贈謂逐疫也，無方，四方可為也，無筭，道里無數，遠益善也。玄謂冬歲終以禮送不祥及惡夢皆是也，其行必由堂始。」按甲骨文言甾，金文言曾，周禮言贈，此殷禮與周禮可資互證者也。

釋𢇍

甲骨文𢇍字作、、、、等形。孫詒讓云：「說

文系部，系籀文作𦃃从爪，此即𦃃之省。」（舉例下一三）羅振玉亦云：「說文解字，系，繫也，从糸丿聲。籀文作𦃃，卜辭作手持絲形，與許書籀文合。」（增考中六一）葉玉森則云：「卜辭系字數見，其誼均不可知。」（集釋五・四〇）按孫羅二氏說是也。周代金文𡠗仲毁，𡠗从系作𦃃，乃𦃃之省化字，說文譌省為系。𦃃字典籍通作繫。儀禮士喪禮之「著組繫」，鄭注：「組繫為可結也。」鬼谷子中經：「綴去者，謂綴己之繫言。」陶注：「繫，屬也。」禮記郊特牲：「籩豆之實，水土之品也。不敢用褻味而貴多品，所以交於神明之義也。」周禮內饔之「辨百品味之物」，鄭注：「百品味，庶羞之屬。」甲骨文稱：「令𦎫𦃃，才京奠。」（甲三五〇）「翌乙亥彭𦃃，易日。乙亥彭，允易日。」（前七・四・一）「乙亥彭，𦃃品。」（粹一一二）「之夕乙亥彭𦃃，立中。」（粹三九八）「𦃃米。」（藏七二・三）甲骨文祀典稱𦃃，為舊所不解。其實，𦃃謂欲交接于鬼神而以品物為繫屬也。只言𢆶者，簡語耳。言彡𢆶，彡為酒祭，𢆶謂繫屬物品。言彡𢆶品，語有不省。言𢆶米，猶他辭言登黍、登米。不言登而言𢆶者，謂以米繫屬于鬼神，文雖有別，義則無殊也。

釋畀、𧆛

甲骨文畀字習見，亦作畁、甹、𢌿或畁、畀、𤰔等形，舊不識，甲骨文編入于附錄。甲骨文稱：「𧆛彡力自上甲。」（粹一〇九）郭沫若同志云：「周恭王時趞曹鼎：王射于射盧（廬），字作𧆛，與此作𧆛者相同，故知此亦盧字。案此乃鑪之初文，下象鑪形，上从虍聲也，唯盧彡力不明何義。」按𧆛彡力之力本應作乇（詳釋乇舌䂸）。𧆛彡乇乃三種祭名。郭釋𧆛為盧是也，至于畀字，又為盧與鑪之初文。上象鑪之身，下象欵足。𧆛字後世作盧，从皿為絫增字。甲骨文畀、𧆛並見。周代金文盧字或从因，或變作从卣、从田。説文盧字變作从甾，又籀文盧作盧，變作从囪。凡此皆因、膚、盧演變之源流。茲將甲骨文因與膚之用法，分別加以闡述。

一，因字訓為剝割。甲骨文稱：「壬辰卜，㞢母癸，因豕〇癸子卜，㞢母甲，因豕〇甲午卜，㞢母乙，因豕〇乙未卜，㞢母，因豕。」（鄴初下二六．四，佚三八三背）此外因豕凡四十餘見，不備錄。甲骨文之因豕，皆就祭母某或妣某言之，其言「㞢氏于天（大）庚㞢因豕，用」（乙五三八四），罕見。甲骨文之因牲，皆就豕言之，其言「因羊戉☐」（乙一〇六二），亦罕見。因豕之因，乃後世盧字之初文。盧與膚古通用。周代金文金名之鑪通作鏞，鑪器之鑪則作盧。論語顏淵之「膚受之愬」，即「盧受之愬」，詳論語新證。説文臚之籀文作膚。此乃盧與膚通用之例證。廣雅釋言：「膚，剝也。」又釋詁：「剝，膚皮離也。」王氏疏證：「説文云，剝取獸革者謂之皮。韓策云，因自皮面抉眼，自屠出腸。鄭注内則云：膚，切肉也。是皮膚皆離之義也。」按王說是也。皮與膚皆係名詞，作動詞用則有剝離之義。禮記内則之「麋膚」，鄭注：「膚或作胖。」按膚與胖雙聲，故通用。周禮腊人之「凡祭祀共豆脯薦脯膴胖」，鄭注：「鄭大夫云，胖讀為判。」是胖與判通，乃割裂之義。然則顯而易見，膚豕當為割裂豕肉以祭。

二，膚字通旅。除前引「膚彡乇自上甲」外，甲骨文亦稱：「庚辰卜，膚翌日甲申。」（鄴三下四一·九）「庚申卜，膚翌酌甲兇。」（甲八八六）膚為祭名，當即周代之旅祭，膚即盧，盧與旅音近相借。伯晨鼎之「旅弓、旅矢」，書文侯之命作「盧弓一、盧矢百」。周禮司儀「皆旅擯」，鄭注：「旅讀為鴻臚之臚。」儀禮士冠禮「旅占」，鄭注：「古文旅作臚也。」以上是旅與盧或从盧之字相通之證。周禮掌次：「王大旅上帝。」又大宗伯：「國有大故，則旅上帝及四望。」鄭注：「旅，陳也，陳其祭事以祈焉。」漢書叙傳：「大夫臚岱，侯伯僭畤。」鄭氏曰：「臚岱，季氏旅於太山是也。」師古曰：「旅，陳也，臚亦陳也。臚旅聲相近，其義一耳。」按周器弔尊：「王大省公族，于庚辰旅。」旅謂陳列祭品以祭。但甲骨文言膚，並非如周禮就祭祀上帝四望為言。

三，肉為人名地名。甲骨文以肉為貞人名者屢見。甲骨文稱：「貞，弓用肉氏羌。」（前六·六·四）則以肉為人名。又：「辛卯貞，从瀕涉○辛卯貞，从獸肉涉。」（粹九三四）以兩者為對貞詞驗之，則从獸肉涉即獸从肉涉之倒文，是肉當為水名。

綜之，肉為鑪之初文，本象鑪形。其作膚者，加虍為聲符，由象形孳乳為形聲。甲骨文膚與肉用法不同，義亦有別。

甲骨文稱：「桒年于四夕羊，求小宰，卯一牛。」（佚一五三）「翌甲戌，夕十羊。」（佚四〇四）「其夕父丁三宰。」（珠七二五）「夕二羊二豕，俎〇夕一羊一豕，□俎。」（乙三〇九四）甲骨文之「其夕于父丁」（戩六．一），王國維誤釋夕為月，並誤釋月為祭名。按夕與來、卯並列，均作動詞用，是夕亦為祭法之一。夕字典籍亦作昔、腊或焟。說文：「昔，乾肉也。从殘肉，日以晞之，與俎同意。⿱昔月，籀文从肉。」段注：「昨之殘肉，今日晞之，故从日。鄭注腊人云，腊之言夕也。此可證周禮故作昔字，後人改之。昔者古文，籀文增肉作⿱昔月，於義為短。昔肉必經一夕，故古段昔為夕。穀梁經辛卯昔，恒星不見，左傳為一昔之期，列子昔昔夢為君，皆是。」按金文鄦嬰盤鄦字从⿱昔月作⿱㫺月，與說文籀文同。段注誤以借字昔為腊之本字。易噬嗑六三「噬腊肉」，虞本腊作昔。釋文引馬云：「晞於陽而煬於火曰腊肉。」按周禮腊人「掌乾肉，凡田獸之脯腊膴胖之事」，鄭注：「大物解肆乾之謂之乾肉，若今涼州烏翅矣。腊，小物全乾者。」說文段注：「鄭意大曰乾肉，小曰腊。然官名腊人，則大物亦稱腊也。故許渾言之。」按段說是也。腊亦作焟，廣雅釋詁：「焟，乾也。」又釋器：「腊，脯也。」近年來馬王堆一號漢墓出土之竹簡，有「昔兔一笥」和「羊昔一笥」之記載。昔均應讀腊，指兔與羊之乾肉言之。要之，甲骨文言夕，典籍通作昔或腊。甲骨文言夕羊夕豕，夕作動詞用，謂殺羊豕而乾其肉，以腊脯為祭品也。陳邦懷同志引漢書顏注，謂「其夕展視牲具謂之夕牲」（徵存下一四），以駁余說。然則甲骨文之夕十羊，解為其夕展視十羊之牲具，豈可通乎？

釋叔

甲骨文叔字習見，作□、□、□、□（商器我鼎作□）

𣪠、𣪠等形。羅振玉謂：「許書有𣪠字，注楚人卜問吉凶曰𣪠，从又持祟，祟非可持之物，出殆木之譌。叙即許書之𣪠。然此字卜辭中皆為祭名，豈卜祭謂之叙與？」（增考中一八）按羅氏釋形是也，但不得其義而作疑詞。承培元廣說文解字答問疏證：「𣪠即冬賽報祠之賽。冬𣪠報祠謂祈豐穰問水旱也。周禮都宗人注、漢書郊祀志、急就篇皆借塞為之。」按承說是也，但謂借塞為賽，不知賽為後起字，失之。說文：「𡫳，塞也，从宀𣪠聲。」是𡫳與塞以聲為訓，𡫳从𣪠聲，故知叙亦通塞。漢書郊祀志：「冬塞禱祠。」顏注：「塞謂報其所祈也。」說文新附：「賽，報也。」徐灝說文段注箋：「塞，實也。戴氏侗曰，引伸之則諾許而實其言曰塞，是也。蓋有所祈禱，許以牲禮為報，自實其言，故謂之塞也。」甲骨文言「王𡧊叙，亡𡆥」、「王𡧊叙，亡尤」、「王𡧊祭，叙亡尤」、「王𡧊戠，叙亡尤」，以及王𡧊上甲、王𡧊先祖、先妣、父某、母某、兄某而言叔者，習見迭出。叔字均應讀為塞，指報塞鬼神之賜福言之。甲骨文塞祭而用牢、窜、牛者習見，即「許以牲禮為報」之義。其不言用牲者，文之省也。

釋禨

甲骨文禨字作禨、禨、禨、禨等形。葉玉森釋礿（集釋一·四一），不可據。禨字从[illegible]或[illegible]，即古升字。周代金文升字，友毁作[illegible]，秦公毁作[illegible]；周代金文斗字，𩰫朕鼎作[illegible]，秦公毁作[illegible]。但升斗二字在古文偏旁中往往互作無別，例如子禾子釜料字从斗作[illegible]，司料盆料字从斗作[illegible]，此乃禨字从[illegible]與从[illegible]無別之證。禨字應隸定作禨。禨从示𢍃聲，𢍃从収升聲。禨字从示，為祭時進獻品物之禨，此與甲骨文聂亦作禨，卺亦作禨同例。甲骨文稱：「王宾羲甲，禨，亡尤。」（燕二六三）「王宾小辛，禨，亡尤。」（前一·一六·七）此例常見。至于甲骨文言「王宦祓」者習見，不備引。儀禮士冠禮：「若殺則特豚載合升。」鄭注：「煑於鑊曰亨，在鼎曰升，在俎曰載。」按此乃分別言之，通言之，則進獻品物以祭，均可謂之升。典籍多訓升為進為獻。要之，殷禮以祓為進獻品物之祭，與周制可互證。周代以升代祓，升行而祓廢矣。

釋必

甲骨文𢎘字作𢎘、𢎘、𢎘、𢎘等形。王國維誤釋為勺（戩考四四），葉玉森誤釋為升（集釋一・二一）。按𢎘即必之初文，周代金文必字，休盤作𢎘，寰盤作𢎘，無叀鼎作𢎘。其遞衍之迹，為由𢎘而𢎘、而𢎘、而𢎘。說文作𢎘，並謂：「必，分極也，从八弋，弋亦聲。」按从弋乃形之譌，弋與必聲韻皆不相近。段玉裁注改為「从八弋，八亦聲」，不知古文本不从八。必字之本義待考。

甲骨文祕亦作⿰礻𠬝，从𠬝，左右省去兩點，但與祓之从廾作𠬝者有別。商代金文祕亦作宓，均為祀神之室。甲骨文稱：「即大乙⿰礻𠬝。」（粹一五三）又紀事刻辭：「文武丁⿰礻𠬝。」（甲三九四〇）祕字从𠬝，亦為省體。甲骨文「文武丁必」之必作𠬝（前一・一八・一），可以互證。必與祕或宓均為祀神之室。又商器顧卣：「用鬻于乃姑宓。」言用將鬲于乃姑之神室也。又子卣：「子作婦姑彝，女子母庚宓祀障彝。」宓祀謂于密室祭祀也。宓从宀（金文編入于附錄），其為宮室之義尤顯。說文：「宓，安也。」淮南子覽冥之「宓穆休于太祖之下」，高注：「宓，寧也。」安與寧義同。奉神主于深室，自有安寧之義。典籍之祕與宓亦作閟。詩閟宮之「閟宮有侐」，毛傳：「閟，閉也。」鄭箋：「閟，神也。」說文：「閟，閉門也。」又：「祕，神也。」徐鍇曰：「祕不可宣也，祕之言閉也。」按毛傳訓閟為閉，與說文「閉門」之訓符。鄭箋訓閟為神，是讀閟為祕也。宓、閟與閉義本相涵。神宮幽邃，故言閟也。說文段注謂「宓經典作密」，是宓密為古今字。

甲骨文稱：「王其又乂于武乙必，正（祭名），王受又。」（前一・二〇・七）必即宓，謂神宮。「兄（祝），才父丁必。」（粹三三〇）「其兄于且丁父甲，才必。」（通別二・八・六）「其又伐于必。」（續存下七七二）于必言才言于，尤可為神宮之證。「武且乙必口（祊）其牢茲用。」（前一・一〇・四）必祊連文，猶之「宗口（祊）」連文。

綜之，甲骨文㕡即必字，亦作祕。甲骨文以必或祕為祀神之室，商代金文作宓。宓為密之初文。至于甲骨文于盛鬯之器言必言卣，必為何器，待考。

釋眢

甲骨文有[illegible]字，亦作[illegible]、[illegible]、[illegible]、[illegible]等形。唐蘭同志云：

「𥄎𥄎即盾之本字，當讀為循。」（天考六四）按唐說誤。𥄎字从夗，从目，即眢字。周代金文饔字常見，其所从之夗，臣辰卣作夗，臣辰盉作夗，寧鼎作夗，呂鼎作夗。㝬盨「亟作余一人夗」，夗字舊不識，即夗，應讀為怨。東周器右里盌，盌字从夗作夗，形已稍有譌變。說文以夗為从夕从卩，失其朔矣。

甲骨文稱：「甲申卜，穷貞，王眢大示。」（前三·二二·三）「貞，钔王自甲眢大示。十二月。」（前三·二二·四）「□午卜，貞，聂自甲夫（大）示眢隹牛，小示叀□羊。」（前五·二·四）「丁子卜，穷貞，眢出于大示。」（佚五六一）諸眢字均作祭名用。說文：「眢，目無明也。」與祭名無涉。眢，周代金文通作饔。臣卣：「王初饔旁。」臣辰盉：「唯王大禴于宗周，祉饔葊京年。」呂鼎：「王饔于大室。」饔从宛聲，宛从夗聲，與眢从夗聲音符同。蒼頡篇：「餩，飴中著豆屑也。」說文：「䬣，豆飴也，从豆夗聲。」玉篇食部：「餩，饐也，餡和豆也，亦作豋。」要之，商之眢祭即周之⿱宀食祭，惟未知其詳，存以待考。

釋⿰兮勹

甲骨文⿰兮勹字作□、□、□等形，舊不識。甲骨文稱：「☒桒禾于⿰兮勹。」（庫一六四四）「乙亥，其罞龜于⿰兮勹。」（掇五五〇）按⿰兮勹字左从兮作□或□，時期較早。甲骨文之「于南兮」（佚三七四），兮字作□。晚期甲骨文地名之兮通作□。⿰兮勹字右从勹作□，即旬字，其作□者變體也。又甲骨文⿰兮勹字亦作□（甲一五一六）。甲骨文編以為「从皿从旬，說文所無」，失之。⿰兮勹字應隸定作⿰兮旬，今作㕦。說文：「㕦，驚辭也。从兮旬聲。⿰忄㕦，㕦或从心。」⿰忄㕦字典籍多譌為惸。甲骨文于⿰兮勹言桒禾或罞龜，有時與𡖊或河同列于一版，當係商代旁系先公之不見于載籍者。

釋羌甲

近人考商代世系，説之紛歧，莫甚於羌甲沃甲陽甲之爭執。羅振玉釋羌為羊，以為羊甲即史記之陽甲（增考上四）；王國維、董作賓均从之。按羌羊陽音之可通，固無可疑，然於卜辭世次實不可解。卜辭既以祖辛羌甲祖丁相次，祖丁為陽甲之父，則羌甲無以當陽甲，卜辭通纂已辨之。郭沫若同志以羌與沃音不可通，故釋羌為芍，謂茍乃狗之象形文，以芍與沃為通假。然𦍌、𦍋之為羗，已無可移易。按由商迄漢千餘年中，文字音與形之衍變至劇，地下發掘資料與地上文獻資料同記一事、一物、一名，往往不能完全脗合。茍探究其原因，非音之轉則形之譌也。羌與沃音既不可通，當是形譌。凡文字之形譌者，只能據地下資料而改地上文獻，不可執于已譌之文獻而改地下文獻以牽合之。故甲骨文之羌甲殷本紀作沃甲者，沃乃羌字之形譌也。說文有渼與芺而無沃，段注謂渼「隸作沃」。清代學者之考說文者，亦均謂渼今作沃。按書序之沃丁亦作渼丁。玄應一切經音義十一，謂「沃，古文渼同」，是其證。因此可知，羌甲之羌，先譌作芺，後人又改作渼或沃，灼然明矣。此外，甲骨文有「羌丁」（前五・八・五），即史記殷本紀之「沃丁」，羌之譌沃，與羌甲譌為沃甲同例。

釋小王

甲骨文小王凡十餘見，文多殘缺，舊不知其何當。甲骨文稱：「☐小王父己。」（南北明六三一）又同版：「癸酉卜，于父甲桒田。」按此為第三期卜辭。其稱父甲即祖甲，其稱小王父己即孝己。甲骨文稱：「己未卜，☐貞，小王戠宰。」（文錄二〇四）又：「己未卜，钔子阼小王不（否）？」（京都三〇二八）按小王之廟號為己，故以己未卜。莊子外物：「人親莫不欲其子之孝，而孝未必愛，故孝己憂而曾參悲。」釋文引李云：「孝己，殷高宗之太子。」成疏云：「孝己，殷高宗之子也，遭後母之難，憂苦而死。」至于甲骨文之稱孝己為小王，是由于小孝音近字通。

釋爽

甲骨文𡘤字習見，始見于第二期。此字象人左右腋下有火形，後來多變从屮屮、ㄓㄓ、ㄓㄓ、ㄓㄓ、ㄓㄓ、××、ㄩㄩ、ㄓㄓ、屮屮、××、××、××、××、××等形。羅振玉釋赫（增考中五一），葉玉森釋夾（鉤沈七），郭沫若同志釋爽（金文餘釋釋爽），唐蘭同志謂：「余意此字象一人挾二皿之形。」（天考三六）按以上各說均誤。𡘤即爽之初文，大象人形，左右从火。說文：「爽，明也，从㸚从大。」自來說文學家均就从㸚而曲為之說，故不得其解。至于甲骨文爽字後期多變為从××、××、××、××等形，與商周金文之變而从※※，迹亦相銜。因為从XX與从※※，只是單雙之別，在古文字中，畫之單雙，每無別也。近年來安陽出土之卯卣銘文，有「遘于匕丙彡日大乙爽，隹王二祀」之語，爽字作爽，與散氏盤爽字作爽形同。得此塙證，則甲骨文中晚期之爽字，雖然歧形異構，變化無方，已失其朔，但終于得到劃一。因此可知，爽字最後之變作爽或爽，乃無可辯駁之事實。

甲骨文通例，爽字用法多在祖妣之間，例如習見之「王室大乙爽匕丙」，「王室且乙爽匕己」，是其例。爽字用法亦偶有用在祖妣之末，例如「匕丙大乙爽」，「匕甲且辛爽」，是其例。由此可見，爽為匹配之義，至為明顯。爽應讀為相，二字疊韻。王念孫謂「爽字古讀若霜」（讀書雜誌淮南子精神）。此外，左定三年傳杜注：「肅爽，駿馬名。」孔疏：「爽或作霜。」淮南子原道：「鉤射鸘鷞之為樂乎。」說文作「鸘鷞」。老子十二章：「五味令人口爽。」近年來馬王堆三號墓出土之甲本老子作「五味使人之口㸚」。以上是爽與从相之字通用之例證。典籍中多訓相為輔相為佐助，與匹配之義正相符。

總之，甲骨文爽字初文作㸚，象人左右腋下有火，故典籍中訓爽為明者習見。甲骨文晚期爽字變形滋多，由于得到卯卣「遘于匕丙彡日大乙爽」為證，既認識出㸚為爽之初文，又辨别出爽為㸚之譌變。至于爽之通相，相之通詁訓為輔佐，與匹配之義亦無不符。

釋「逆羌」

甲骨文稱：「卓氏羌，王于門𢓊。」（後下九·四）按門當謂宗廟之南門。他辭又稱：「王于南門逆羌。」（南北明七三〇）「王于宗門逆羌。」（甲八九六）說文：「逆，迎也。」逆訓迎，典籍習見。南門即宗門，以方向言之謂之南門，以宗廟言之謂之宗門。逆羌謂以羌為牲而迎之以致祭。周禮大祝：

「隨釁逆牲。」禮記明堂位：「君肉袒迎牲于門。」祭統：「及迎牲，君執紖，卿大夫從，士執芻。」此乃周代迎牲之禮。甲骨文言王于南門或宗門逆羌，此殷禮之足徵者也。

釋⿱宀⿰九殳

甲骨文⿱宀⿰九殳字作□，舊釋宄是也，但于宄字之構形與義訓，仍不得其解。說文：「宄，姦也，外爲盜，內爲宄。从宀九聲，讀若軌。」按許氏只就後世省化字爲說，並非造字本義。宄字初文何以作⿱宀⿰九殳，需要予以詮釋。⿱宀⿰九殳从宀（即古宅字，詳釋宀宅）从⿰九殳，⿰九殳从殳九，九與鬼聲近通用。禮記明堂位之「鬼侯」，史記殷本紀作「九侯」。此與軌从九聲之音讀相同。甲骨文「鬼方」之鬼作□，周器梁伯戈「⿰鬼攴方䜌（蠻）」之⿰鬼攴作⿰鬼戈，乃鬼之孳乳字。⿰鬼攴字象以攴擊鬼，从攴从殳古同用。此與甲骨文⿱宀⿰九殳字从⿰九殳，象以殳擊九之即擊鬼，適相符洽。周禮：「方相氏掌蒙熊皮，黃金四目，玄衣朱裳，執戈揚盾，帥百隸而時難，以索室歐疫。」禮記月令引論語「鄉人難」，鄭注：「十二月，命方相氏索室中，驅疫鬼。」今本論語鄉黨難作儺。或以說文魅與禓為儺，但此皆後起字。甲骨文稱：「庚辰卜，大貞，來丁亥，寇𡩟（寝）㞢枫，𢦔羌卅，卯十牛。十月。」（前六．一六．一）又：「丁亥，其寇𡩟，宰。十二月。」（後下三．一三）以上兩寇字均作動詞用。寇寢而用人牲或物牲，是搜索宅內，以驅疫鬼之祭，可以與周人儺為索室驅鬼相印證。甲骨文言寇，周人言儺，名異而實同。以六書為例，則寇為从宀从殳九，九亦聲。乃會意兼形聲。十年前，孫作雲教授曾以「釋寇」為「打鬼」一文見示，頗具卓識。但于九之通鬼並無佐證，而于金文鬼之作鬾亦未引用，難以令人置信。本文所論可以證成孫說。

釋「叙𠬝」

第三、四期甲骨文「叙嫠」之叙作□、□、□、□、□、□等形。王國維釋馭（戩考一四頁），董作賓從之，訓馭嫠為進福（安陽發掘報告第四册釋馭嫠）。余永梁釋肄（殷考）。商承祚同志初釋祭（類編一·四），繼釋肄（佚考二五五乙）。按以上各說，均屬臆測。

說文：「㣇，脩豪獸。一曰河内名豕也。讀若弟。」又：「彖，豕也，从彑从豕省。」嚴可均說文校議，謂「彖即㣇」，是也。又說文肄作□，並謂：「肄，習也，从聿㣇聲。」按周代金文作□，典籍譌肆或肄。□字从□从巾（余別有說），□字亦作□，見商器王生女觥。又商器亞形父丁角（攈一之三·一四），器文有□字，蓋文作□，即甲骨文叙字。亦即掾之初文，从又與从手同。掾从彖聲，即易「彖傳」之彖。說文割裂偏旁，誤為「从彑从豕省」。又說文繫傳地字籀文作墬，並謂：「從𨸏土彖聲。」按古韻墬屬歌部，彖屬元部，二部通諧（詳釋蔦），故墜从彖聲。晚周行氣玉銘有墜字，其从彖作㒸，晚周鉨文亦有墜字，其从彖作㒸，均由甲骨文𢻱之从豖所演化。依據上述，可以說明敘字滋化之源流。掾彖疊韻，故掾从彖聲。

甲骨文「敘𤼲」習見，亦作「其敘𤼲」。敘即掾之初文。說文：「掾，緣也。」段注：「緣者衣純也。既夕禮注，飾衣領袂口曰純。」按緣與純皆沿循衣之領袂邊緣而飾之，故引伸為延長之義。延長之延，甲骨文本作𢓊，說文譌作延、延。掾與𢓊疊韻，義亦相涵。周代金文𤼲字亦作𧹞或釐，典籍多訓釐為福。總之，甲骨文之掾𤼲應讀作𢓊釐，即延長福祉之義。第五期甲骨文之「其𢓊𤼲」（前二·二八·三），以𢓊為掾。然則掾𤼲之即𢓊釐，已明確無疑。

釋𢦔

甲骨文𢦔字作𢦔或𢦔形。郭沫若同志釋伐（通考八〇），不可據。戜即臧之初文。說文：「臧，善也，从臣戕聲。」按以甲骨文為據，則應作从戜爿聲。戜字加爿為聲符作臧，乃後起字，猶古文䜌字加爿為聲符作𤕫，是其證。戜字从臣从戈，乃會意字。後世加爿為聲符，變為會意兼形聲。甲骨文稱「王固曰，其隻（獲），其隹丙戜，其隹乙戜。」（菁八）其義謂應有所獲，其唯丙日與乙日均善也。又：「……其隹甲，余戜。」（南北師一〇二）是說甲日余善也。

釋魯

說文：「魯，鈍詞也。从白魚聲。」按甲骨文魯字作𩵋，从魚从口，口為器形（詳釋𩡧），本象魚在器皿之中，說文譌為从白。甲骨文稱：「乙丑卜，古貞，帚妌魯于黍年。」（佚五三一）又：「□□卜，王隹正商，允魯。」（佚六九三）商承祚同志以魯為「漁而卜」，非是。魯與旅音近字通。書序嘉禾篇「旅天子之命」，旅字史記周本紀作魯，魯世家作嘉，魯與旅均應訓為嘉，故魯世家以嘉代詁。嘉為美善之義，故典籍中訓嘉為美為善者習見。書召誥之「拜手稽首，旅王若公」，即嘉王及公也；邢侯毁之「拜䭬首，魯天子」，即嘉天子也；臣卣之「尹其亘萬年，受乍永魯」，即受厥永嘉也。由此可知，前文所引甲骨文之言魯、言允魯，魯均應訓為嘉。甲骨文又稱：「丁子卜，㱿貞，黍田年魯〇王固曰，吉魯。」（乙七七八一、七七八二）吉魯連用，尤可證魯為美善之義。至于說文訓魯為鈍詞，乃後起之義。

釋⿱貝口

甲骨文⿱貝口字作⿱吅口形。商承祚同志云：「曰貞⿱冃心、貞不⿱貝口、⿱貝口牛，似于貞祭時或用貝或不用貝也。」（福考二）按商說非是。至于⿱冃心字與⿱貝口牛之⿱貝口作⿱吅心，均从心，與⿱貝口字無涉（詳釋心）。

說文：「退，斁也，从辵貝聲。周書曰，我興受其退。」又：「敗，毀也，从攴貝。」按敗應从貝聲。甲骨文⿱貝口字即退或敗之初文，說文誤分為二字，典籍通作敗，敗行而⿱貝口退廢矣。甲骨文稱：「⧄吕方其至于𡕒土，亡⿱貝口。」（前七·三六·一）「貞，□方不其⿱貝口。」（乙八一七一）「貞，商其⿱貝口○貞，商不⿱貝口。」（續五·一四·二）「今𥝩商不⿱貝口。」（庫一七〇八）「禼其降⿱貝口。」（藏一九·二）以上諸⿱貝口字均應讀作敗。爾雅釋言：「敗，覆也。」禮記孔子閒居之「四方有敗」，鄭注：「敗謂禍裁也。」國策秦策之「紛彊欲敗之」，高注：「敗，害也。」甲骨文之⿱貝口讀為敗，訓為失敗或災害，無有不符。至于禼其降⿱貝口，言禼方將有災害降臨也。此與山海經東山經之「螽蝗為敗」，呂覽孟春紀之「水潦為敗」，均以敗為名詞而指災害言之。

釋⿱罒田

甲骨文稱：「叀㐅（右）隻啚○叀㐅（左）隻吉。」（前八·七·三）按此二語係卜田獵之事，下上對貞，反正為義。叀舊讀惠，乃發語詞。啚字舊不識，甲骨文編謂「說文所無」。金文兮甲盤之「啚盧」，乃地名。王國維兮甲盤跋：「啚字雖不可識，然必為从囗㐭聲之字。盧則古文魚字。以聲類求之，啚盧疑即春秋之彭衙矣。」按王說是也。古陶文有罘字（匋文錄七·四），當即啚之異文。从不與从否古字通，否乃不之孳乳字。甲骨文杯字（拾一四·一六），周器守宮盤作桮，是其證。啚从㐭聲，㐭與否古通用。左襄三十一年傳：「以議執政之善否。」淮南子人間訓：「故善鄙不同。」善否即善鄙。書堯典之「否德忝帝位」，史記五帝紀否德作鄙德。莊子大宗師郭注「不善少而否老」，釋文：「否本亦作鄙。」釋名釋言語：「否，鄙也。」釋州國：「鄙，否也。」甲骨文與周代金文鄙字均作㐭。以上是㐭與否字通之證。易師初六之「否臧凶」，釋文：「否，惡也。」太玄積初一之「冥積否」，范注：「否，不善也。」易否六二之「小人吉，大人否」，遯九四之「君子吉，小人否」，否均應讀為啚，此與甲骨文之「叀右獲啚，叀左獲吉」，均屬對文。至于甲骨文之右獲與左獲，是指射獵之方向。大義是說，向右射則不能獲之，故以啚而不善為言；向左射則能獲之，故以吉利為言。甲骨文之「又（有）豚才（在）行，其𠂇（左）射隻（獲）」（前三．三一．一），詩駟鐵之「公曰左之，舍拔則獲」，可以互相驗證。

釋⿱内止

甲骨文⿱内止字作[illegible]、[illegible]形，甲骨文編以為「說文所無」。孫詒讓謂：「似从内、从止，疑遹之省文。」（舉例下四）羅振玉謂：「說文解字，処，止也，从夂，夂得几而止也。此从止在几前，與許正合。或增宀，象几在宀内；或从内，與几同」。

（增考中六四）葉玉森釋内，謂「即納之初文」（說契五）。胡厚宣同志隸定為⿱内止（論叢殷代婚姻家族宗法生育制度考）。按孫謂「从内、从止」是也，而疑適之省文則非是。羅釋処，葉釋内，胡釋⿱内止，並不可據。甲骨文丙作内，内作内。但因鍥刻之便，有時混同無别。⿱内口字从内从止，乃⿺辶内之初文。古文从止、从彳、从辵均表示行動之義，每互作。例如：逆作⿱屰止、⿰彳屰、⿰彳⿱屰止，遘作⿱冓止、⿰彳冓、⿰彳⿱冓止，是其證。⿱内止即⿺辶内字，亦作⿰彳内，俗作退。說文復之重文作⿰彳内，古文作退。按⿰彳内與⿱内止並从内聲。玉篇辵部退之重文作⿺辶内。近年來銀雀山發現之尉繚子竹簡，亦以⿺辶内為退。老子九章「功成名遂身退天之道」，六九章「不敢進寸而退尺」，近年來馬王堆發現之帛書老子甲本，均以芮為退。芮與⿺辶内並从内聲，故通用。詩碩人之「大夫夙退」，釋文引韓詩：「退，罷也。」呂覽仲夏紀之「退嗜慾」，高注：「退，止也。」說文訓退為卻，與罷止義相因。甲骨文稱：「王固曰，今夕⿱内止雨。」

（佚五四六）𠂤雨即退雨，謂雨罷止也。退與啓、霎有別，啓、霎言晴，退則未必晴也。甲骨文稱：「貞，戊弗其𠂤。」（藏一三二·三）言戊弗其退卻，當指戰爭言之。甲骨文稱：「壬寅卜，㱿貞，帚□好冥。㚰。王固曰，其隹□申冥，吉、㚰（嘉）。其隹甲寅冥，不吉，𠂤隹女。」（乙四七二九）按隹即惟，惟訓為，詳經傳釋詞。周禮小司寇之「以圖國用而進退之」，鄭注：「進退猶損益也。」按鄭氏訓進為益，訓退為損。益與損猶言利與害也。上引甲骨文是說，帚好在□申日生育則吉而嘉，意謂生男；在甲寅日生育則不吉，以至有害而生女。以生男為吉，以生女為不吉，乃商人重男輕女之表現。

釋𢦔

甲骨文𢦔字習見，孫詒讓釋或，並謂「古文以或為國」（舉例下二〇）。羅振玉「疑亦戈字」（類編·待問四·四）。葉玉森釋𢦔為戔，並謂「與𢦔當為一字」（集釋四・二八）。按以上三說均誤。其實，𢦔即戰之初文，今分別予以闡述。

一，甲骨文𢦔字亦作𢦔、𢦔，从戈从口，口或作日、回形。其中間之直劃，乃借用戈柲之豎劃。中與申、𢆉即古毌字。唐蘭同志謂甲骨文𢦔字，盉文作𢦔，「𢦔即中字，側書作毌。」又謂：「古字本是從口𢦔（毌）聲。」（導論下四〇）按唐說甚是。甲骨文𢦔字亦作𢦔（甲四七五），尤為从毌之證。甲骨文又有獨體之毌字作申、申或𢆉，均象方盾形。郭沫若同志謂：「毌實古干字。」又謂：「盾上飾以析羽，而以下出為蹲，遂演化成為干字之形。」（餘釋釋干鹵）按郭說非是。典籍訓干戈之干為盾者習見，干與毌乃音近通用，與構形無涉。

二，𢦔字本象縛盾于戈之中部，兩器並用，以戈鉤物，以盾自衛。甲骨文地名習見之𢦔字，商器父辛鼎作𢦔，象兩𢦔一倒一正。舊釋為𢧢，可備一說。甲骨文𢦔字亦作𢦔（綴合九八），其倒正兩戈所从之中，縛于戈柲與否已無别。又戋字商器卣文作[illegible]，爵文作[illegible]，其所从之盾形，亦與戈柲分離。以上所舉之例，更足以證明戈與盾之有分有合。或釋[illegible]為戎，其實甲骨文戎字作[illegible]（前八·一一·三）或[illegible]（京津四〇〇〇），與戋字迥然不同。戟與戋同字，均為从戈中（毌）聲之形聲字。後世改聲符之从中為从干，則應作戎。說文作戰，其从旱乃由干字所滋化。古从干之字滋化為从旱者習見。

三，說文：「戰，盾也，从戈旱聲。」又說文：「攼，止也。周書曰，攼我于艱。」按許氏訓戰為盾，訓攼為止，誤分為二字。其實攼止與戰衛之攼，甲骨文本作戋，戋字又變為戟或戎。說文攼字段注：「攼扞古今字，扞行而攼廢矣。毛詩傳曰，干，扞也，謂干為扞之假借，實則干為攼之假借也。」按段說失之。以周代金文驗之，師訇𣪘和毛公鼎之「干吾王身」，干吾即攼敔。說文訓敔為禁，敔與圉、禦古通用。又大鼎和者沪鐘均以攼為干，斁乃攼之後起字。斁與戰典籍又通作捍，故慧琳一切經音義（四六．一二）謂古文捍亦作斁、戰。

四，甲骨文以戋為戰衛之戰者習見，例如：「貞，獸歸，其作戋。」（藏八一．三）「甲辰卜，⿱宀方貞，屮方其爯（稱，訓舉），隹戋。十一月。」（後上一八．四）「甲戌卜，㱿貞，我馬及戋。」（綴合二八二）「貞，方其大即（即訓就，指來就言之），戋。」（乙三四二二）「貞，北羌㞢告，曰戋。」（鄴三下三四．一四）「丁酉卜，王令戋大方。」（南北坊三．六一）「貞，⿱臤火人，叀王自⿱臣𡈼戋〇貞，弜□叀王自⿱臣𡈼戋。」（佚七二六）「庚午卜，⿱宀方貞，旁方其⿴囗𢆶，作戋。」（文錄六三二）上列各條之戋字，讀為戰衛之戰，于文義無有不符。至于末一條之⿴囗𢆶字，它辭亦作⿴囗幺或圉，說文作圉，乃後起的省體字，典籍多借為禦。詩桑柔之「孔棘我圉」，鄭箋謂「圉當作禦」；莊子繕性之「其來不可圉」，釋文謂「圉本作禦」。前引末一條之「旁方其國，作𢦏」，應讀作「旁方其禦，作戰」，乃「其禦旁方，作戰」之倒文。應解釋爲：抗禦（小爾雅廣言：「禦，抗也。」）旁方，要有戰衞工作。又甲骨文有「在𦎫國羌」（前七・一九・二）之貞，是就抗禦羌方言之。

釋雉

甲骨文稱：「戌衞不雉衆。」（佚五）「受不雉王衆○其雉衆。」（佚九二二）「戌芇弗雉王衆○戌黹弗雉王衆○戌𠂤弗雉王衆○戌逐弗雉王衆○戌□弗雉王衆○五族其雉王衆。」（鄴三下三八・二）「貞，𠦪（匪）行用𢦏，不雉衆。」（粹一一五八）「癸戌，𣦵伐𢦏，不雉□人○癸于邑西伐𢦏，不雉人。」（鄴三下四四・五）「……𢦏𢿌方，不雉衆。」（京都二一四六）按雉字或从土作雉者繁文也。甲骨文雉兔之雉亦作雉，矢與夷疊韻，故互作。周器柳簋夷字作夷，S象矰繳，从矢聲。說文謂夷字从大从弓，誤以形聲為會意。上文所舉諸辭之雉字，均應讀為夷。周禮薙氏鄭注「夏日至而夷之」，月令注引作「夏日至而雉之」。爾雅釋詁：「雉，陳也。」樊注：「雉，夷也。」漢書楊雄傳：「列新雉于林薄。」集注引服虔：「雉夷聲相近。」是雉夷字通之證。左襄二十六年傳：「王夷師熸。」杜注：「夷，傷也。」荀子君子：「故一人有罪而三族皆夷。」楊注：「夷，滅也。」呂覽慎勢：「以小畜大滅。」高注：「滅，亡也。」傷與滅、亡義相因。甲骨文雉衆或雉人，雉字應讀夷，訓為傷亡。前引諸辭是貞問戍守或征伐時衆人有無傷亡之義。

釋「先馬」

甲骨文稱：「☒先馬，其每，雨。」（誠四九二）孫海波考釋「疑先馬為職官之名」。按先馬于卜辭並非職官之名，然實後世先馬、洗馬之濫觴。古者王公外出，常有導馬於前，沿習既久，則先馬為專職之官名矣。周器令鼎：「令眔奮先馬走。」荀子正論：「諸侯持輿挾輪先馬。」楊注：「先馬，導馬也。」按導馬後世亦稱為頂馬，指乘馬者言之。甲骨文稱：「其先馬，不□冓雨。」（拾六·五）又：「馬其先，王兑从。」（粹一一五四）兑為鋭之古文。孟子盡心：「其進鋭者其退速。」鋭與速互文，鋭亦速也。按此辭是説令導馬者先行而王速從之也。甲骨文稱：「弜先馬，其雨。」（京津三八一七）又：「馬弜先，其遘雨。」（甲一九九二）弜應讀為弗（詳張宗騫卜辭弜弗通用考）甲骨文稱：「翊日辛，王其田。馬其先，□不雨。」（京津四四七一）按以王其田驗之，則卜辭之先馬與否，自當就田獵言之。

釋奚

羅振玉曰：「說文解字奚，大腹也。予意罪隸為奚之本誼，故从手持索以拘罪人。其从女者與从大同，周官有女奚，猶奴之从女矣。」（增考中二三）按甲骨文奚字作或形。金文奚卣作，亞中奚簋作，丙申角作。羅氏謂為「从手持索以拘罪人」，殊不足據。如為索形，則不應在頭上中部。甲骨文係字作，乃象項部繫索之形。余曩時見商人盧雨亭自安陽買來玉人頭一枚，高約一寸五分，其頭下連頸，頸圍約如拇指，頭上象清人鬅髮留辮形。余審視頗久，其頂部留髮處作圜形，髮文歷歷可數。唯其與清人髮辮不同者有二：一，清人髮辮自頸部編起，此則自頂之中間編起。二，清人髮辮甚長，此則由頂部起，僅垂至頸部。又近來在安陽婦好墓出土之玉人，亦有數枚帶髮辮者。尚書大傳高宗肜日：「編髮重譯來朝者六國。」可見與商代同時之其他方國已有編髮之制。史記西南夷傳：「皆編髮隨畜遷徙。」漢書終軍傳：「殆將有解編髮、削

左衽、襲冠帶、要衣裳而蒙化者焉。」今以安陽出土編髮之玉人證之，則編髮之制非始于漢，遠在三千年以前之商代已有之。

釋𦣞

說文：「𦣞，顄也，象形，頤篆文𦣞从頁，⿰𦣞首籀文𦣞从首。」王筠說文句讀：「淮南子醫輔在頰則好，在顙則醜。高注，醫輔，頰上窐也。[illegible]之外象頤，中一筆象窐。」又釋例：「𦣞當作[illegible]，左之圜者頤也，右之突者頰旁之高起者也，中一筆則𦣞上之紋，狀如新月，俗呼為酒窩。」按許說及王氏之解釋並誤。甲骨文無𦣞字，而有从𦣞之字。例如，姬字从𦣞作[illegible]（京都二五八四）亦作[illegible]（鄴三下三九．一），[illegible]字从𦣞作[illegible]（餘一六．三）。按𦣞本象梳比之形。說文：「⿱竹𦣞，取蟣比也，从竹𦣞聲。」比今通作篦。廣雅釋器：「⿱竹𦣞，櫛也。」說文：「櫛，梳比之總名也。」史記匈奴傳索隱引倉頡篇：「靡者為比，麤者為梳。」

羅氏殷虛古器物圖錄第二十三圖為骨製之梳比，作形，其中一齒已折。羅氏謂：「狀略如櫛髮之梳，上有四穿，不知何物？」按此即古之梳比，乃匝之初形。其有四穿者，貫繩以便懸佩也。商器父丁卣獄字从匝作，與上一形相彷。要之，以古文字古器物證之，知匝本象梳比之形。古文字有匝無梳，則梳乃後起分別之名。後世之匝，以竹為之，故說文作篦。許書說匝雖有失其朔，但存篦之古訓，猶為可貴。

釋⿰日戈

甲骨文⿰日戈字作、、、⿰日戈、、等形。孫詒讓釋戌（舉例下一九）。葉玉森謂：「卜辭之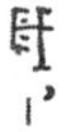疑即古象形戚字。」（鉤沈六）。郭沫若同志謂：「斧身中央每設一圓孔，以便懸掛于壁。點而二者，蓋左右透視之。」（甲研釋歲）唐蘭同志謂：「增點為彣飾，無意義。」（天考二七）容庚同志謂：「子

禾子釜戉字當釋為歲，卜辭正同。」（甲骨文之發現及其考釋）按容說是也，但亦未說明戉从二點之由來。至于葉說似是而實非。葉氏謂二點為戚上之二小穿，以幼衣戚二小穿為證。幼衣戚見周金文存卷六之一一六葉，幼衣二字正在納柲處，係僞刻。其近於納柲處有二孔，所以縛繩，去斧及較遠。且既已納柲，無以見孔。葉說之失，自不待言。郭謂為斧身中央之圓孔，以便懸掛于壁，亦非。斧與柲倨句中矩，其重心不應在斧身中央，且自側面視之，安能一孔上下並見邪？唐謂「增點為彣飾」，亦不可據。近年來出土之商器斧鉞（例如古銅器精華七冊九六頁）屢見。其闊刃處作弧形，有類于近世武術家所用之月牙斧，其上下刃尾卷曲迴抱。由是可知，戉字上下二點，即表示斧刃上下尾端迴曲中之透空處，其無點者，乃省文也。然則古文字有賴于古器物形制之佐證而後可明確其構形本原者，此即其一也。

釋甾

甲骨文由字習見，亦作甴、由、由、由、由等形。孫詒讓「疑當為由字」（舉例下三四）。郭沫若同志云：「由即古字。說文云，古，故也。从十口。此正从十口。古王事者，當即勤勞王事之意。乃卜辭成語。詩亦屢言王事靡盬，古必盬之初字。」（甲研釋寇）按甲骨文由字作由，古字作古，可見孫與郭說並誤。其實，由即古甾字。甲骨文𢿺字，即𩫖靁甾毀之𣁋字。甲骨文𨸏字从甾作由，猷字从甾作由。番生毀甹字从甾作由，毛公鼎𤔲字从甾作由，子陵行甾之甾作由。弓鎛「淄涾」之淄作𤱩，从水，从二甾一倒一正。甲骨文有𦊓字（前四．一三．五），舊不識，甲骨文編誤釋為油。實則即淄之初文。要之，甾字之構形，由由孳演為由為由為由。說文之𠙹與盧並从甾作由，猶存初文。甲骨文之「甾王事」與「甾朕事」習見，「甾我事」

（乙一七八一）只一見。又甾字亦通作𢦏，甲骨文之「𢦏朕事」（續存下三三六），「羌弗𢦏朕事」（前四·四·七），與「余令角帚甾朕事」（佚一五），可以互證。至于𢦏从才聲，从才聲與从甾聲之字古通用。例如截之通[illegible]，紂之通緇，已詳釋豊。又𢦏字典籍通作載，載从才聲，故亦與緇通用。詩大田之「俶載南畝」，鄭箋：「載讀爲菑（从甾聲）栗之菑。」漢書地理志：「梁國甾縣，故戴國。」左傳隱十年經，戴作載，是其證。書臯陶謨之「載采采」，僞傳：「載，行也。」荀子榮辱之「使人載其事」，楊注：「載，行也。」然則甲骨文之「甾王事」、「甾朕事」、「甾我事」，甾字均應讀載訓行。言行王事、行朕事、行我事也。至于甲骨文之「𢦏朕事」，𢦏字亦讀載訓行。又甲骨文之「乃令甾事」（大龜四版第二版），「克甾王令」（綴合一八七），「臭㱿甾王事」（甲三三三七），甾字之解釋亦同前例。此外，甲骨文之「小臣甾車馬」（菁三），甾仍應讀作載，說文訓載為乘。是指小臣乘駕馬之車言之。

釋工

甲骨文工字作𠙵、𠙵、工等形。工字有幾種用法，舊多不得其解，現在分別加以闡述。

一，工與貢字古通用，但甲骨文有工無貢，貢乃後起之分別文。易繫辭之「六爻之義易以貢」，釋文：「貢，京、陸、虞作工，荀作功。」管子君臣下之「而賢人列士盡功於上矣」，俞樾管子平議謂：「功當作貢。」廣雅釋言：「貢，獻也。」貢訓獻古籍習見。甲骨文稱：「工⿱典殳其彡」（後上一〇．九），「工⿱典殳其雚」（前四．四三．四），「工⿱典殳其幼」（前三．二八．五），「工⿱典殳其翌」（南北師二．二三七），「工⿱典殳其各」（明七八九）。以上各條工字皆應讀為貢。⿱典殳即古典字，指簡冊言之。其言貢典，是就祭祀時獻其典冊，以致其祝告之詞也。

商器天工冊父己毁工冊二字合文作[illegible]，工冊即貢冊，古文偏旁往往單複無別。此器乃祭父乙而貢獻其冊告。又商器父丁盤豆冊二字合文作[illegible]，豆乃登之省文。登冊與貢典同義，此器乃祭父丁而進獻其冊告。以上二器之工冊與豆冊合文，爲舊所不解，前者，金文編附于冊字下，後者，金文編入于附錄。

二，甲骨文亦有祭祀用牲時以工爲貢者，例如：「工乙[illegible]」（乙九〇三七）。此條爲第一期非王卜辭，乃祭祀某乙而貢獻牡豕也。「其兄（祝），工父甲三牛」（掇三八九），此條爲第三期卜辭，乃康丁祭父甲而貢獻三牛也。又：「㞢戠于受，丏宰。」（乙四八五七），丏宰即貢宰也。

三，甲骨文有以工爲貢納者，例如：「貞，我吏亡其工〇貞，我吏㞢工。」（丙七八）「戉其㞢工。」（佚七）「貞，[illegible]亡其工。」（續五・一〇・四）「今萅（春）衆㞢工。」（外四五二）以上四條，是商王剝削其臣僚與衆庶，因而從事能否貢納貨賄之貞。又甲骨文亦言司工，例如：「貞，叀呂令司工」。（續存上七〇）「生其令山司我工。」（掇四　）呂與山均為人名。此乃商王令呂或山主管貢納之事。

四，工亦讀如字，指官吏言之。書堯典之「允釐百工」，僞孔傳謂「工，官也」；詩臣工之「嗟嗟臣工」，毛傳謂「工，官也。」工訓官古籍習見。甲骨文稱：「帝工壱我。」（續存上一八三一）「帝工壱我，又（侑）卅小牢。」（鄴三下四六．五）以上兩條之帝工即帝官，指上帝之僚屬言之。帝工亦作帝臣，甲骨文有關帝臣、帝五臣、帝五玉臣之貞屢見，可資互證。

釋梌

甲骨文梌字作[字形]、[字形]、[字形]、[字形]、[字形]等形。其中用為地名者甚多，不知其地望。甲骨文稱：「老膀小剢亡梌。」（前七．二八．一）又：「☐勿見，其出梌亡匈。」（南北明七六二）

梌作𣏟，从木余聲。應讀為艅。梌艅並諧余聲。艅後世作俞。說文：「俞，空中木為舟也。从亼从舟从巜，巜，水也。」按許說不可據。商代金文艅與亞中艅字，从余作亽或亽者常見，金文編入于附錄。周代金文魯伯艅父盤作艅。說文俞从亼从巜，乃亽形之譌。弓鎛之「勿或余改」，余作亽，乃俞之省。余應讀為渝，渝，變也。言勿有變改也。易訟九四之「渝安貞」，豫上六之「成有渝」，虞注並訓渝為變。然則甲骨文言「亡梌」即亡渝，謂無變也。周禮保章氏：「以五雲之物，辨吉凶水旱降豐荒之祲象。」鄭注：「物，色也，視日旁雲氣之色。」後漢書明帝紀：「觀物變。」章懷太子注：「物謂雲氣災變也。」前引甲骨文之「勿見，其㞢梌亡句」，應讀為「物見，其有渝亡害。」勿乃物之初文，物謂雲氣之色。該辭是說，觀察雲氣之色，雖有渝變而無災害也。甲骨文稱：「丙申卜，爭貞，勿見，兕不雨，受年。」（前六·七·四）勿見即物見，與前文同義。甲骨文又稱：「貞，勿冂。」（明七五四）勿冂即物冋，冋應讀為迥。爾雅釋詁訓迥為遠。是說雲氣之色已經遥遠也。

釋桒

甲骨文桒字凡二百餘見。其異構甚繁，茲略舉其形，以見梗概。其从二口者作□、□、□等形，其从三口者作□、□等形，其从四口者作□、□、□、□、□等形，其从五口六口者作□或□形。羅振玉云：「許書無噩字而有咢，注譁訟也，从吅屰聲。集韻咢或从噩。以是例之，知噩即許書之咢矣。噩字見于周官。以卜辭諸文考之，知从王者乃由□傳寫而譌。傳世古器有噩侯鼎、噩侯敦，鼎文噩字作□，敦文作□。又古金文中喪字从噩从亡，量侯敦喪作□，从□，齊侯壺作□作□，从□，均與卜辭同。文考鼎作□，从□，則與噩侯鼎文合。喪為可驚咢之事，故从噩亡。據此知卜辭諸字與噩侯兩器之文，確為噩字。噩侯史記殷本紀作鄂侯。」（增考中七五）葉玉森釋喿，謂：「喪字从喿。」（集釋二·三七）按羅氏與葉氏之說並誤。

甲骨文桑字常見，作桒形，均以為方國名或地名。或謂甲骨文𠷎字从桑，是也。但不知其何以从口？按喪字本从桑聲，其从兩口者為初文，其从數口者乃隨時滋多所致。其所从之兩口是代表器形（詳釋𡟐），乃採桑時所用之器。由于商代已有絲織品，故以喪為採桑之本字，其以喪為喪亡之喪者乃借字。周代金文盂鼎「古（故）喪（喪）𠂤」之喪作𠷎。免殷「昧𣊭」之𣊭作𠷎，應讀為爽。以其就時間為言，故从日。又𡘌字見旂作父戊鼎（商器）、毛公鼎、量侯殷，从喪亡聲，已變為形聲字。說文喪字作𧙱，並謂：「喪，亡也，从哭亡聲。」按許氏謂从亡聲是也，但以从喪為从哭，則殊為妄誕。自來文字學家沿譌襲謬，不知其非。因此可知，不以古文字為依據，無以窮造字之原，不僅喪字為然。

甲骨文桒字用法有三：一，用為人名，如「壺子曰桒」（庫一五〇六）。此例罕見。二，用為地名者最為習見。甲骨文中桒與盂每並舉，故知其地望與盂相近。三，用為喪亡之喪，比如：「其桒眾」，「不桒眾」，「其桒眾人」，「不桒人」，此例常見。以上是指征伐之喪眾人與否言之。又甲骨文稱：「丁未卜，王貞，㞢不隹桒羊，㞢若。」（前八·一一·四）㞢應讀之訓此。言此貞之順利也。它辭亦作「之若」（庫一五五三）。桒羊即喪羊，當指放牧為言。易大壯六五之「喪羊于易」，可與卜辭互證。又甲骨文稱：「允桒𠂤」（粹一二五三）與盂鼎之「古桒𠂤」詞例相仿。要之，甲骨文以桒為採桑之桑之本字，既用為人名或地名，亦假借為喪亡之喪。

釋非、𩇯

甲骨文非字作𠂢形。王襄謂「𠂢疑古北字」（簠考·地四）。又甲骨文非字作𦐊或𦐊、𦐊、𦐊等形，葉玉森「疑羿字」（鉤沈一），陳邦懷同志謂「癹之初字」（殷拾一二）。按王葉陳之説並誤。𠂢乃非之初文。金文非字傳卣作𠂢，曶鼎作非，毛公鼎作非，蔡侯鐘作非，其演變之迹，與甲骨文相銜。𦐊字，𦐊鼎作𦐊，古陶文作𦐊，古化文作𦐊或𦐊。甲骨文𦐊字所从之𠂢，亦作𠂢或八者，文之省也。甲骨文以非或𦐊為地名，亦以為否定詞。爾雅釋言訓若為順，又釋詁訓若為善，順與善義相因。甲骨文之「非若」（拾一一·一八），即非順善也。甲骨文之「非囚（咎）」（燕七九四），説文訓咎為災，謂非咎災也。甲骨文之「非隹烄（烄）」（甲七九九），隹即惟，讀為（詳經傳釋詞），謂不為烄祭也。甲骨文稱：「日又戠，非囚隹若。」（粹五五），非囚之非應讀作匪，猶易大有初九之言「匪咎」。匪與非義同，古通用。非囚隹若者，非咎災而唯順善也。甲骨文稱：「日月又食，隹若〇日月又食，𩇯若。」（佚三七四）𩇯若與隹若對貞，𩇯若即非若也。甲骨文之「兹雨𩇯囚」（簠·天三八），言今雨非咎災也。甲骨文稱：「𩇯乎歸若。」（南北明八三，𩇯字誤摹為𣡡）言不乎歸而順善也。要之，𠂢為非字初文，𩇯為非之孳乳字。甲骨文言非或𩇯，與經傳言非或匪（亦作棐）用法同。非與𩇯均見于周代金文，晚周之陶文、化文猶存𩇯字。自漢以來，匪行而𩇯廢矣。

釋气

甲骨文三字習見。商承祚同志釋為三（類編一·六），容庚同志疑彡字（燕釋一九七甲），甲骨文編列入彡字。郭沫若同志謂：「三字習見，舊均釋三。案釋三無義，且中畫特短。字亦非三。」余謂當是川之古文，从川之侃字，㪤狄鐘作㣌，兮仲鐘作𠈌，三畫均直而橫作，蓋古川字如是，後嫌與三字易（原誤作異）混，乃曲筆而縱書之也。川雨者蓋謂大雨，言雨至如川也。」（通考三八〇）按釋三釋彡釋川，既背于形，復乖于義。

甲骨文之三即今气字，俗作乞。說文：「气，雲氣也。」石鼓文迄字从气作气，其三畫均邪作，為說文所本。气字，周初器天亡毀作三，矢令毀作三，猶存初形。東周器齊侯壺作≡、气。晚周行氣玉銘有氣字，从气作气，晚周陶文有肐字，从气作气（匋文錄附二四）。此例晚周古文常見，不備引。就東周以來之气字加以推考，以其與三字易混，故一變作三；取其左右對稱，故再變作气。

甲骨文之三即气字，已如上述。气字之用法有三：一為气求之气，二為迄至之迄，三為終止之訖。气訓气求，典籍常見。气字孳乳為迄或訖，二字典籍每互用無別。爾雅釋詁：「迄，至也。」又：「訖，止也。」詩生民之「以迄於今」，毛傳：

「迄，至也。」書秦誓之「民訖自若是多盤」，孔疏：「訖，盡也。」訖之訓止訓盡，與終義相因。

一，甲骨文之气訓气求。例如：「貞，今日其□雨。王固曰，㣟（疑），茲气雨。之日允雨。三月。」（前七·三六·二）按今日其雨之其應讀作「該」（詳釋其）。今日該雨，則信否尚未可知也，故以疑為言。下言茲气雨，但气雨亦未知其能否降雨？是日允雨而後驗也。「气酉彡嘦自上甲衣至于多毓。」（粹八五）「气令伐呂。」（戩一二·九）「气來于美。」（佚八五五）以上各條气字均應訓气求。

二，甲骨文之气訓至。例如：「王固曰，㞢（有）希，其㞢來嬉（囏）。气至五日丁酉，允㞢來嬉。」（菁一）「王固曰，㞢希，其有來嬉。气至九日辛卯，允㞢來嬉自北。」（菁二）「甲辰卜，亘貞，今三月，光乎來。王固曰，其乎來，气至隹乙。旬㞢二日乙卯，允㞢來自光。」（通別二·二）按气至五日丁酉，即迄至五日丁酉；乞至九日辛卯。即迄至九日辛卯；乞至隹乙，即迄至惟乙。甲骨文又稱：「丙寅乞壬申，▨戊𠑷，乞丁酉，乞辛▨。」（粹一二五○）郭沫若同志謂：「此例頗特異，為自來所未見。」按乞通迄，丙寅迄壬申，即由丙寅至壬申，迄丁酉，即至丁酉。此辭雖殘，然文例固一貫也。

三，甲骨文之乞訓終。例如：「之日乞㞢來嬉。」（前七·三一·三）乞讀訖訓終。言是日終有來囏也。甲骨文又稱：「貞，隹我乞㞢不若。」（明二三二二）「丙戌，弜隹我乞㞢不若。」（明二三二四）若訓為順利。以上兩段是貞問我歸終有無順利之義。此外，周初器天亡毁，有「不（丕，語詞）克三衣（讀殷）王祀」之語。陳夢家引余說釋三為乞。并謂「可有兩種解釋」：一為「終其天命」，一為「繼續殷王的祭祀」（西周銅器斷代一）。按陳氏前一解釋得之。乞應讀訖訓終。書多士言「殷命終于帝」，邢侯毁言「帝無終命于有周」。上述兩語，以反正為義。而「殷命終于帝」與「丕克訖殷王祀」，可以互相驗證。

總之，甲骨文乞字作三，自東周以來，為了易于辨別，故一變作三，再變作气。但其橫畫皆平，中畫皆短，其嬗演之迹，固相銜也。乞訓乞求、迄至、訖終，驗之于文義詞例，無不脗合。

釋𦔻、⿱宀𦔻

甲骨文𦔻字作□、□、□或□、□、□等形。⿱宀𦔻字作□、□或□、□等形。葉玉森頗疑𦔻⿱宀𦔻「即殷先公昭明，後人譌讀其字為昭或為明，又合稱為昭明耳。」（集釋六．五四）吳其昌謂：「□者蓋亦殷代一先公之名。」（解詁七二八）郭沫若同志謂：「⿱宀𦔻以他辭例之，當是貞字之異。从宀𦔻聲。𦔻魏石經尚書古文以為聽字。按古聽聲聖乃一字，其字即作𦔻，从口耳會意。言口有所言，耳得之而為聲，其得聲之動作則為聽。聖聲聽均後起之字也。聖从𦔻壬聲，僅於𦔻之初文附以聲符而已。左傳聖姜，公穀作聲姜，知聲聖為古今字。後乃引伸為賢聖字。三字遂分化矣。聽聖聲與貞同耕部，故知此从𦔻聲之⿱宀𦔻，當是貞字。」（通考六一五）按葉吳二氏說並誤。郭謂古聽聲聖乃一字是也，惟謂當是貞字之異亦誤。𦔻亦作⿰耳吅，从二口與从一口同，古文有繁省耳。古文四聲韻十七清，引華嶽碑聲作[illegible]，以⿰耳吅為聲。甲骨文聲字作[illegible]（後上七·一〇），亦作[illegible]（粹一二二五），上已殘，應補作[illegible]，从𦔻殸聲。甲骨文𦔻與⿱宀𦔻用法有别，兹分述於下：

一，𦔻為聽聞或聽治之聽。甲骨文稱：「方亡𦔻。」（後下三〇·一八）是說方國沒有行動消息可聞。又：「𢀛方亡𦔻（聞）」。」（續一·一三·五）聽與聞同義。聽亦為聽治之聽。書洪範之「四曰聽」，孔疏「聽者，受人言察是非也。」荀子王霸之「要百事之聽」，楊注：「聽，治也。」又王制之「聽之繩也」，楊注：「聽，聽政也。」是古謂聽為聽政。甲骨文稱：「貞，王𦔻不隹辪（孽）○貞，王𦔻隹辪。」（乙四六〇四）孽之通詁訓為患害，言王之聽治有無患害。「王𦔻不隹囚。」（戩四五·九）囚應讀作咎。言王聽不唯咎也。「王𦔻隹㞢壱。」（戩四五·一〇）言有壱則不利于聽治也。「王𦔻不隹于唐壱。」（柏一九）言王之聽治，唐不壱王也。

二，⿱宀𦔻為廷或庭之初文，有時亦省作𦔻。⿱宀𦔻从宀𦔻聲，𦔻古聽字，聽从壬聲，與廷庭之从壬聲聲符同。金文有廷無庭，庭為後起字。說文：「廷，朝中也。」又：「庭，宮中也。」乃後世分別之文。金文廷作㢟或[illegible]，與⿱宀𦔻音近字通。古代太室中央謂之廷，說詳王國維明堂廟寢通考。商器切卣：「乙子，王曰隩文武帝乙俎，才[illegible]大⿸广𦔻。」⿸广𦔻作[illegible]，从广與从宀一也。甲骨文省稱為「[illegible]⿱宀𦔻」（叕存一七）。大⿸广𦔻即大廷，亦見小盂鼎，大廷謂宗廟太室之廣廷。逸周書大匡之「朝于大庭」，謂明堂之大庭也。古者各封國皆有宗廟，宗廟皆有太室，周代金文言王才某地或某國而格于大室者習見。甲骨文稱：「才⿱宀⿰耳口。」（佚九九四）言在廷也。「奏于⿰耳口。」（前六·一二·六）「兄（祝）于宮。」（文錄五五五）「于⿰耳口（祊）令。」（前一·二六·五）宮即⿱宀⿰耳口，⿰耳口者⿱宀⿰耳口之省，祊同閎，爾雅釋宮「閎謂之門」。于⿰耳口令，言于廷之閎門施令也。甲骨文亦言「⿱宀⿰耳口門」（庫一〇〇二）。甲骨文稱：「□小乙于⿱宀⿰耳口。」（粹二八一）當謂祭小乙于廷也。又：「弜鄉⿱宀⿰耳口，鬻隮必。」（粹五四一）廷與必為對文，必即宓。言弗饗于廷，而鬻隮于宓也。廷謂太室中央，宓謂室內也。又：「其啓⿱宀⿰耳口西户，兄（祝）于匕辛」。（南北明六七七）書金縢之「啟籥見書」，啟謂開也，言開太室之西户以祝于妣辛也。

綜之，⿰耳口古聽字，⿱宀⿰耳口古廷字。甲骨文以⿰耳口為聽聞聽治之聽；

以宧為廣廷之廷，有時亦省作耶。周人假匜為宧，廷行而宧廢矣。

釋言

言與音初本同名，後世以用各有當，遂分化為二。周代古文字言與音之互作常見（詳吳大澂說文古籀補三·三，羅振玉增考中五九，郭沫若甲研釋龢言）。先秦典籍亦有言音通用者，例如：墨子非樂上之「黃言孔章」，即「簧音孔章」。呂覽順說之「而（讀如）言之與響」，即「如音之與響」。又聽言之「其與人穀言也」，莊子齊物論，穀言作鷇音（以上詳諸子新證）。甲骨文之「言其㞢疒」（掇三三五），「㞢疒言」（後下一〇·三），二言字應讀作音。音其㞢疒與㞢疒音，指喉音之臨將嘶啞言之。舊讀言如字，失之。又甲骨文稱：「□□卜，子贊言多亞。」（後下四一·九）「貞，王㞢言且丁，正。」

（乙四七〇八）「貞，𠦪匕辛，其言日彭。」（粹三八八）以上三條言字均應讀作音，音與歆通。音之通歆，猶古文字畣之亦作歙。左傳僖三十一年之「不歆其祀」，杜注謂：「歆猶饗也。」國語周語之「王歆太牢」，韋注謂：「歆，饗也。」再以周代金文證之，弭仲簠之「音王賓」，即歆王賓也。伯矩鼎之「用言王出内（入）使人」，言字亦應讀作音通歆。然則甲骨文言之通音，音字有時亦讀為歆，均脗合無間。

釋燮

甲骨文燮字作、、等形。商器燮卣作，周器燮毁作，曾伯簠作爕。說文：「燮，和也，从言从又，炎聲。籀文燮从羊。讀若溼。」又：「爕，大孰也。从又持炎辛，辛者物孰味也。」羅振玉云：「此字从又持炬，从三火，象炎炎之形，殆即許書之爕字。許从辛，殆炬形之譌。」（增考中五二）

按羅說非是。戴侗六書故：「燮、燮、燮實一字，羊之譌為辛，辛之譌為言也。」按戴氏謂三者實一字是也，其餘則非。燮字从∀，乃言字。甲骨文設字从言作∀，戠字从言作∀亦作㠯者常見。然則燮字本从言。金文譌作丆或丅。秦公鐘作燮，猶不背于初形。說文誤分為二字。甲骨文稱：「癸亥卜，兄貞，旬亡□田。夕燮大爯⧄。」（前五．三三．四）「癸亥卜，吏貞，旬亡因。一日象，甲覍夕燮大爯至于相。」（簠雜一一六）以文義揆之，甲骨文言某日象者，多為不吉之兆。其言夕燮者，亦均為不吉之義。燮應讀為溼，字亦作濕。說文燮讀若溼。左襄八年傳「獲蔡司馬公子燮」，穀梁傳作「獲蔡公子濕」。方言：「溼，憂也。陳楚或曰溼，自關而西，秦晉之間或曰惄，或曰溼。自關而西，秦晉之間，凡志而不得，欲而不獲，高而有墜，得而中亡，謂之溼，或謂之惄。」郭注：「溼者，失意潛沮之名。」廣雅釋詁：「溼，憂也。」王念孫疏證：「荀子不苟篇，小人通則驕而偏，窮則棄而儑。楊倞注云，儑當爲濕，引方言濕，憂也。濕與溼通」。按王說是也。甲骨文之夕變應讀爲夕溼，謂夕有憂患也。其言大爯至于相者，相爲商都附近地名，意謂某方來侵大舉至于相也。

釋爭

甲骨文第一期貞人或人名有□字，亦作□、□形。胡光煒云：「案鼎彝常言敢對揚，故金文敢字至多，常形作□，从□从口。□从二又引丿，蓋爭之本字。𠬪部爭，引也。从𠬪丿。青部靜从爭。毛公鼎靜作□，□與□近。又亳鼎敢字作□，从□則正合□形。因疑卜辭中所最多見之□字，从□又从凵，實爭之最古之形，故卜辭凡言卜□者，其下多言征伐之事也。」（說文古文考卷上四九）按胡氏謂敢字从爭，未免臆測。疑□為爭是也。但只引毛公鼎靜字从爭作□為證，于爭字演變之迹猶不相銜。因毛公鼎係西周中葉以後之器，其文字形體之孳衍，有時未能與商代相接。又胡氏不知爭為貞人名，亦其失也。周代金文無爭字，靜字所从之爭，如靜卣作[古文字形]，靜弔鼎作[古文字形]，靜毁作[古文字形]。以上三器時期均在毛公鼎以前。[古文字形]之與[古文字形]，只是∪形變為向左下迤作ㄥ形而已。至于古文字从ㄅ與从ㄅ一也。秦公毁靜字从爭作[古文字形]，為說文所本。爭字後世孳乳為⿰糸爭，猶詩南山之「葛屨五兩」，兩字說文作緉；詩載見之「綏以多福」，綏字金文作妥。此例習見，不備舉。一切經音義卷十五引說文：「⿰糸爭，縈繩也。」今本說文作「⿰糸爭，紆未縈繩」，當有傳譌。小爾雅廣器：「大者謂之索，小者謂之繩，詘而戾之之謂⿰糸爭。」按用繩索之縈繞與屈戾以釋⿰糸爭，符合于初文爭字之構形。至于訓爭為鬭爭，乃引伸義。

釋徫

甲骨文稱：「其曰𢓊人吕〇其曰母叜吕〇戍𢦏□執吕」。（粹一一六〇）郭沫若同志釋𢓊人為遊尸，並云：「遊尸殆即猶與、猶豫。母叜即母擾。三吕字均著于辭末，當是虛詞，即典籍中所常見之已若矣。」按吕今作以，郭謂吕即已若矣，是也。釋𢓊人為遊尸，失之。𢓊字从彳卓聲。卓即𠦝。金文卓林父鼎卓作𠦝，蔡姞簋𩏂字从卓作𠦝，石鼓文淖字从卓作𠦝，其中間有點，為後來乘隙所加，乃古文字之常例。說文：「𠦝，高也。早匕為高。」按卓字初文本不从早匕，許說誤矣。甲骨文𢓊字从𠦝，下从子，上象子之頭頂有某種標識之形，故有高義。𢓊當即金文趠鼎之趠字，从彳从走一也。說文：「趠，遠也。」甲骨文編謂說文「逴字與趠音義並同」，是也。以與已典籍多通用。「其曰𢓊人吕」，即其曰遠人已，意謂其去人遠已。郭又謂母叜即母擾，非是。叜即搜之本字。說文：「叜，老也，从又从灾，闕。」朱駿聲說文通訓定聲謂叜「即搜之古文，从又持火，屋下索物也，會意。」按朱解叜之本義至確。然則毋叜㠯當係對某物而言，謂毋捜索已，與上辭遠人已之義適相符。

釋洀

甲骨文稱：「甲戌卜，爭貞，來辛子，其旬⿲氵⿱舟舟氵。」（前六．二．四）⿲氵⿱舟舟氵字羅振玉「疑即舟字」（待問十六）余永梁謂：「王先生（國維）謂此字以意言之，或方舟之方字。梁案說文方字或體作汸从水，師說近是矣。」（殷續五）按羅王二說並誤。⿲氵⿱舟舟氵即洀字，其从洀，單複無别。管子小問：「意者君乘駮馬而洀桓迎日而馳乎」，尹注：「洀古盤字。」按尹說是也。管子乘馬：「蔓山，其木可以為材，可以為軸，斤斧得入焉，九而當一；汎山，其木可以為棺，可以為車，斤斧得入焉，十而當一。」按汎即洀、即盤，古文从舟、从凡一也。甲骨文般庚合文之般，多省作月，即古凡字。汎山即盤山，謂山之盤迴者，蔓山謂山之蔓延者，盤山與蔓山相對為文。旬涄應讀為徇盤。國語周語「乃命其旅曰徇」，韋注：「徇，行也。」說文：「彴，行示也。」彴即徇字，亦通巡。爾雅釋言釋文引字詁：「徇今巡。」廣雅釋言：「徇，巡也。」然則徇盤即巡盤，謂巡行盤遊。此外，甲骨文涄字作[glyph]（京津一七二四）或[glyph]（金一一四），亦是古文盤字，惜辭已殘缺。

釋工

甲骨文有工字（天八〇），唐蘭同志云：「疑亟字所从出。」按甲骨文工與工亙作（簠雜一三〇，藏四五·三），文皆殘缺。工即亟之初文，無須致疑。說文：「亟，敏疾也。从人从口从又从二，二，天地也。」按班毀「作四方亟」之亟作[glyph]，較甲骨文上部多一橫畫，如正之作[glyph]亦作[glyph]，辛之作[glyph]亦作[glyph]，是其證。毛公鼎亟字作[glyph]，已由工形孳乳為亟，此與周代金文敬字，由丂（羌）形孳乳為敬，其例正相同。說文亟字作亟，从又與攴古每無別。亟古極字，亙又為亟之初文。亟字中从人，而上下有二横畫，上極於頂，下極於踵，而極之本義昭然可覩矣。

釋一至十之紀數字

郭沫若同志謂：「十位數字中，於文字之結構上，可判為二系：一至三為一系，五至十又為一系是也。此與十干文字甲乙丙丁為一系，戊至癸又為一系者，若合符契。余意十干乃與基數相應之次數，初民數字觀念僅多至四，與之相應之次數僅由甲至丁，基數觀念進化至十，則次數亦進化至癸。故文字之結構同判為二系也。左氏昭三年傳齊舊四量：豆、區、釜、鐘，四升為豆，各自其四以登於釜，釜十則鐘。此即初民以四進位，後改為十進位之證。」（通考一五）又謂：「數生於手，古文一二三四字作一二三亖，此手指之象形也。手指何以横書？曰，請以手作數，於無心之間，必先出右掌，倒其拇指為一，次指為二，中指為三，無名指為四，一拳為五，六則伸其拇指，輪次至小指，即以一掌為十。一二三四均倒指，故横書也。」（甲研釋五十）按郭謂一至三為一系，五至十又為一系，其第二系之分畫不盡可據。又謂初民以四進位，一二三四均倒指，故横書，亦誤。又孫詒讓名原有原始數名一篇，丁山撰數名古誼（歷語所集刊一本一分），均與本文解説頗有出入，兹分述於下：

一，以一為首之一二三亖積畫紀數字。説文：「一，惟初太極，道立于一，造分天地，化成萬物。」王筠説文句讀引周易之「易有太極」，「天下之動貞夫一」，「太極生兩儀」，「乾道變化，坤作成物」等語，以為注釋。又説文釋例：「此即卦畫之單，乃一畫開天之意。」此外，自來説文學家，多引用周易、易緯、老子等書之説以附會説文。其實，説文所釋一字，具有神秘性，並非造字本義。六書次序以指事象形為首，但原始指事字一與二三亖積畫之出現，自當先于象形字，以其簡便易為也。此類積畫字，本無任何神秘性之可言。淮南子本經：「昔者蒼頡作書，天雨粟，鬼夜哭。」此乃荒誕之神話，不值一駁。實則原始人類社會，由于生產與生活之需要，由于語言與知識之日漸進展，因而才創造出一與二三亖之積畫字，以代結繩而備記憶。雖然幾个積畫字極其簡單，但又極其重要。因為它是我國文字之創始，後來才逐漸發達到文字紀事以代表語言。于是既突破空間與時間之限制，同時亦促進人類文化之發展。

二，X為五之初文。商代金文小臣艅尊：「隹王十祀又五彡日。」彡字作彡，吳大澂、孫詒讓均誤釋為五。說文五之古文作X，與古陶文、古化文合。說文所引古文乃晚周文字，固未可據以為初文也。凡紀數字均可積畫為之，但積至四畫已覺其繁，勢不得不化繁為簡，于是五字以✕為之。山東城子崖所發現之黑陶，屬于夏代末期。城子崖圖版拾陸，有黑陶文之紀數字。其中五字作✕，與甲骨文第一期骨端常見紀數之五字相同。此外甲骨文五字均作𠄡，偶有作X者（粹一一四九）。周初器憲鼎五朋之合文作𠄡𠄡，分之則五作✕，但與黑陶文及骨端文五之橫形作✕者迥別。五字之演變，由✕而X，再由X而𠄡，上下均加一橫畫，以其與乂字之作X形者易混也。

三，∧為六之初文。甲骨文六字作∧者，乃早期卜辭兆側之紀數字。此外，六百之六作∧（粹七五七）。六旬合文作[合文]（佚七六），六牛合文作[合文]（京津七四〇），不多見。其他應用于卜辭之中者，則作介介介等形。其不作∧，以其與入字形同易混（古文入與內同名，內與六雙聲）。周代金文六字作介或介形。城子崖黑陶文六字作∧，與早期卜辭同。然則古文六字之演化，由∧而介介而介介，最後說文譌變作𠕋。

四，七字之演變。甲骨文與金文七字均作十，與甲字形同，商周均無若何之變化。七字，晚周秦公毀作十，漢代早期金文同。稍晚則變作七。說文七字譌作ち，以前無此形，乃漢篆後期之變體，而許氏因之，誤矣。

五，說文所釋紀數字以八字為近是。甲骨文八字作八或)(，周代金文同。小篆作)(，已稍有變化。說文：「八，別也，象分別相背之形。」就形言之，許說與初文之義當不相違。至于許氏以一為「道立於一」，二為「地之數」，三為「天地人之道」，四為「象四分之形」，五為「五行」，六為「易之陰數」，七為「从一，微陰从中衰出」，九為「陽之變」，十為「一為東西，丨為南北」，均屬臆說，無一可信。

六，九字之構形。九字甲骨文作𠃌或𠃌，周代金文作九或九，無何變化。九為錯畫之指事字，與乂∧十八相同，並非象形。古化文七字作↓或↑，又橫之作→或←，吳大澂說文古籀補誤釋為九。

七，十字之演變。甲骨文十字作丨，周代金文作♦、♦、♦、十等形。十字初形本為直畫，繼而中間加肥，後則加點為飾，又由點孳化為小橫。數至十復反為一，但既已進位，恐其與一混，故直書之。是十與一之初形，只是縱橫之別，但由此可見初民以十進位，至為明顯。又埃及上古文字，從一至九，均按豎畫多少為準，至十則變作∩，亦是以十進位之證

八，我國古文字，當自紀數字開始，紀數字乃古文字中之原始字。紀數字由一至九分為二系而五居其中。由一至四，均為積畫，此一系也；由五至九，變積畫為錯畫，此又一系也。數至十則反于一，故不列十也。漢書杜欽傳注引張晏說：「九，數之極也。」素問三部九候論：「天地之至數，始于一終於九焉。」按數至于九則為終極。初文之紀數字，由五至九作×、∧、十、八、ㄜ等形，均由二畫相錯而成。×字象交午之形，

雖屬第二系，而實處于由一至九承上起下之中樞地位。前于㐅者為積畫之一二三四，後于㐅者為錯畫之六七八九。說文以交午韋涉陰陽為說，非其朔矣。

釋設

海城于省吾撰

甲骨文設字作□或□。孫詒讓謂「此疑是報字」，「又疑為設之省」（舉例下一四）。王襄「疑古酌字」（簠考典禮一二）。郭沫若同志「疑是毀字」（通考八九）。陳夢家謂「設疑是霓，即雌虹」（綜述二四七）。甲骨文編入于附錄。按設字，孫詒讓疑報字，又疑為設之省，猶豫不定。其餘各家所釋均難以令人置信。

□字从丫从殳，丫即言字的初文，孳乳為吕。甲骨文偏旁从丫與从吕無別，其佐證有三：一，甲骨文戠字左从音（古文字言音二字每同用），早期多从丫，晚期多从吕；二，甲骨文競字作□，周代金文作□，其上部从丫與从言同；三，甲骨文變字中从∇，說文謂「變从言从又」。依據上列三項證明，則設字所从之∇，即言字的初文，了無可疑。

說文：「設，施陳也，从言从殳，殳使人也。」按訓殳為使人殊不可據。楚辭大招的「設菰粱只」，王注謂「設，施也」。廣雅釋詁二「設，陳也」。設之訓施訓陳典籍習見。甲骨文的設字有兩種含義：一種指自然界的設施兆象言之。當時人們認為，自然界的兆象，甚至鳥鳴，都有吉凶的徵驗，而此類兆象是上帝有意為之，故以設施為言。另一種指祭祀時的陳設祭物言之。今分別舉例于下：

甲，對自然界言設

一、丙申卜，殸貞，來乙子酌下乙。王固曰，酌，隹有希，其有設。乙子酌，明雨，伐，既雨，咸伐，亦雨。𢦔、卯，鳥星（乙六六六四）。

二、乙子夕，㞢設于西（乙六六六五，即乙六六六四的反面）。

三、☒允有設，明（明）㞢各（格）云（雲）自東□□。昗亦有設，㞢出虹，自北□飲于河（叕存三五）。

四、☒㞢設虹于西☒（前七・七・一）。

五、☒𧰼（象），庚申亦㞢設，㞢鳴鳥☒疛圉羌，𢦏（甲二四一五）。

六、五日甲子，允酌，㞢設于東（乙三三三四）。

七、☒庚其㞢設，吉，受又；其隹壬，不吉（簠・典一〇五）。

八、其隹戊㞢設，不吉（乙七四七四）。

九、丁子卜，宾貞，設隹囚（咎）（京津一九五二）。

十、□寅卜，宾貞，設不隹囚（綴合一八九）。

乙，對祭祀言設

一、壬辰卜，貞，設司室（前四・二七・八）。

二、庚申卜，叀父乙設，用（南北·明六一三）。

三、貞，王設父乙（乙四八二一）。

四、己亥卜，貞，叀羌用，⿱宀設（拓本）。

五、壬午卜，大貞，設六人（林一·二六·六）。

以上所列甲項十條的設字，均指自然界的設施兆象言之。第一條的隹㞢希即唯有祟，泛指災禍為言。其㞢設是指着自然界的一種具體徵兆—鳥星。第二條乙子夕㞢設于西，即指鳥星而言者。第三條的允㞢設，指下句的旦明有格至之雲為言。昃亦㞢設，㞢出虹自北飲于河，即日昃時自然界又有設施的兆象。第四條是說虹作為被設施的自然界兆象而出現于西方。第五條的有鳴鳥，是把鳴鳥也視為自然界中設施的徵兆。易小過「飛鳥遺之音」，書君奭「我則鳴鳥不聞」，是其證。第七條至第十條，是就兆象的有吉有不吉和唯（為）咎不唯咎言之。以上所列乙項五條的設字，係一種概括的簡語，均指祭祀時的陳設言之。第一條的設司室，司字應讀作祀，甲骨文王若干祀之祀也作司，是其證。設祀室，是說于祭祀之室陳設品物。第二、三兩條的設字，也指陳設祭品言之。第四條的叀羌用𣪘，𣪘乃設字的繁構。是說用羌陳設，以為祭牲。第五條的設六人，是說陳列六人以為祭牲。

基于上述，設字左从Y，係言字的初文，後來演化為言為言，但Y形並非言字的省體。𣪊為設之初文，通過具體分析，已明確無疑。對自然界言設，是因為兆象為天所設施；對祭祀言設，是因為祭祀須要陳設品物。如此，則設字的義訓，無有不符。

釋翟

甲骨文第一期的翟字習見，作翟或翟。王國維謂：「翟从隹从凡即鳳字，卜辭假鳳為風。」（戩考三六·四）陳夢家釋罹為寉（綜述二四五）。按王和陳說并誤。郭沫若謂：「罹當是冡之古文，讀為霧。」（粹考六一一）又謂：「卜辭罹字殆兩用，其言雨罹、風罹者，如詩之零雨其濛。其單見者，蓋用為霧。」（通考四一六）又：「丁明罹大食者言丁酉之天明霧大消散也。」（殷契餘論易日解）又：「易乃暘之借字。說文暘日覆雲暫見也，从日易聲。是則易日猶言陰日矣。」（同上。按易日每與罹連稱，故引此條。）按郭謂罹當是冡之古文，讀為霧，頗具卓識。但既謂雨罹和風罹連言，又謂罹字殆兩用則非是。今將甲骨文有關罹字的貞卜擇要錄之于下，然後再加以闡述。

一、辛丑卜，𠂤，自今至于乙子雨，乙罹不雨（綴合三七七）。

二、⧄日其雨，至于丙辰罹，不雨（粹八一九）。

三、辛丑卜，穷，翌壬寅啟，壬寅罹（珠一六六）。

四、癸子卜，翌甲□攺，甲翟。六月（戩三六·四）。

五、辛未卜，內，翌壬申攺，壬冬（終）日翟（續存下七六）。

六、貞，翌庚申我伐，易日，庚申明，翟。王來途首，雨小（乙六四一九）。

七、（癸）未卜，爭貞，翌甲申易日，之夕月㞢食，甲翟，不雨（丙五九）。

八、辛丑卜，爭，翌壬寅易日，壬寅翟（續五·一〇·三）。

九、乙未卜，王翌丁酉酌伐，易日，丁明，翟，大食☑（續六·一一·三）。

十、丙申卜，翌丁酉酌伐，攺，丁明，翟，大食日攺。一月（庫二〇九）。

甲骨文翟字从隹冃聲（冃字詳釋冕），冃霧雙聲。翟為霧之本字，霧為後起字，霧行而霍廢。諺語的「十霧九晴」，是說有霧則天氣晴朗，有霧而雨則是少見的。前文所引第一條，先言自今至于乙子雨，後言乙霍不雨，則乙子之不雨，是因為有霧。第二條也以霍和不雨連言。以上兩條都是有霧則不雨之証。第三、四兩條均以叚（啓，訓晴）和霍連言，這是說有霧則晴。第五條以叚與終日霧連言，雖然不是晴朗，但也未降雨。第六條以易日與霍連言，而又言雨小，則是九晴一雨之驗。因為雨小并不影響外出，故以王來途首為言。第七、八、九三條也均以易日為言。吳其昌釋易日為「錫日」，為「賜霽」，為「祈錫日光」（解詁三續二三〇）。按吳說可從。甲骨文以易日與霧連言，又他辭對易日多舉行祭祀，則以易日為「賜霽」，于文義無有不符。第九條是說，乙未卜，翌日丁酉舉行彭、伐之祭，因而受到錫日。丁（丁酉的省語）日天明有霧，表明即將晴朗。甲骨文大食屢見，又有小食（綴合七八），它是商人劃分每日時刻的名詞。在天明之後言大食，當指朝食言之。據第十條則大食下應補日𠭊二字。這是説在大食時已由霧轉晴。郭説既以易日為「陰日」，又以「翟大食」連讀，釋為「霧大消散」，均不可據。

總之，翟與霧是古今字。甲骨文的翟字讀作霧，于文義咸符。翟是以隹為形符、以冃為聲符的形聲字。可是為什麽以隹為形符呢？這乃是形聲字形符含義的緣故。古文字的隹與鳥多無别。由于某種鳥鳴預知將霧，故从隹。這和甲骨文陰晴之陰从隹作雂（詳釋雂），也是由于某種鳥鳴預知陰雨，其例正同。

釋雂

第一期甲骨文雂字習見，作或，舊不識，甲骨文編謂「从隹从今，説文所無」。按雂字从亼，即今字的省體。今字在偏旁中多省作A，詳釋安。今擇録幾條有關雂字的甲骨文于

下，并加以闡述。

一、不生，雂。十一月（乙九五）。

二、⧄征雂（乙一九四）。

三、戊寅⧄雂不（否）（乙三五〇）？

四、丙辰卜，丁子其雂印，允雂（乙三〇七）。

五、戊戌卜，其雂印〇暒己𢼄，不見云（雲）（乙四四五）。

六、丁未雂〇戊申卜，己𢼄，允𢼄〇戊申卜，己其雨，不雨，𢼄，少⧄（乙四四九）。

雂即雂字，說文：「雂，鳥也，从隹今聲。春秋傳有公子苦雂。」甲骨文以雂為天氣陰晴之陰，不作雂鳥字用。前文所引六條的雂字如讀為陰晴之陰，無一不合，而五、六兩條以雂與𢼄對貞，更是顯明的驗證。說文訓陰為闇，以為陰陽之陰。陰晴之陰說文作霒，并謂：「霒，雲覆日也，从雲今聲。」以甲骨文驗之，則霒為後起字，初文本作雂。總之，甲骨文以从隹今聲之雂為陰晴之陰，猶之乎以从隹冂聲之⿵冂隹為雲霧之霧（詳釋⿵冂隹）。造字之初，霧與陰無法形容，故用形聲字的⿵冂隹、雂以明其音與義。但是，⿵冂隹與雂之所以从隹（與鳥同用），是由于某種鳥鳴預示天氣將變的緣故。某種鳥鳴預示天氣將變，乃中外習俗所共知，不煩引述。至于甲骨文以⿱冖見為陰蒙之蒙（詳釋⿱冖見），它和雂字的區別是，⿱冖見為輕陰，故有時只言「⿱冖見日」。但輕陰逐漸加濃，也能降雨。

釋⿱冖見

第一期甲骨文的⿱冖見字作、、等形，舊不識，甲骨文編分別誤入宀部和附錄。續甲骨文編把形誤摹為見。實則，⿱冖見字从冖，說文作冂（莫狄切），並謂：「冂，覆也，从一下垂也。」按訓為覆是對的，但以為「从一下垂」，那就錯了。甲骨文⿱冖見字說文譌作⿱冖見（莫紅切），并謂：「⿱冖見，突前也，从

見冃。」段注：「與冡音義畧同」。承培元廣説文答問疏證：「⿱冃見即蒙犯霜露之蒙」。「⿱冃見為正字，蒙為借字」。按説文：「冡，覆也，从冃豕。」又：「蒙，王女也，从艸冡聲。」典籍中均以蒙為冡。

本諸上述，甲骨文的⿱冖見字上从冂，説文譌作冃。甲骨文⿱冖見字象人目有蒙蔽形，从冂見，冂亦聲，是會意兼形聲。清邵瑛説文解字羣經正字：「冂字雖今廢不用，而據説文，凡覆面竝當作冂為正也。」然則甲骨文⿱冖見字从冂，本来就有覆蓋蒙蔽之義。甲骨文言⿱冖見指的是天氣陰蒙，乃引申義。甲骨文的「⿱冖見日」（藏四四·三）兩見，是指陰雲蔽日為言。又「壬辰卜，内，翌癸子（巳）雨。癸子⿱冖見，允雨」（甲三三三六）。癸巳⿱冖見，是説癸巳日天氣陰蒙。總之，甲骨文的⿱冖見字，説文譌作⿱冃見，通作冡，典籍則均借蒙字為之。

釋霻

第一期甲骨文霻字作（鄴初二四・五）。所从之即要字。至于第五期甲骨文霻字作（續四・二〇・一二），這是人所易識的。但其它晚期霻字作、、、等形，刻劃草率（以下簡稱為「變劃」）。自從羅振玉把變劃的霻字釋為雪，謂「从二又，雪為凝雨，得以手取之」，又把䨏字也釋為雪（增考中五），學者靡然從之。如葉玉森（集釋二・三九。又釋羽為雪，謂䨏為雪之變文）、王襄（簠類一一・五二）、郭沫若同志（粹考八一八）、商承祚同志（佚考三八八）、唐蘭同志（文字記一五。釋䨏為䨮）、陳夢家（綜述五七六。釋䨏為雪），均沿襲羅說而不知其非。陳夢家又釋霻為霰，以為「和說文的霰和霽相當」（綜述二四七）。李亞農則把霻的變劃者釋為傘（摭續八二）。這都是乖舛的。甲骨文編將霻之變劃者入于附

錄，續甲骨文編將霋之變劃者和霸、翊、羽等字混在一起。

雪字係隸省，說文作䨮，「从雨彗聲」。古文字無䨮字，周器姜林母簋有𩅦字，从䨮作[glyph]，與說文相仿。前文所引變劃的霋字，與䨮和霸、翊、羽等字截然不同。

甲骨文早期霽字作[glyph]。說文：「霽，雨止也，从雨齊聲。」又：「霋，霽謂之霋，从雨妻聲。」朱駿聲說文通訓定聲謂霋「當爲霽之或體」，這是對的。今將有關霋字的甲骨文分條擇錄于下：

一、甲申⧄雨大⧄霋⧄寅大𢼄□卯大雈自北（鄴初·二四·五）。第一期

二、□子卜，貞，今日霋（前六·一·三）。

三、妹其霋（粹八一八）。

四、辛丑卜，貞，今夕霋（續四·二〇·一二）。

五、辛卯卜，貞，今日征霋〇妹征霋〇壬辰卜，貞，今

日不雨（前三．一九．五）。

六、其雨○戊兇卜，貞，今日𩃬○☐𩃬（庫一六六五）。

以上第五期

以上所引第一條已殘缺。其中𩃬謂雨止，大攴謂天氣大晴。第五條上半已殘，妹應讀作昧，指昧爽時言之。征即古延字。這一條第一段是說，辛卯日繼續晴朗，第二段是說，天將明時繼續晴朗，第三段是說，壬辰日不雨。這一條雖然上半已殘，但它是以𩃬和雨互貞，與雪無涉。至于第一條和第六條也都是以𩃬和雨為言，可以互證。

本諸上述，甲骨文的𩃬字雖然少數較為清楚，其餘的由于鍥刻潦草，變劃滋多。可是，尋其構形正變之迹和上下語意，它是𩃬字而非雪字是可以判定的。由于自來𩃬和雪字糾纏不清，而且有的還和霸、䨣、羽等字參雜在一起，容易令人迷惘，故為之辨正如上。

釋雨

說文雨字作雨，并謂：「雨，水從雲下也，一象天，冂象雲，水霝其間也。」按許氏的解說，是就已譌的小篆而曲加附會。一般說來，雨字甲骨文前期作冚，後期作𠕒、𠕒。商代金文作冚。周代金文从雨的字多作雨。石鼓文作雨。由此看出，雨字上端的一横，乃後起的羨劃，說文謂一象天，已失去了根據。說文又謂冂象雲，則水霝其間係指⺀形言之。可是，甲骨文的雲字本作云，則冂無由象雲形。甲骨文的水字作巛，中間無作直劃者，則⺀形無由說成水霝其間。本諸以上的分析，可以看出，說文對雨字的解釋，支離破碎，無一是處。但是，甲骨文的雨字為什麼上部作冂？我們只要注意到第一期初期𠂤組大字卜辭，常見的雨字均作冚，就可以一目了然。一象天，⺀象雨滴紛紛下降形，宛然如繪。後來冚字的上列三點演變為與橫劃相連接，遂成冂形。冂形已與初文不符，故說文遂妄生臆說，以致無由令人理解。

釋𥁕雨

甲骨文𥁕字習見，作或，也省作。金文作或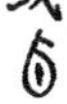，典籍作卣，說文作卤。羅振玉釋卣：「……卣字遂有卤、卣二形，其實並卤之譌變也。」這是對的。甲骨文𥁕雨之𥁕作或，又變作、，均是从皿卣聲的形聲字。甲骨文𥁕雨之貞習見，例如：

一、癸丑卜，亘貞，亦𥁕雨（庫一五五九）。

二、貞，亦𥁕雨〇貞，不亦𥁕雨（林一·九·八）。

三、貞，今夕其亦𥁕雨（天一九甲）。

四、今夕不亦𥁕雨（藏一九三·四）。

五、貞，亦𥁕雨（林二·二七·一四）。

六、辛子卜，今十二月亦𥁕□雨（林二·一一·四）。

唐蘭同志謂：「𥁕雨疑與𠚕雨同。𠚕當釋卣。𥁕卣並段為脩，脩長也，久也，蓋謂雨之緜長者。」（天考一九）按唐説非是。説文：「𥁕，艸木實垂𥁕𥁕然，象形。讀若調。」按卣之讀若調，猶説文莜从攸聲而唐韻音「徒弔切」（論語微子莜作蓧）。又説文凡謂某字讀若某，有的是擬其音，無須舉例。有的是表明兩个字可以通借，如丯讀若介，典籍借介為丯；勼讀若鳩，典籍借鳩為勼；勢讀若豪，典籍借豪為勢。這樣的例子還很多，不煩備列。依據上述，則甲骨文的𥁕雨應讀作調雨。典籍中多訓調為和。調和之雨，與雨之為災害而稱「兹雨隹年𡆥（咎）」（京都一六四四）和「兹雨氏（致）𢻱」（京津四七四）者顯然不同。

總之，甲骨文𥁕字説文譌作𥁕，讀𥁕為調，訓調雨為調和之雨，在形音義上都是符合的。

釋洒日

甲骨文洒字作洒、⿰氵⿱西灬、⿰氵⿱西日、西等形，其以洒日二字連稱者約百餘見。商承祚同志誤釋洒日二字爲⿰氵⿱西日（佚考二四七），甲骨文編從之。按甲骨文的「王狀（往）田，洒日不遘大雚」（後上一四·八），洒日二字分作兩行。又「翌日戊，⿰氵⿱西日不雨」（粹七〇六），⿰氵⿱西日二字也分作兩行，其非一字甚明。楊樹達說：「湄蓋假爲彌，彌日謂終日。」（求義四四）其實，甲骨文「冬（終）日」屢見，從沒有以洒日代終日之例。

甲骨文洒字从水西聲，西乃眉字的初文。洒與妹昧音近通用，甲骨文晚期以妹爲昧，周器免簋昧作⿱未日。說文：「曶，尚冥也，从日勿聲。」段注：「漢人曶昧通用不分，故幽通賦昒昕寤而仰思，曹大家曰，昒昕，晨旦明也。」甲骨文稱：「王其田牢、杋，洒（昧，下同）日亡𢦏〇莫（暮）田亡𢦏。」（後上一四·六）又：「今日庚，湄日至昏☐。」（京津三八三五）前一條以昧日與暮對貞，後一條以昧日至昏連言，無疑都是指時間早晚言之。又：「☐翌日戊，旦湄至昏不雨。」（鄴初三三·三）既以旦昧二字連稱，又以至昏不雨為言，則旦昧為早昧之時，更為明顯。又：「☐旦至于昏不雨。」（京津四四五〇）旦下省湄字。旦昧典籍也作昧旦，詩女曰雞鳴的「士曰昧旦」，左傳昭三年的「昧旦不顯」，是其證。昧旦猶言昧爽，書牧誓的「時甲子昧爽」，僞傳：「昧冥，爽明，早旦」。按未明謂之昧，已明謂之旦或爽，指天將明時言之。第四期甲骨文湄日也作澠日（掇四四七），澠乃湄之繁構。又第五期在祭祀時以妹代湄，例如：「妹其饑（餗）」（前二·三九·二），「妹工（貢）𢦔（典）」（前二·四〇·七），是其證。吳大澂說文古籀補：「釋名，妹昧也，猶日始出歷時少尚昧也。」孟鼎妹辰即妹晨，叚借字。」由此可見，周初猶沿用商代末期的以妹為昧。

總之，甲骨文的湄日舊不得其解。其實，以湄為昧，無論在聲音之通假或詞義之訓釋方面，都是符恰的。至于中、晚期甲骨文稱商王田獵和湄日連言者，習見繁出。莊子齊物論：「夢哭泣者，旦而田獵。」甲骨文稱：「于旦王廼田，亡戋。」（粹九八四）由此可見，旦昧田獵，乃古代統治階級的常見作風。

釋四方和四方雚的兩个問題

甲骨文的四方和四方雚，既見于一版大龜的桼年之卜，又見于一版大骨的記事刻辭。胡厚宣同志對兩版甲骨文的文字顛倒和脱誤之處已經加以校正，並以四方和四方雚與山海經、書堯典相印證（論叢初集，又復旦學報一九五六年第一期釋殷代求年於四方和四方風的祭祀，末有大骨和大龜附圖）。此外，楊樹達積微居甲文說和陳邦懷同志殷代社會史料徵存，對四方和四方雚均有不同的解釋。

甲骨文和山海經沒有四時的說法，書堯典才把四方和四時相配合。應該指出的是，商代的一年為春秋兩季制，甲骨文只以春和秋當作季名用，兩者有時對貞。西周前期仍然沿用商代的兩季制，到了西周後期，才由春秋分化出夏冬，成為四時（詳拙箸古代歲時考）。由于商代只有春秋兩季，所以甲骨文不可能以四時和四方或四方雚相適應。但是，就四方和四方雚的相配合來看，已經為由兩季向四季發展準備了一定的條件。

甲骨文的四方和四方雚，就各家研究的結果來說，只有「東方曰析，雚曰劦」和「北方曰夗」，已經得到了解決。

本文在畧述四方之外，只是對四方雚的「西方曰彝，雚曰㞢」和北方「雚曰役」兩个問題，分別加以闡明。

一，「西方曰彝，雚曰㞢」。胡厚宣同志引大荒西經西方曰夷和堯典的厥民夷互證。又謂彝夷音近字通，并引典籍為證，都是對的。但彝和夷的義訓如何，還未予以説明。陳邦懷同志謂：「説文解字米部彝字下云，米，器中實也。此與隸象木華實之相累也義相應。」按陳説不可據。其實，甲骨文的彝字應讀作夷。國語周語的「是以人夷其宗廟」，賈注訓夷為毁，易明夷虞注訓夷為傷，左傳隱六年的「芟夷薀崇之」，杜注訓夷為殺。夷訓為毁為傷為殺，意義相因，係典籍的常詁。白虎通五行謂「西方殺傷成物」。然則西方殺傷萬物，是指萬物收縮之時言之。這就是甲骨文稱西方曰夷的本來意義。

胡厚宣同志謂：「大骨説，西方曰𣏟，鳳曰彝」，「似當以大龜言西方曰彝，鳳曰𠂹者為是」。又謂：「大荒西經於西方説，西方曰夷，來風曰韋，堯典於西方説，厥民夷，夷即彝，夷彝音近。韋即𠂹，𠂹亦作韡、韓，俱从韋聲，也和大龜所説的相合。」按胡説以大龜為是，至確，但謂韋即𠂹則非是。𣏟字楊樹達釋束。説文束字中从彑，各本也作𢎘或𢀳。説文：「𣏟，木垂華實也，从木㔾（音函）聲。」按从㔾乃从𠦍的形譌。說文段注謂東爲「胡先切」，唐韻音「胡感切」，并誤。𣐺字中从𠦍，與象木垂華實無涉。因此可知，說文𣐺字形音義之誤，由來已久。王國維釋韓爲𩏂（類編七·七），而不知說文𩏂字右从𣐺乃𣐺形之誤（詳釋𠦍）。

大龜藿曰𡴎之𡴎，它辭也作𠦍，即說文「𠦍讀若介」之𠦍，典籍通作介（詳釋𠦍）。爾雅釋詁：「介，大也。」介訓大典籍習見。爾雅釋天稱「西風謂之泰風」。泰與大古同用。詩桑柔的「大風有隧，有空大谷」，毛傳訓隧爲道。鄭箋謂：「西風謂之大風，大風之行，有所從而來，必從大空谷之中。」我國華北的西方大風，來自西北新疆高原，經過黃河流域，由高趨下，有似大谷，衝向東方，故詩以「大風有隧，有空大谷」爲言。前文已經說過，西方殺傷成物，這就有賴于西方的凄厲大風來完成這一任務了。總之，甲骨文的𠦍字後世典籍通作介，甲骨文以介雚為西方大風的專名，以別于它辭泛稱的大雚。介雚之稱不見于典籍，但還可以和典籍「西風謂之大風」互相證發。

二，北方「雚曰役」。大荒東經謂北方「來風曰狡」，郭注「狡音剡」。胡厚宣同志謂「當即讀為剡字」。並引說文訓剡為銳利，以為「役象手執兵器以刺人之形，與剡義相當。」按胡說非是。剡與役同紐同等，由于雙聲而通借，與義訓無關。楊樹達謂「役字義不明」，「只得闕疑」（甲文說五六）。陳邦懷同志謂役為易說卦「致役乎坤」之役，也講不通。我認為，據古音則役應讀為烈。曾運乾的喻母古讀考謂喻母四等字古讀定母，例證具備。但是喻母四等字有的古也讀為來母，今舉五證以明之：一、从樂聲的藥、濼屬喻四，而从樂聲的櫟、轢、皪、礫則屬來母。二、逸周書和寤「王乃厲翼于尹氏八士」的厲翼，即金文某蔑曆于某的蔑曆，兩者語法完全相同。翼屬喻四，而曆从麻聲則屬來母（詳釋蔑曆）。三、論語八佾的「八佾舞於庭」，馬注訓佾為列，以聲為訓。佾訓列典籍習見。佾屬喻四，而列則屬來母。四、楚辭大招的「清馨凍飲，不歠役只」，役字舊均不得其解。實則役應讀為烈，烈謂酒之醲厚酷烈者。這是說，以清淡馨香涼爽之酒為飲，而不歠其酷烈者。役屬喻四，而烈則屬來母（詳拙箸楚辭新証）。五、公羊傳莊二十年的「大瘠者何，痢也」，何注謂「痢者民疾疫也」。按痢與疫以聲為訓，疫之通痢猶役之通烈。根據以上五項論證，可見喻母四等字古也讀為來母，並不限于定母。然則北方「雈曰役」之役讀為烈或洌是合乎聲紐通轉規律的。詩七月的「二之日栗烈」，毛傳訓栗烈為寒氣；詩四月的「冬日烈烈」，鄭箋謂「烈烈猶栗洌」。烈字本作洌，俗字作洌。詩下泉的「洌彼下泉」，毛傳訓洌為寒。呂氏春秋有始覽謂「北方曰寒風」。因此可知，北方的「雈曰役」應讀作風曰洌，是指寒風言之。

本諸上述，則西方曰彝之彝應讀作夷，訓為殺傷，是指西方殺傷萬物言之。雈曰丯之丯應讀作介，訓為大，是指西方的大風言之。北方曰夗，陳邦懷同志謂「夗為宛之初文」，「夗義為蘊」（徵存四），這是對的。蘊是萬物蘊藏之義。北方雈曰役之役應讀作洌，是指北方的寒風言之。

釋四單

甲骨文有東單、西單、南單、北單四種地名（以下簡稱為「四單」）。古籍中只見到四單之一的南單，自來說法還有分歧。今就一時所知，以東西南北為序，將四單分條錄之于下，然後加以闡述。

一、庚辰王卜，才𣝗貞，今日其逆旅以執于東單，亡巛（續存下九一七）。

二、庚辰卜，貞，翌癸未，𡰥西單田，受㞢年。十三月

（續存下一六六）。

三、☐采⿰女各云自北、西單雷（前七・二六・三）。

四、庚辰卜，爭貞，爰南單（乙三七八七）。

五、☐南單☐（庫四九一）。

六、⿱𦍌火于南單。⿱𦍌火于三門。⿱𦍌火于⿱㞢疋（粹七三）。

七、☐众☐北單（摹本。綜述二六九引後上一三・五的北單，不足據）。

以上第一條屬于第五期，第六條屬于第三期，其餘各條屬于第一期。容庚同志金文編附錄的商代斝、觚、觶、爵等器，屢見西單合文。綴遺齋彝器考釋（一六・一一）有商器南單觚，又有商器父戊南單爵（二一・二六）。陳夢家謂金文的南單是族名（綜述二六九），殊不可據。前引第一條的旅字指師旅，以字應訓為與，執指俘虜言之。這一條是說，今天應該迎接凱旋的師旅和俘虜于東單，是沒有災害的。其餘各條，有的言農田，有的言雲雷，有的言祭祀，不備述。

水經淇水注：「今城（朝歌）內有殷鹿臺，紂昔自投于火處也。竹書紀年曰，武王親禽帝受辛于南單之臺，遂分天之明。南單之臺，蓋鹿臺之異名也。」史記殷本紀的「紂走入，登鹿臺」，集解引徐廣謂「鹿一作廩」。按水經注謂南單之臺蓋鹿臺之異名，其言蓋者，並非決定之詞。我認為四單的單字應讀作臺，單、臺雙聲故通用。臺乃後起字。古本竹書紀年稱「南單之臺」，是由于東周以來已出現了臺字，而紀年作者不知商人以單為臺，遂于南單下誤加「之臺」二字。

爾雅釋宮謂「四方而高曰臺」。呂氏春秋仲夏紀的「可以處臺榭」，高注謂「積土四方而高曰臺」。國語楚語的「夫為臺榭將以教利民也」，韋注謂「臺所以望氛祥而備災害」。

總之，商之四單即四臺，是在以商邑為中心的四外遠郊。以前引第六條的南單與三門、楚（楚）並列驗之，其非近郊可知。

釋冗

甲骨文習見的□字也作□，甲骨文編和續甲骨文編均入于附錄。按這个字乃說文𤔔字的初文。說文：「𤔔，亂也，从爻工交吅。一曰，窒（一本作窑）𤔔，讀若禳。□，籀文𤔔。」又說文：「漢令，解衣而耕謂之𧝐（襄），从衣𤔔聲。」

吳大澂說文古籀補誤疑散氏盤的□為古□字。但釋穌甫人匜的□字為襄，則是對的。丁佛言說文古籀補補：「窑𤔔即令所謂擾攘，許說从交吅是矣。……古襄字無一从爻从工者，可知爻為□或□之誤，工蓋土之譌耳。」按丁氏以許說从交吅為是，殊誤。其餘的分析是對的。林義光文源：𤔔字「古作□作□，□□即□之變，象人戴二口，叫囂之象，在土上，攴象手持物以驅除之。」按林說字形，本末倒置。又自象人戴二口以下，完全出于猜測。

[illegible]字的初文，甲骨文作[illegible]（況字所从，況即瀼）。冗字，商器祖辛爵作[illegible]，象人赤足之形，上从凵，不知所象，待考。[illegible]字春秋時器膀（辥）侯盤孳化作[illegible]。這和周初金文的敬字，盂鼎作[illegible]，大保簋作[illegible]，後來孳乳為敬，其例相仿。[illegible]形，西周金文變作[illegible]（散氏盤），春秋時器變作[illegible]（穌甫人匜襄字所从）或[illegible]（弓鏄以為襄公之襄）。列國時陶文又省化作[illegible]，漢印作[illegible]，説文作[illegible]。以上所列，就是[illegible]字從甲骨文至漢代千餘年間孳乳遞嬗的源委。

甲骨文言「才冗」、「田冗」、「王其田于冗」，冗字均作地名用。春秋地名考畧襄牛條引顔師古説：「襄邑宋地，本承匡襄陵鄉也，宋襄公所葬，故曰襄陵。」按宋地原為商之領域，在宋之前，甲骨文已以[illegible]為地名，只是秦代才開始稱縣而已。

綜上所述，由于已經尋出丫字的發生發展和變化的規律，從而判定它是瑿字的初文。它和从衣的褱字古通用，隸變作裹。自來學者不知瑿字的初文本作丫，故其解説多有不符，這是由于「不揣其本而齊其末」所致。

釋膏魚

甲骨文稱：「戊寅□，王獸（狩）膏魚，毕（擒）。」（前一・二九・四。又前四・五五・五膏魚的膏字已殘缺）膏字本作膏，从肉高省聲，舊誤釋為亳或京。甲骨文高字省作高者屢見，舊不識。又甲骨文膏字也作𩫖（後下五・一，京津二七六九），从高不省，但从口已移于下部，古文字偏旁部位每變動不居。膏與𩫖乃膏字的初文。膏與高古通用，膏魚為地名，典籍作高魚。左傳襄二十六年的「遂襲我高魚」，杜注：「高魚城在廩丘縣東北。」水經注瓠子河注：「京相璠曰，高魚魯邑也，今廩丘東北有故高魚城，俗謂之交魚城。」按高交疊韻，故通用。高魚後世也作高梧（見資治通鑑唐乾寧二年）。魚與梧古通用，國語晉語的「暇豫之吾吾」，韋注謂「吾讀如魚」。列子黄帝的「姬，魚語汝」，張注謂「魚當作吾」，是其證。高魚又作高吴（見舊五代史梁太祖本紀）。總之，典籍的高魚或作高梧、高吴、交魚，音有通轉，地望不殊，但據甲骨文則本作膏魚。

釋⿱水允

甲骨文⿱水允字作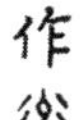，也偶爾作（京津四四六九），隸定作⿱水允或兊。此字舊不識，甲骨文編入于附錄。按其字中从允，上部兩側从水作仌或八，在甲骨文偏旁中是常見的。⿱水允或兊即沇字的初文。沇字始見于東周器的沇兒鐘，移水于左側，為說文所本。說文：「沇水出河東垣東王屋山，東為泲，从水允聲。

㕣，古文沇如此。」按自來説文學家對于沇字作㕣或兗的解釋，聚訟紛紜，莫衷一是。錢大昕潛研堂金石文跋尾（夏承碑）：「古文从水者，或用立水，如江河之類；或用橫水，如益顙之類。沇本立水，或从橫水作兖，而隸變為兖爾。」王筠説文釋例：「沇之所以譌為兖者，曹全碑作兖，蓋逡水於允上而又易其部位，再省即成兖矣。然是碑吮膿之吮亦作兖。」按錢氏和王氏之説均出于主觀臆測。段玉裁古文尚書撰異（禹貢）：「蓋古文尚書作𠕒州……而𠕒字轉寫既久，漢碑皆作兖，作兖則參合𠕒沇二體，成此一字。」這一説法也是主觀臆測。説文：「袞，从衣㕣聲。」段注：「㕣見口部及水部，古文沇州字也，袞以為聲，故禮記作卷，荀卿作裷。」按段說謂袞从㕣聲是對的，但古文沇作㕣，並非本字，乃借㕣（以轉切）以為兗。周代金文吳方彝袞字从㕣聲，曶壺袞字从谷聲，㕣與谷古同字，說文㕣之古文作𠕒，从谷聲，是其證。至于䡨侯鼎袞字中从公作㕣，乃形之訛，因為此鼎多變體字。這就可以證明或謂說文衮从公聲之誤。兖或兗既然為沇字之古文，那末，為什麼古籍或作兗漢碑又作兗呢？我認為，兗與兗下从兖或兗，與商周古文合，漢隸之與商周古文合者時有所見，不僅此字為然。至于漢碑兗字或作兗，是由于隸書从口與厶往往互作的緣故。六朝齊李希宗造象記的兗字作兖，猶存古文。漢王純碑以衮為兗，這不僅由于音近相假，同時也由于二字形近易混。衮字上部从亠，則又是兗字上部譌變為亠的由來。釋名釋州國：「兗州取兗水以為名也。」甲骨文屢言王田獵于兖或兗，均以為地名。說文：「泲，沇也，東入于海，从水𠂔聲。」按籍典泲多作濟。書禹貢：「濟河惟兗（史記夏本紀作沇）州」。又：「導沇水，東流為濟，入于河，溢為滎，東出于陶邱北，又東至于菏，又東北會于汶，又北東入于海。」

甲骨文兖或兗字凡十餘見，今擇列數條于下，並加以解釋。

一、翌日戊，王叀兇田亡𢦏，毕（前八・九・四）。

二、王叀兇□田（京津四四六九）。

三、叀兇田亡𢦏，毕（京都二〇五二）。

四、王弜兇，其雨（粹九九六）。

五、王叀田省，征于兇，弗每（悔）（京都二〇七〇）。

六、叀兇鹿射，弗每，亡𢦏（寧滬三・二三〇）。

七、王其𤊾（焚）兇西彔（麓），王于東立（涖），豕出，毕（摭續一二一）。

以上所引的前三條，均就王田獵于沇為言。第四條王弜沇下缺田字，乃對貞辭的省語。第五條的王叀田省，它辭也作「王叀省田」。這是說王省視農田，延及于沇。弗悔，是沒有過錯之義。第六條是說，射擊沇鹿，既沒有過錯，也沒有𢦏（災）害。第七條是說，王其焚沇地的西麓（山麓）以獵，王從東方涖臨，野豕出現，可以擒獲。

綜上所述，甲骨文沇字也作沇，為舊所不識。本文分析論証的結果，已辨識出它是在允字上部兩側从水而以允為聲符的形聲字，後來變為左形右聲的沇字。典籍和漢碑沇字也作兖或兗，又與公或衮通用，兩者既為音通又形近致譌。晚周人所作的禹貢，其中九州之名可徵于甲骨文者，只有沇州由沇水得名而已。

釋㴲

甲骨文稱：「乙酉卜，爭貞，㞢复从臬，夅呂方。□月」（前五．一三．五）又：「貞，涉㴲。」（續三．二七．四）以上兩條均屬第一期。前一條以臬為地名，後一條以㴲為水名。甲骨文第五期言「才㴲貞」者屢見，臬當為㴲之省文，甲骨文的水名有的省去水旁。㴲字不見于早期典籍，集韻十六屑：「㴲，水名。」㴲水當即後世的涅水，二字音近通用。古化文「涅金」

常見，以涅為地名。集韻又謂「臬或作槷」，臬與槷古通用。周禮考工記匠人鄭注：「槷古文臬」，又輪人鄭注：「槷讀如涅」。漢書地理志上黨郡涅氏注：「涅，水也。」師古注：「涅水出焉，故以名縣也。」一統志：「故城今武鄉縣西五十五里。」水經注濁漳水：「有涅水，西出覆甑山而東流。」又：「涅水又東南流注于漳水。」按武鄉縣在今山西省東南部，在安陽西北方。這和前引甲骨文的夲吕方，地望相符。總之，甲骨文⿰氵臬作臬者只一見，臬為⿰氵臬之省文，因為甲骨文水名之省水旁者常見。⿰氵臬與涅不僅音通，地望亦符。水經注謂「沁水即少水」，或改少為涅，楊守敬已辨其誤（詳水經注疏）。按甲骨文別有沁水（詳釋心），與涅水無涉。

釋洱

甲骨文稱：「……浟豕于洱〇弓□□于洱。」（綴合二四八）洱字作[glyph]或[glyph]形，舊不識。洱字右从耳，象耳之內外輪廓形，他辭耳和从耳之字，作[glyph]或[glyph]。甲骨文雙鉤之字常見，例如：匚字多作[glyph]，龍字作[glyph]也作[glyph]（前四・五三・四），改字从它作[glyph]也作[glyph]（外四五一），是其證。其于洱言濟豕與否，則洱為被祭的主名。此段卜辭刻于一版大龜的最上部，次一段為：「□兇卜，□[glyph]于丘商（即商丘）〇弓[glyph]于丘商。」因此可知，丘商和洱之均為地名，是肯定的。水經注淯水：「淯水又南，洱水注之。水出弘農郡盧氏縣之熊耳山，東南逕酈縣北，東南逕房陽城北。」總之，洱地是由洱水得名。

釋兕羊

第一期甲骨文的兕羊也作𡋀羍，凡五見，今錄之于下：

一、癸子卜，㱿貞，乎雀伐兕羊（掇二五二）。

二、貞，兕羍启（啟）雀〇貞，兕羍弗其启雀（乙四六九三）。

三、令𦣠葦歸〇貞，弓令𦣠葦歸（綴合二六〇）。

按兒即𦣠字，周代金文多作朢，也作𦣠或望。說文朢之古文作𦣠，又誤分朢望為二字。第一條羊字作♈，與葦通用。兒羊即古代的汪芒氏，兒羊和汪芒均屬疊韻謰語，故相通借。國語魯語：「仲尼曰，丘聞之，昔禹致群神於會稽之山，防風氏後至，禹殺而戮之，其骨節專車，此為大矣。……客曰，防風氏何守也？仲尼曰，汪芒氏之君也，守封隅之山者也，為漆姓。在虞夏商為汪芒氏，於周為長翟，今為大人。」說文：「鄋，北方長狄國也，在夏為防風氏，在殷為汪芒氏，从邑叜聲。春秋傳曰，鄋瞞侵齊。」按長狄之長是指其人之長大言之，而孔丘以為骨節專車，這和穀梁傳（文十一年）的長狄「身横九畝」，皆失之于誇誕。至于鄋瞞的地域舊說不一。說文段注引顧祖禹說，以為「鄋瞞在山東濟南府北境」，較為可信。

前引第三條，以令堇葦歸與否為對貞，則堇葦自當為人名。但甲骨文的人名有時也用為方國名，例如：雀為人名習見，而言「□其戋雀」（藏一・二）和「雀受年」（京津五四一），則雀為封國名；戉為人名習見，而言「吕方允戋戉」（粹一〇七一），則戉為封國名；沚戓（有時省稱為戓）為人名習見，而言「吕方其𦎫（敦）戓」（金五三一），則戓為方國名。象以上所舉的例子還是數見不鮮的。因此可知，兕羊或堇葦既為方國名，也為其國的君長名是無疑的。這和典籍所記，不盡相同。前引第一條乎雀伐兕羊，則商和兕羊已有敵對軍事行動。第二條以兕葦啟雀與否為言，第三條以令堇葦與否為言，則兕葦又降服于商。第二條的兕葦啟雀，是說雀之出征，以兕葦為前軍（詳釋啓）。

總而言之，由于兕羊和汪芒同屬疊韻謰語而通用，由于甲骨文的人名有時也用作方國名，然則，典籍所記「在殷為汪芒氏」，甲骨文本作皃羊或堅華，是可以斷定的。

釋而

甲骨文而字作、、等形。唐蘭同志説：「余謂是而字，作者即之變。説文，而頰毛也。」（天考八〇）按唐説是對的，但僅識而字的一方面，另一方面則而也即古須字。説文：「而，頰毛也，象毛之形。周禮曰，作其鱗之而。」段注：「禮運正義引説文曰，而，須也。」承培元説文引經證例謂：「須而同為頤頰之毛，今皆借為遲緩，須而聲本相近也。」按典籍每訓而為汝或女，以聲為訓，故與須通。商器句須簋，句須二字合文作，下部所从之，和甲骨文而字形同。郭沫若同志釋須句，謂即春秋僖公二十二年之須句，甚是。但依商器則應作句須。水經注濟水注作須朐：「京相璠曰須朐一國二城兩名。」這就是須句本作句須，可以互倒的由來。

甲骨文的「而白龜」兩見（乙二九四八），以而為方國名。又「來于而」（簠人二六），「才而」（天八〇），以而為地名，當指而方言之。至于「隻廿㞢☐五而」（後下二八．七），「四而」（平津雙二一二），則是商人征伐而方所獲的俘虜。而字典籍通作陑。書湯誓序：「伊尹相湯伐桀，升自陑。」僞傳：「桀都安邑，湯升道從陑，出其不意。陑在河曲之南。」總之，而象須（鬚）形，而與須初本同文後來加頁為須，遂分化為二。周器箇伯盨，盨从須作𩓟，左从而，還可以見其分化的迹象。說文謂「須从頁从彡（所銜切）」，背于初文。本文對于而與須分化的原委，以及而即陑的地望，均加以簡要的闡述。

釋穆

甲骨文稱：「王異（翌）戊，其射才𥝌兕〇弗𢀛（擒）。」

（甲三六三六）又：「王其射⿱介木兕，𢀛。」（外五四）。甲骨文，以杉或⿱介木為地名，為舊所不識，甲骨文編和續甲骨文編均入于附錄。其實，杉與⿱介木即古穆字。說文：「穆，禾也，从禾㣎聲。」按許氏謂穆从禾㣎聲，既訓㣎為細文，以為「从彡𡭴省聲」，又訓𡭴為「際見之白」（弓鏄虩字左从𡭴，𡭴字中从日，上下从小，即隙之本字），隨意割裂穆字，強作解事。西周器𥢶父鼎的𥢶字作⿱杉水，从水从杉，不从彡，猶存初文。甲骨文杉字本象有芒穎之禾穗下垂形。說文：「穎，禾末也，从禾頃聲。」段注：「渾言之則穎為禾末，析言之則禾芒為秒。」說文穆字段注：「凡言穆穆、於穆、昭穆皆取幽微之義。」按段氏知其然而不知其所以然。實則，由于禾穎微末，故引伸為幽微之義。至于金文穆字皆从彡。說文訓彡為「毛飾畫文」，則从彡有美觀之義。詩清廟毛傳訓穆為美，爾雅釋詁也訓穆為美。總之，甲骨文穆字不从彡，乃穆之初文，其从彡乃後起的孳乳字。

釋屮

甲骨文方字作𢀛、丂、屮、乜、才、亏等形，人所共知。其作屮或乜形者，則為舊所不識。實則屮或乜乃一般方字的初文，因為它屬于第一期早期的𠂤組卜辭。屮形滋化為𢀛，下部加一邪劃，這樣字劃的演變，在甲骨文中是常見的。比如：亥字作𠀅也作亥，兮字作𠄐也作兮，考字作亏也作考，考字从丁也从𠄎，是其例證。甲骨文屮字凡十餘見，文多殘缺，但就其較為完整字句來看，例如：「弓于東屮告」（南北師二·五六），甲骨文東與束有時互作無別，如「東迨」之東作束（林二·二五·六），故知東屮即東方；「屮𡈼（征）商」（綴合三四），甲骨文言方征某者習見，故知其為方征商；「令虎追屮」（乙九〇八五），甲骨文言令某追方者屢見，故知其為令虎追方。總之，屮為方之初文，無論就字劃演變或詞例和義訓來看，都是可以斷定的。至于方字的造字本義，說文訓為「併船」，妄測無據。近年來學者釋方之說，頗多分歧，只有存以待考。

釋綘

第五期甲骨文的「才⿰糸丰師貞」（摭續一七五），以綘為地名。綘字也作⿰丰丰（南北坊四·五一九），原辭已殘。綘字舊不識，甲骨文編入于附錄，續甲骨文編附錄于糸部。綘字右从疊丰，古文字偏旁往往單複無別，不煩舉例。綘即⿰糸丰字的初文。晚周陶文「𡉚陽南里人⿰糸丰」之⿰糸丰作⿰糸丰或⿰糸㞢。⿰糸㞢字右从㞢，即由丰字所演化。金文邦字左从丰，也从㞢，是其證。說文：「⿰糸封，枲履也，从糸封聲。」段注：「今俗語履之判合為幫。」封即丰的孳乳字，甲骨文以「丰方」為封方。周初器康侯丰鼎之丰作丰，書康誥作封。總之，甲骨文綘即⿰糸丰的初文，說文作⿰糸封，源流十分明顯。

釋㝡

甲骨文早期地名的㝡字作，凡三見：「才㝡」（寧滬一．五一七），「才㝡卜」（寧滬一．三四〇，又庫一八二六，文殘）。㝡字舊不識，甲骨文編謂「說文所無」。按㝡即說文冣字。說文：「冣，積也，从冖取，取亦聲（才句切）。」又說文：「最，犯而取也，从冃从取。」段注：「冣之字訓積，最之字訓犯取，二字義殊而音亦殊。」按說文冣字从冖乃宀之形譌。从冖與从宀本來有別，而晚周古文和漢代金文有時混同不分。例如古鉨文安字从宀也从冖，富字从宀也从冖。至于漢代金文，从宀與从冖有時互用不分，詳續金文編和漢印文字徵的宀、冖兩部。總之，㝡字譌作冣不始于說文，而當始于晚周。㝡字从宀訓聚，宀係古文宅字（詳釋宅）。聚積物品于宅內，于義尤為符恰。

釋𧶠

甲骨文𧶠字作□或□，舊不識，甲骨文編割裂為𣦼、貝二字。周初器師旅鼎稱「對揚氒𧶠于尊彝」。𧶠字作□，右上从𣦼，金文編摹作□，誤以為从死之𧶠字。按古文字从𣦼與从又有時同用，金文對字本从又，師旅鼎和召伯虎簋均从𣦼，是其證。說文：「𧶠，深堅意也，从𣦼从貝，貝堅實也。讀若概。」甲骨文稱：「弜田𧶠，其雨。」（寧滬一・七〇）又「丁亥卜，狄貞，其田𧶠，叀辛湄日亡𢦏，不雨。」（甲一六五〇）以上兩條屬于第三期卜辭，均以𧶠為地名。

釋砅

甲骨文濿字屢見，羅振玉謂「殆即許書之砅字」（增考中十）。按濿與砅構形迥別。甲骨文有□字，中从水，兩側从石。

甲骨文石字作ㄗ或ㄗ者常見，如祏字从石作ㄗ或ㄗ，是其例。□字隸定應作⿲石水石，即砅字的初文，為舊所不識。砅之作⿲石水石，和甲骨文涉之作□，石鼓文流之作□，構形相同。甲骨文稱：「貞，光人于⿲石水石奠〇弓于⿲石水石奠〇于⿲石水石〇弓于⿲石水石。」（金五〇七）這是貞問是否在⿲石水石地舉行祭奠。其言于⿲石水石、弓于⿲石水石，是蒙上文而作省語。說文：「砅，履石渡水也，从水从石。詩曰，深則砅。濿，砅或从厲。」爾雅釋宮：「石杠謂之徛。」郭注：「聚石水中以為步渡彴也。孟子曰，歲十月徒杠成，或曰今之石橋。」杠也作矼，廣韻平江：「石矼，石橋也。」郝懿行爾雅義疏引馬瑞辰說：「石矼，今江南謂之石步。」按由履石渡水發展為履石橋渡水，都是步于石上。後世借厲與濿為砅，以為橋梁之名，是由履石渡水之義引申而來。戴震毛鄭詩考正（匏有苦葉首章）：「酈道元水經注河水篇云，段國沙州記，吐谷渾於河上作橋謂之河厲，此可證橋有厲之名。……衛詩淇梁淇厲並稱，厲固梁之屬也。」說文砅字段注：「謂若今水汪，⿱艹电（按廣韻去㮇：「⿱艹电，徒念切，支也。」）甎石而過，水之至小至淺者也。」按墊磚石以渡淺水，至今還是常見的。段注又謂：「戴先生乃以橋梁說砅，如其說，許當徑云石梁，不當云履石渡水矣。」按戴說信而有徵，段注未免拘泥。邵晉涵爾雅正義釋水和王引之經義述聞詩匏有苦葉篇，均引戴氏之說，而用後世訓厲或濿為渡水的引伸義以駁之，不足為據。本諸上述，則戴氏之說和段邵王的分歧，不是什麼連環不可解的問題。⿲石水石為砅之古文，⿲石水石字中間从水，兩側从石，則履石渡水之形尤為鮮明。後世稱橋梁為厲，乃⿲石水石或砅的借字，其起源于履石渡水，是顯而易見的。而說文砅字段注，謂「古假砅為厲」，由于不知砅與⿲石水石之造字本義，故本末倒置。

釋各、𢓜

甲骨文第三期地名有沓字，作沓也作⿰彳沓、⿰彳沓，舊不識。甲骨文編謂「説文所無」，續甲骨文編混⿰彳沓于沓。按沓即沓字的初文。説文：「沓，語多沓沓也，从水曰。遼東有沓縣。」説文在偏旁中往往譌从口爲从曰。例如：甲骨文𣍘字説文作朁，𣍘字説文作朁，是其證。今將甲骨文以沓或⿰彳沓爲地名者擇録數條于下，并畧加解釋。

一、叀⿰彳沓田，亡𢦏〇其逐沓鹿自西東北，亡𢦏〇自西東北逐沓鹿，亡𢦏（綴合編一七六）。

二、辛子卜，貞，王其田⿰彳沓，亡𢦏（京都二五〇五）。

三、叀⿰彳沓田，亡𢦏（鄴初三三・九）。

四、其田⿰彳沓于薉，亡𢦏，毕（後上一四・一一）。

第一條沓與⿰彳沓互見，均爲地名，故知二字同用，其地望待考。第四條于字應訓爲與，詳經傳釋詞。薉也爲地名。這是説，其田⿰彳沓與薉亡𢦏，并有所擒獲。又甲骨文稱：「戍其歸，乎⿰沓馬，王弗每（悔）。」（京都二一四二）⿰谷馬字从馬谷聲，玉篇馬部作䮤，并訓馺䮤為「馬行皃」。按甲骨文于馬每言乎（呼），則䮤當為馬名。

釋㞢、正

甲骨文每用㞢（往）與正為祭名，自來均不得其解。不得其解的原因有兩種可能：一是㞢與正為商人特有的祀典，後世已不沿用；一是後世用通假字以代替㞢和正，而我們未知其通假為何字。對此，我是同意後者的。我認為，往祭即後世之禳祭，禳乃往的借字。就古音言之，往禳疊韻，故通用。禮記祭法的「相近於坎壇」，鄭注謂「相近當為禳祈，聲之誤也。」然則往之通禳，也猶相之通禳。再就義訓言之，典籍每訓往為去，又訓禳為攘除，以為除凶去殃之祭。然則往和禳不僅音通，義也相涵。周禮女祝的「掌以時招梗禬禳之事」，鄭注：「卻變異曰禳，禳，攘也。」又肆師的「與祝侯禳于畺及郊」，賈疏：「禳者禳去殃氣。」儀禮聘禮的「禳乃入」，鄭注：「禳祭名也，為行道累歷不祥，禳之以除災凶。」以上是畧述典籍中禳祭的義訓。現在將甲骨文有關往祭者擇錄數條，并畧加解釋。

一、貞，于羌甲钔，克生疒（乙一三九四）。

二、丙寅卜，㱿貞，乇庚㞢女，生，二牛，翌庚用（珠三四一）。

三、壬戌卜，貞，帚好不生乇庚（粹一二三二）。

四、庚申卜，旅貞，生乇庚宗，戠、滋。才十二月（文錄四四七）。

五、癸子卜，生戛以雨（南北明四二九）。

六、貞，生于頊，㞢从雨（珠一九）。

七、貞，生于河，㞢雨（續存下一七六）。

八、……乎□生于河，㞢从雨（乙一四六五）。

以上所引八條的㞢均應讀作禳（攘）除或禳祭之禳。第一條的于羌甲㞢，克㞢疒，是說于羌甲用禦祭，能夠攘除疾病，攘作動詞用。第二、三、四條是于匕庚用禳祭，以攘除殃災。第五、六兩條是乞雨于夒和頊。第五條的㞢夒以雨，是說因為乞雨而用㞢祭于夒。後四條都是乞雨于先公而用㞢祭。乞雨而用禳祭，為的是攘除旱災。由于用㞢祭于先公之下，均用以雨、㞢雨或㞢从雨之辭，其非霪雨為災以求晴，是顯而易見的。

甲骨文祭名之正應讀作禜，正禜疊韻，故通用。楚辭遠遊「魂煢煢而至曙」的「煢煢」，和哀時命「魂眐眐以寄獨兮」的「眐眐」音近相假。王注訓眐眐為「獨行貌」，和詩杕杜「獨行煢煢」（煢煢二字依釋文）之義相符。這是从𤇾（金文本作炏）从正字通之証。再就義訓來說，甲骨文多以正為征伐，而禜則是攘除殃患之祭，兩者義也相涵。

說文：「禜，設綿蕝為營（按禮記祭法鄭注：「禜之言營也」），以禳風雨雪霜水旱癘疫於日月星辰山川也，从示从營省聲。一曰禜衛，使灾不生。」按許氏前一說是概括左傳昭元年子產之語，後一說是本諸倉頡篇「營，衛也」之解。又左傳哀六年的「若禜之，可移於令尹司馬」，杜注：「禜，禳祭。」這和許說以禳風雨云云，都是以禜為禳祭之一種。依據典籍，則禜祭與禳祭之不同，在于禜祭之設綿蕝為營——束茅以為壇位周圍之屏蔽，而禳祭則無之。今將甲骨文有關正祭者擇錄數條于下，并畧加解釋。

一、辛卯卜，㱿貞，气乎⿰酉彡河，不漕，正（綴合七六）。

二、貞，正唐〇弗其正唐（丙五七）。

三、貞，正祖乙（綴合二七八）。

四、癸酉卜，貞，翌日乙亥，王其又㐅于武乙必（宓），正，王受又（前一·二〇·七）。

五、甲午卜，穷貞，坐于匕甲一牛，正（乙三四二四）。
六、貞，⿱耂巳告疒于祖辛，正（摭續三〇〇）。
七、□□卜，㱿貞，𢀛方衛，率伐不（否）？王告于祖乙，其正，勾又。七月（南北明七九）。
八、王又⿰氐戈于帝五臣，正，隹亡雨〇□□卜，爻又于帝五臣，又大雨（粹一三）。

以上所引各條的正祭，即周代的禜祭，也是攘除災殃之祭。第一條是于先公河用正祭。自第二條至第五條，是于唐、祖乙、武乙和妣甲用正祭，但貞辭簡畧，并無具體事實。第六條是告疒于祖辛用正祭。第七條為貞問是否率伐𢀛方，王告于祖乙，該用正祭以乞福佑。以上六、七兩條為了疾病和征伐𢀛方而用禜祭，自然是除殃去患之義。第八條是反正對貞，用正祭于帝五臣（五臣是上帝的輔佐），而以亡雨和有大雨為言。這可以和周禮黨正鄭注的「禜謂雩禜水旱之神」以及說文謂禜也以禳水旱相驗證。

綜括上述，則舊所不解的㞢祭和正祭，依通假之例，則周代借禳為㞢，借禜為正，兩者既是源流的關係，又有因革的關係。

釋取

甲骨文每以取為祭名。陳夢家謂：「取是槱的假借，風俗通祀典篇槱者積薪燔柴也，大宗伯以槱燎祀司中、司命、風師、雨師。積薪燔柴謂之槱者，說文楙、木薪也。明續四二一尞㞢與取㞢並舉，知尞取都是祭名，雖相類而有所異：珠三取㞢廼尞，可知先取後尞，所以大宗伯謂之槱燎。郭沫若既以酘假為槱（粹六），又以為取殆楙省……音義俱與槱近（粹二八），未有論斷，今定取為槱。」（綜述三五五）按陳氏本諸郭說加以裁斷，頗有道理。但取與槱之通假并無驗證，難以令人置信。

甲骨文的取字應讀為聅。説文：「䰗，熬也，从䰜芻聲。」段注：「聚即䰗字。」按説文無聅字。玄應一切經音義（十八．十一）：「古文䰗、𦭫、聅、䔆四形，今作𪏈。崔寔四民月令作炒，古文奇字作槱。」這不僅可以看出，䰗字的聲符由于音近互用，頗多變易；而更重要的在于證明了聅與槱之相通。取字古音「七㪉切」，故詩角弓以取與駒、後、饇為韻，楚辭天問以取與厚為韻。取之本義為以手取耳，指戰爭獲馘言之。甲骨文以取為聅，聅為後起的分別字。梄（説文槱之或體作梄，古鈢文作稟）與槱又為後起的通假字。取與聅之通槱，為幽侯通諧。

總之，甲骨文的取字用為祭名時，應讀作聅而通作槱，槱為燔柴之祭。甲骨文的燎祭次數超過取祭許多倍。前引陳説已指出取與燎有先後之别，并且，取祭不言用牲，而燎祭則多言用牲，是其大别。

釋攺

甲骨文攺字作[illegible]、[illegible]或[illegible]、[illegible]、[illegible]等形。其从沱或它本無別；其从攴或殳以及或倒或正也無別。攺字象以朴擊蛇，其或从數點，象血滴外濺形。我舊有釋攺（詳駢枝）一文，曾謂：「卜辭言攺猶言伐言卯，與萇弘胣之胣詁訓不殊。」這一解說不盡可據。陳夢家也有釋攺（考古社刊第六册）一文，他以攺與殺混為一談，也不可據。今將有關攺字的貞卜，分類擇錄于下，然後重加推考。

甲、攺

一、貞，至于庚寅攺，迺既，若○弓至于庚寅攺，不若（丙八三）。

二、旦其攺鼒（[illegible]），迺各（格）日又正（甲四〇四）。

乙、卯或𢦏（歲）與攺連言

三、☑卯、敳（乙一四六九）。

四、……乙子彫，明雨，伐，既雨，咸伐，亦雨。敳、卯，鳥星（乙六六六四）。

五、庚寅卜，父乙戠眔敳（續存下七六四）。

六、庚申卜，旅貞，往匕庚宗，戠、敳。才十二月（文錄四四七）。

七、貞，人戠、敳于丁。九月（燕二四一）。

丙，敳人

八、敳人（乙六三一三）。

九、貞，敳人于𩫖旦（拾一一・一九）。

十、……𦣻亦敳人（前七・三一・三）。

丁，敳羌

十一、丙辰卜，古貞，其敳羌〇貞，于庚申伐羌〇貞，敳羌〇貞，庚申伐羌〇貞，敳羌〇貞，庚申伐羌。

（丙七）

十二、貞，率𢼄羌，若（文錄五一五）。

十三、癸亥卜，㱿貞，弓畄𢼄羌（續五．三四．三）。

十四、戊辰卜，爭貞，𢼄羌自匕庚〇貞，𢼄羌自高匕己〇貞，𢼄匕庚，卌（乙六七四六）。

十五、癸亥卜，㱿貞，𢼄羌百……（續二．二九．三）。

十六、甲兇卜，㱿貞，弓𢼄羌百。十三月（藏一七六．一）。

戊，𢼄牲

十七、貞，𢼄牛（戩二四．二）。

十八、貞，𢼄五牛（金六二四）。

十九、己亥卜，㝑，𢼄卌牛（明一一六四）。

二十、丙寅卜，即貞，其𢼄羊，盟子（續存上一四九四）。

二一、貞，𢼄宰（後上二八．五）。

二二、丙午卜，即貞，□其𢼸宰（珠八二）。

二三、隹征𢼸豕（乙二七二八）。

二四、丁酉卜，即貞，其𢼸豕于匕丁（菁九・二）。

二五、𢼸二豕二⿰豕土于入乙（乙四五四四）。

二六、☐𢼸彘（前一・三一・四）。

二七、庚辰卜，令多亞𢼸犬（寧滬二・一六）。

二八、于兄己𢼸犬（乙四五四四）。

𢼸字說文作攺，并謂：「攺，敷也，从攴也聲，讀與施同。」按許氏訓攺為敷，并非本義，應改為「𢼸，以攴擊它（蛇）也，从攴它，它亦聲。」又說文：「施，旗皃，从㫃也聲。」按典籍中每借施為攺。莊子胠篋：「昔者龍逄斬，比干剖，萇弘胣，子胥靡。」釋文：「胣本又作肔。崔云，讀若拖，或作施字。胣，裂也，淮南子曰，萇弘鈹裂而死。司馬云，胣，剔也。一云刳腸曰胣。」按胣乃𢼸的後起字，以其割裂腹腸故从肉。以朴擊它為攺之本義，異文作胣，訓為割裂乃引伸義。

章炳麟新方言：「今語陵遲為剖腹支解。陵遲者猶言夷也。秦法有夷三族，漢書刑法志曰，大辟有夷三族之令。……司馬彪云，胣，剔也。古但作施，晉語施邢侯氏，左氏傳國人施公孫有山氏。施其家者，即所謂夷三族也（原注：韋訓劾捕，杜訓行罪，皆非）。施其身者，即今陵遲為夷也。」按章氏訂正舊說之誤，頗具卓識，但還不知施為攺的借字。其言陵遲為剖腹支解，剖腹支解乃後世陵遲之刑的起源。攺訓為剖腹支解，是說既剖割其腹腸而又支解其肢體（以下簡稱為「割解」）。今驗之于甲骨文，不僅割解牲畜，而且割解俘虜以為祭牲。

前引第一、二兩條只言攺，不言其所攺者為人牲或物牲，但甲骨文用人牲不稱犧，則第二條當指割解物牲言之。第三條卯攺之卯，王國維「疑卯即劉之假借，釋詁劉殺也」（戩考二·二）。卯攺即劉攺，乃先殺而後割解之。

第五條的父乙戉眔𢼸，郭沫若同志訓歲為歲祭（甲研．釋歲）。唐蘭同志謂「戉當讀為劌，割也。」（天考二七）按說文謂「劌，利傷也，从刀歲聲。」訓劌為利傷，未免費解。朱駿聲說文通訓定聲改利傷為刺傷，并引方言「凡草木刺人，自關而東或謂之劌」為證，其說甚是。此條的歲眔𢼸和第六條的歲、𢼸，是說用牲時先刺殺而後割解之。第七條的人歲𢼸于丁，是說用人牲以祭于丁，先刺殺而後割解之。第八、九、十各條的𢼸人，也都是就割解人牲言之。

第十一條以𢼸羌與伐羌對貞，是解決𢼸與伐有別的有力佐證。甲骨文的伐字作𢦔，象以戈砍人之頸。戈為句兵，用以句頸，故砍頭用之，它和直兵之矛用以刺殺者有別。甲骨文凡祭祀言伐者，均指用人牲而砍其頭言之。其言若干伐，則伐字已由動詞轉化為名詞。至于征伐某方之伐，乃殺伐的引伸義。本條是一个完整大龜的占卜，右為𢼸羌而左為伐羌，凡三次對貞。

這是說，割解羌俘以祭還是砍掉羌俘的頭顱以祭，兩種用人牲的作法，哪一種能獲得祖先的福祐呢？至于第十二條至第十六條改羌的解釋，也同前例。第十七條至第二十八條，有的言改牛或改羊，有的言改牢或改宰，有的言改豕、改豣或改彘，有的言改犬，改字既訓為割解，則和其它各種殺牲的方法就判然有別了。

總之，本文論證的結果，不僅推考出改字之本義為以攴擊它（蛇），其引伸義為割解——乃後世陵遲之刑的起源；同時也辨明了甲骨文的用牲，改與伐之有別。商代統治階級為了乞福于鬼神，殺害了不計其數的人牲和物牲。尤其是殺害人牲，也剖割其腹腸，割裂其肢體，其殘虐已達于極點。

釋乇、𠯑、秳

甲骨文乇字也作乇，舊釋為力。𠯑字舊釋為舌，以為「舌即魯之省」；詁字舊釋爲祮，以爲「祮當是魯之異體」。按舊釋均誤。甲骨文力字作乂，劦魯男㓜等字从之，絕無从𠂇者。𠂇與乂分明是兩个字。𠂇或古詁所从之𠂇，乃乇之初文。甲骨文宅字習見，其从乇均作𠂇或七。又甲骨文亳字所从之乇，與宅字从乇形同（後來亳字則變作从屮或屮）。晚周貨幣庀陽之庀从乇作七者常見，猶存初形。然則𠂇或七之爲乇字的初文，昭然若揭。又春秋時器晉邦盦的宅字从乇作七，中劃彎環，乃說文乇字作乇的先導。說文：「乇，艸葉也，从垂穗，上貫一，下有根，象形字。」按許說臆測無據，自來說文學家皆曲加附會，無可憑信。乇字的造字本義，只有存以待考。

甲骨文的乇字孳乳爲舌、祮，均應讀爲矺。史記李斯列傳「十公主矺死于杜」，索隱：「矺音宅，與磔同，古今字異耳。磔謂裂其支體而殺之。」按宅从乇聲，乇與磔音同，唐韻并「陟格切」。章炳麟文始謂乇「在刑爲磔，辜也」。周禮大宗伯的

「以疈辜祭四方百物」，鄭注：「故書疈爲罷」。鄭司農注：「罷辜，披磔牲以祭。」爾雅釋天的「祭風曰磔」，李巡注：「祭風以牲頭蹏及皮破之以祭，故曰磔。」按乇舌䂑均讀爲矺，典籍通作磔，是就割裂祭牲的肢體言之。今擇錄甲骨文有關乇舌䂑的貞卜列之于下：

一、乇彘小母，用（乙八七一四）。

二、帝乇來門○帝乇來門（乙八八九六）。

三、甲午卜，乇于父丁犬百羊百，卯十牛（京津四○六六）。

四、丁卯卜，于來辛子酚乇（甲七二六）。

五、祭大乙，其舌且乙二牢（京都一七八五）。

六、☐貞，毓且乙舌物（勿與牛二字合文）。四月○貞弜勿（續一·一六·二）。

七、甲兇卜，旅貞，翌乙丑舌，叀白牡（後下五·七）。

八、癸亥貞，酚彡于小乙，其告，𠯑于父丁一牛〇癸亥貞，酚彡于小乙，其𠯑（鄴三下四二·五）。

九、苜（莫）𠯑十人又五，王受又（京都一八八七）。

十、癸丑卜，其又亳土，叀祏（甲一六四〇）。

十一、叀小乙祏，用（寧滬一·一九五）。

十二、☐祭父☐祏二牢，王受又（甲一五九六）。

十三、☐☐卜，劦日且甲，祏羌☐（京津四〇四六）。

十四、貞，康且宗祏，王受又（續存下八七六）。

以上所列十四條，乇𠯑祏三字均應讀作磔，是就祭祀支解牲體言之。第一條的乇彘小母，是說割裂彘體以祭小母。甲骨文的「其用小母彘」（乙八八六五），也是用彘以祭小母。第二條的帝乇來門為省語。帝即禘祭。乇謂磔牲。來門是說舉行禘祭時燔燎割裂之牲體于宗廟之門。第十條是祭祀亳社用磔牲。此外各條也均言磔牲以祭，第九條的莫（暮）𠯑十人又五，第十三條的䄪羌，則是割裂人牲的肢體。而且，第十三條劦日之劦作劦，與䄪並見，更足以證明劦與䄪的截然不同。

在上述之外，甲骨文的「气耏彡秅，自上甲衣至于多毓」（鄴初四〇·一〇），和「王宾秅，自上甲至于多毓，衣。」（林一·二七·四）此類貞卜屢見。秅字作[illegible]，从不乇聲，也應讀為磔。因為王宾秅與它辭的王宾戠和王宾伐辭例相同，都指殺牲言之。

綜上所述，則乇和从乇聲的舌䄪秅等字，舊均誤釋為力或从力之字，兩者混淆莫辨。甲骨文于祭祀用牲言乇舌䄪秅者，約有二百見之多，後世典籍除偶有作矺者外，均借磔字為之。本文論證的結果，無論在文字構形上，乇之孳乳為舌䄪矺；在音讀通假上，乇舌䄪秅之通作矺與磔；在詞義訓釋上，磔之為割裂人牲和物牲，三者都是脗合的。在此附帶說明一下，前文第九條的舌人，第十三條的䄪羌，都是割裂人的肢體以祭。因此也可以了解到，近年來發掘殷虛大墓排葬坑中的人牲肢體，有的排列有序，有的分離散亂，其所以分離散亂，當因割裂肢解所致。

釋𠕋

甲骨文冊與𠕋習見，𠕋字說文作𠕋訓告。甲骨文于征伐言爯冊，于祭祀言㞢冊者，均指簡冊而言，猶為人所易知。其于征伐言𠕋某方，以及祭祀于人牲和物牲言𠕋者，并非𠕋告之義，則為舊所不解。

清代宋保諧聲補逸：「刪，王先生（按指王念孫）曰，冊聲，說文刪珊狦姍四字皆从冊得聲，冊在支部，刪珊狦姍四字皆在元部，支與元通故也。今本說文刪从刀冊，冊，書也；而珊狦姍三字並从刪省聲，由于後人不知古音妄改者也。」因此可知，說文珊狦姍三字並非从刪省聲，古讀冊字本如刪削之刪。

漢書刑法志：「不若刪定律令」，顏注：「刪，刊也，有不便者，則刊而除之。」周禮柞氏：「夏日至，令刊陽木而火之。」鄭注：「謂刊去次地之皮。」刪刊疊韻，二字音既相通，義也相涵。𠕋以冊為音符，應讀如刪通作刊，俗作砍。篇海謂「砍，斫也」，說文謂「斫，擊也。」甲骨文于祭祀用人牲和物牲之言𠕋者習見，例如：

一、貞，钔于父乙，盟三牛，𠕋卅伐卅宰（佚八八九）。

二、𠕋且丁十伐十宰（丙三二）。

三、貞，𠕋且乙十伐㞢五，卯十宰㞢五（綴合二五四）。

四、來庚寅，酌盟三羊于匕庚，𠕋伐、廿鬯、卅牢、卅艮、三㚸（後上二一·一〇）

五、丁丑卜，穷貞，子雍其钔王于丁妻二匕己，𠭰羊三，𠕋羌十（佚一八一）。

六、甲戌卜，亘貞，钔婦好于父乙，𠕋艮（庫一七〇一）。

七、𠕋匕庚十艮，卯十宰（乙七五一一）。

以上所列七條，其言𠕋若干伐或𠕋伐，以伐為名詞，伐指以戈斷頭的人牲為言。其既言伐又言𠕋者，這是說，已被斷頭的人牲而又砍斷其肢體。第五條的𠕋羌十，是說砍斷羌俘的肢體，與言𠕋伐者有別。其于物牲言𠕋者，則物牲的肢體也同樣被砍斷。其言𠕋艮或𠕋若干艮者，指砍斷降虜之肢體言之。

綜上所述，甲骨文于祭祀用人牲和物牲之言𠕋者，凡二百餘見。𠕋从冊聲，古讀冊如刪，與刋音近字通，俗作砍。商代統治階級為了乞福于鬼神，砍殺那麼多的人牲和物牲，其兇狠殘虐已達到無以復加的地步。

釋朿

甲骨文朿字通常作朿，商器朿卣作朿。說文朿字作朿，并謂：「朿，木芒也，象形，讀若刺。」段注：「今字作刺，刺行而朿廢矣。」按說文朿作朿，已失初形，又誤訓為木芒。爾雅釋詁訓刺為殺。甲骨文祭祀用牲言朿者屢見，如朿彘、朿豕、朿羊、朿魚等是其例。此外，田獵有「叀朿西麋」（粹九七六）之貞。

在上述之外，朿字也作朿、朿、朿、朿、朿、朿、朿等形，均為舊所不識，甲骨文編分別入于附錄。金文編誤釋朿為癸。按甲骨文朿尹也作朿尹、朿尹、朿尹。又甲骨文習見的「王往夻朿」，末一字也作朿。夻朿二字之義待考。甲骨文稱「凡牛朿羊」（乙三四二八），也作「凡羊朿□牛」（乙三八九二）。凡應讀為判，訓為判割。凡古盤字，甲骨文般庚合文作（般庚）。从般从半古字通。易屯的磐桓，漢張表碑作畔桓，玄應一切經音義八謂「柈籀文作槃」，是其證。史記龜策列傳的「鐫石拌蚌」，索隱謂「拌，割也。」拌即古判字。因此可知，凡牛朿羊即判牛朿羊，凡羊朿□牛即判羊朿牛。甲骨文的「朿小宰」（乙八八一五），即朿小宰。「朿豕」（乙八八九七）也作「朿豕」（乙三四二八），即朿豕。又甲骨文的「叀𡧊人，令省，在南面」（前四·一一·五），「卓叀朿人以㕯」（南北明四七九），朿人之例僅此二見。

早期金文朿字作朿也作朿、朿、↕等形，金文編都誤入于附錄。羅振玉謂：「顧命鄭注戣瞿蓋今三鋒矛。今朿字上正象三鋒，下象箸地之柄，與鄭誼合。朿為戣之本字，後人加戈耳」（唐風樓金石文字跋尾癸父乙卣跋）按羅氏謂朿為戣之本字，非是。甲骨文朿字有一鋒三鋒四鋒等形，乃刺殺人和物的一種利器。總之，朿為刺之古文，本為名詞，作動詞用則為刺殺。甲骨文于田獵之刺殺野獸及祭祀之刺殺犧牲均用此字。

釋遘

甲骨文以冓字為初文，孳乳為𢔎或遘。爾雅釋詁謂「遘，遇也」。國策秦策的「因退為逢澤之遇」，高注謂「遇，會也」。又爾雅釋詁謂「遘，見也」，後世分化為覯。甲骨文望字（後世通作望）作𦣠，象舉目遠望；見字作𥄎，象橫目以視。望見遘三字義雖相近而有別，例如甲骨文關于其他方國的貞卜，常見的「乎望𢀛方」和「弓乎望𢀛方」，是就能否遠望𢀛方言之；屢見的「其見方」和「不見方」，是就能否見到方國言之；屢見的「其冓方」和「不冓方」，是就能否遇到方國言之。甲骨文的「其見方，弗冓」（乙一八七），是說雖然見到其他方國，而不能與之相遇；甲骨文的「冓方不隻」（前八．一二．五），是說雖然遇到其他方國，而不能擒獲。又甲骨文的「其逐兕，冓」（乙四八〇八），是說田獵追逐兕（麋）獸而與之相遇，意謂容易擒獲。

甲骨文關于祭祀之言遘，或以為祭名，殊誤。今將甲骨文祭祀之言遘者畧加選錄如下，然後加以說明。

一、癸酉卜，□貞，翌甲戌，气酌劦于上甲，其冓，又从戠……（粹四三八）。

二、乙未貞，大知，其冓翌日〇乙未貞，大知，弜冓翌日（後上二六·六）。

三、祭于且乙，其冓，又戠，王受□（京都一七九〇）。

四、□□卜，劦日酌于上甲，王其冓，又从（鄴三下四一·四）。

五、其又从戠，自甲冓翌日（南北明五二二）。

六、丙申卜，又戠于大丁，不冓（粹一七四）。

七、……遘大丁奭匕戊翌日……（續一·四·四）。

八、乙子貞，从戠，叀劦冓〇丁未貞，从戠，于祭冓。（南北明六八五）

九、癸丑卜，王曰貞，翌甲寅气酌劦，自上甲衣至毓，余一人亡囚，兹一品祀。才九月，冓示癸，貴彘。

（金一二四）

十、……才九月，遘上甲，嘼，隹十祀（綴合編一八六）。

甲骨文于祭祀每言某即宗，如「頊即宗」「河即宗」（粹四），是其例。這是說被祭者的神靈就饗于宗廟。又甲骨文的「隹大乙眔且乙即鄉」（甲二六○九），是說被祭者大乙和祖乙的神靈降臨就饗。正因為鬼神降臨就饗，所以主祭者才能夠與之相遇。這就是甲骨文于祭祀言遘而遘訓遇的由來。

總之，甲骨文于祭祀言遘，開始于第二期。前引第一條，先言乞耏劦于上甲，耏劦均是祭名。既已祭祀，鬼神降臨，再言其冓，是說應該與之相遇。最後又𠈌戉，指祭法用牲言之。但甲骨文文法變化無常，也有先言祭法，而後言遘者，前引第五、六兩條是其例。商代金文也有于祭祀言遘的記載，例如：切其卣的「遘于妣丙彡日大乙奭，隹王二祀」，緯簋的「唯王廿祀劦日，遘于妣戊武乙奭」，可以和甲骨文相印證。

釋㠭

甲骨文雍字作㠭、㠭、㠭等形。甲骨文雍己的合文作㠭，可以互證。㠭字又孳乳作𨾴或雝。金文作灉，小篆譌作雝，隸變作雍（以上均詳雙劍誃古文雜釋釋赤◎市）。甲骨文每以雍為人名，其作為地名者尤為習見。今將甲骨文祭祀之言㠭者擇錄數條于下，并加以解説。

一、貞，翌乙亥，耏㠭伐于宊○貞，翌乙亥……○癸酉卜，㱿貞，翌乙亥，耏㠭伐于□宊○貞，翌乙亥，勿耏㠭伐……○貞，翌乙卯，耏，我㠭伐于宊○貞，翌乙卯，勿耏，我㠭伐于宊（丙四七）

二、□亥卜，王貞，巛弗其氐（致）㠭眔奠。四月（藏二一〇．三）。

三、己亥卜，不至（致）㠭○至㠭今己○己亥卜，至㠭台女（乙五三二一）。

以上三條的𠀠或𠙹字均應讀作雍，通作饔。周代金文郘王鼎的「以雍賓客」，以雍為饔。儀禮少牢饋食禮的「雍人」和有司徹的「雍正」，也均以雍為饔。饔字始見于周器鄭饔邍父鼎，乃後起字。說文謂「饔，熟食也。」因此可知，前文所引三條的𠀠或𠙹乃雍字的初文。就祭祀言之則應讀作饔。第一條的𨟻、饔、伐，𨟻字从酉（酒），當具有酒祭之義。饔為熟食。伐謂人牲。𨟻饔伐是用三種品物以致祭。其言弜（讀勿）𨟻，我饔伐于宜，宜為地名。是說不用𨟻祭，而我只致饔與伐于宜。第二條的巛弗其致饔眔奠，巛為人名。是說巛不要致熟食和奠祭。第三條的不致饔和致饔反正對貞。今己即今日己亥的省文。總之，𠀠、𠙹為雍之初文。而金文和典籍中雍字通饔。甲骨文于祭祀之言𠙹，當讀雍為饔，乃進熟食以祭。此為舊所不知，故特加以詮釋。

釋戠

甲骨文戠字作、、等形，其用法較為複雜。其于祭祀言戠者最為習見，乃舊所不解。本文僅就此加以闡述。

甲骨文于祭祀言戠，乃膱字的初文，周代金文識與織的初文也均作戠。戠字在周代典籍中多孳乳作膱。儀禮鄉射禮記：「薦脯用籩五膱，祭半膱，橫于上。……膱長尺二寸。」鄭注：「膱猶脡也。」又聘禮記：「薦脯五膱。」鄭注：「膱脯如版然者，或謂之挺，皆取直貌焉。」公羊傳昭二十五年：「與四脡脯」，何注：「屈曲曰朐，申曰脡。」說文：「朐，脯挺也。」又：「脯，乾肉也。」脯也通膊，說文：「膊，薄脯，膊之屋上。」方言七：「膊，暴也。燕之外郊，朝鮮洌水之間，凡暴肉，發人之私，披牛羊五藏，謂之膊。」總之，膱即脯脡，指曝晒的乾肉言之。今將甲骨文于祭祀言戠之例，擇引數條于下，并加以解說。

一、辛酉貞，大乙戠一宰○弜又戠（甲七四七）。

二、其宰又戠（珠三九七）。

三、弜戠夕，其彡𠦪（粹四六○）。

四、辛子卜，貞，王宜且辛，戠一牛，亡尤（佚五六四）。

五、□庚辰卜，王□貞，翌辛子，□戠于且辛物（粹二五二）。

六、☐百牛，其用于毓且乙，戠（文錄三○七）。

七、戊寅卜，旅貞，王宜大戊戠，亡囚（粹二一一）。

八、貞，弜敱戠（續存下二五一）。

以上各條的戠字應讀作職，均就祭祀時所用的乾肉為言。第一條的大乙職一宰，職作動詞用。是說用一宰的乾肉以祭大乙。第二條的其宰又職，是說祭祀不只用宰而又用乾肉。第三條的弜（讀弗）職夕，其彡𠦪，職與夕二字平列。夕通昔，說文訓昔為乾肉，典籍也通作腊。甲骨文言臘，指大牲的牛或牢言之，而昔則指小牲的羊豕言之（詳釋夕）。陳邦懷同志引漢人說訓夕為辰牲（徵存下一四），是講不通的。本條是說，不用臘或夕之乾肉，而用牝牛以祭。第四條的王㝎且辛臘一牛，是說用一牛的乾肉以祭祖辛。第五條的臘于且辛物（勿牛二字合文），是說用一雜色牛的乾肉以祭祖辛。第六條的百牛其用于毓且乙臘，即臘百牛其用于毓且乙的倒文。毓且乙即小乙。這是說，用百牛的乾肉以祭祀后祖乙。第七條的王㝎大戊臘，是說王用乾肉以㝎祭大戊。第八條的弓㱿臘，㱿與臘二字平列，㱿是支解牲體，臘是乾肉。弓㱿臘即勿㱿臘。本條的對貞辭已殘缺。總之，甲骨文言戠一牢、戠一牛和戠于且辛勿牛，戠均作動詞用。戠讀為臘，其為曝晒牛牲的乾肉以為祭品，是顯而易見的。

釋方、土

甲骨文稱：「□午卜，方帝三豕㞢犬，卯于土宰，𠦪雨。」（佚四〇）商承祚同志考釋引卜辭「王尞于東」、「其剭羊十于西南」、「尞于西」為例，謂「此即四方祭」，并引「周禮春官大宗伯以疈辜祭四方百物」和「禮記祭法四坎壇祭四方」為證。又謂「此辭曰方帝，乃祭四方之統名，曰土則是日并祭于社而乞雨也。」按商說頗有道理。但祭四方為什麼稱方帝？并沒有加以説明。至于徵引契文和典籍，也多缺遺。甲骨文有關方、土之祭習見，今擇錄十餘條于後，并畧加闡釋。

一、甲寅卜，其帝方一羌一牛九犬（明七一八）。

二、乙酉卜，帝于方，用一羊（巴九）。

三、庚戌卜，𦉶于四方其五犬（南北明四八七）。

四、辛卯卜，𠨘彡酌，其又于四方（南北明六八一）。

五、甲辰卜，㠯，帝于東。九月（珠六一二）。

六、貞，帝于東凼圂犬，求三宰，卯黃旱（續二·一八·

八）。

七、甲申卜，穷貞，來于東三豕三羊囲犬，卯黃牛（續一．五三．一）。

八、己子卜，穷貞，帝于西（乙二二八二）。

九、庚戌卜，争貞，來于西囲一犬，一青。來四豕四羊，青二。卯十牛，青一（庫一九八七）。

十、帝于南犬（六中六七）。

十一、于丁卯酌南方（鄴三下三八．四）。

十二、帝于北二犬（續存下二四五）。

十三、貞，來于北（珠四六四）。

十四、來東西，㞢伐，卯青、黃牛〇貞，來東西南，卯黃牛（綴合二七八）。

十五、來于土宰，方帝（綴合二一一，續存上五九五）。

十六、戊申卜，㱿貞，方帝，來于土……（乙五二七二）。

以上所引第一、二兩條的其帝方和帝于方，以及其他各條之帝于東南西北某一方和方帝者，既可以證明方帝為帝方的倒文，又可以證明帝方為帝于方的省文。甲骨文以帝為上帝，也以帝為祭名，周代金文同。祭名之帝説文作禘，并謂：「禘，諦祭也。周禮曰，五歲一禘。」按甲骨文的帝祭是廣義的，五歲一禘乃東周人的説法。第三、四兩條稱四方，可見一般所稱的方，都是四方的簡稱。自第五條至第十三條，都是用帝祭、求祭或彭祭于東南西北的某一方。其中除第十一條稱南方外，其餘均省去方字。第十四條是用來祭于東西二方和東西南三方。至于甲骨文用帝祭于四方和四方雚，在此就不引述了。又以上所引第十五、十六兩條，都是以土為社，社與方同時并祭。詩小雅甫田：「以我齊明，與我犧羊，以社以方。」毛傳：「器實曰齊，在器曰盛。社，后土也。方，迎四方氣於郊也。」鄭箋：「以絜齊豐盛，與我純色之羊，秋祭社與四方。」按甲骨文以社與方并祭，可以和詩甫田相印證。

總之，甲骨文的方帝習見，即帝方之倒文，也即帝于方的省文。本文對于甲骨文祭祀東南西北之一方二方三方或四方者，均畧加引述。至于就前文所引第十五、十六兩條來看，足徵詩之「以社以方」，以及左傳昭十八年「鄭子產為火故，大為社，祓禳于四方」的社方并祭，都是來源于商代的。

釋「帝隹其冬茲邑」

第一期甲骨文稱：「丙辰卜，㱿貞，帝隹其冬（終）茲邑；貞，帝弗冬茲邑〇貞，帝隹其冬茲邑；帝弗冬茲邑。」（丙七一，又丙七三文同）第一期甲骨文的「洹其作茲邑囚」（續四．二八．四），茲邑指「大邑商」，即洹上的商都言之。又第二期甲骨文的「洹弘（洪）弗辜（敦，訓迫）邑」（珠三九三），邑乃茲邑的簡稱。終字應訓為終止或終絕。前文的帝隹其終茲邑和帝弗終茲邑，是就上帝是否終絕茲邑言之。商代還是城邦制度，其言茲邑即代表商國。故武王伐紂，牧野一戰而商亡。

古文字令與生命之命本通用。甲骨文有令字無命字，但也不以令為生命之命。書盤庚有「天其永我命于茲新邑」之語，近代學者謂盤庚為西周人所作，是可信的。但西伯戡黎的「天既訖（訓終）我殷命」，于殷邦言命，並非後人所竄改。西周器邢侯簋的「帝無冬（終）命于有周」，是說上帝對于周國的壽命沒有終止；書多士的「殷命終于帝」，是說上帝終絕了殷國的壽命。以上兩者恰好相反為義。總起來說，甲骨文的帝是否終絕茲邑，實際上是指商邦的存亡言之。到了商代末期和西周，才明顯的以帝和邦國的壽命相連為言。這就不難看出商末和西周時代天命觀的發生和發展的由來。

釋「帝官」

甲骨文官字習見，多作地名用。第一期甲骨文有「貞，帝官」和「帝不官」（乙四八三二，左右對貞），此例罕見。陳夢家謂：「官疑假作悺，說文和廣雅釋詁訓憂。」（綜述五七一）按依陳說訓為帝憂、帝不憂，殊不可通。其實，帝官和帝不官雖然措詞簡單，未能指出具體的事物，但它為商王向上帝乞求佑助之詞，是沒有疑問的。我認為，官字應讀作寬，官與寬同屬淺喉，又係疊韻。金文晉姜鼎的⿰卓革綰，孟姜簋作綽綰，史伯碩父鼎作綰綽，書無逸作寬綽，詩淇奧分言之作「寬兮綽兮」。這就是从官之字和寬字通用的明徵。詩淇奧傳訓寬為容，爾雅釋言訓寬為緩，寬容與寬緩詞義相仿。甲骨文無寬字，以官為寬。帝寬、帝不寬，係占卜上帝對商王能否寬待優容之義。

甲骨文帝官和帝不官之辭，在後世典籍中已經有了演變。禮記緇衣引書太甲：「天作孼，可違也；自作孼，不可以逭。」孟子公孫丑引作：「天作孼，猶可違；自作孼，不可活。」甲骨文災孽之孽作辥。其稱：「帝其作我辥」（乙五三四二），是指上帝作孽于我言之；其稱：「叀王又（有）作辥」（粹四八七），是指王自作孽言之。說文訓逭為逃，重文作爟。段注：「从兆者，从逃省也；从雚者，雚聲也。」按兆即古逃字，詳釋兆。禮記緇衣鄭注訓逭為逃，孟子逭字作活。逭與活音義并相因。

基于上述，書太甲的「天作孽，可違也；自作孽，不可以逭」，其語根詞源，是從甲骨文的「帝官」、「帝不官」以及「帝其作我辥」、「叀王有作辥」等辭例演化而來。這不僅可以解釋甲骨文帝官、帝不官二句的本義，同時也足以說明，用甲骨文金文和尚書中的商書、周書交驗互證，是直接解決若干自來認為詰曲聱牙的史料的重要途徑。

釋王亥的配偶

甲骨文關于先公和先王的配偶，自示壬示癸才開始以天干為廟號（詳釋自上甲六示的廟號）。至于王亥配偶之稱為王亥母，則為舊所不知。甲骨文稱：「貞，尞于王亥女（母），豕○弓尞于王亥女（母）。」（乙六四○四）甲骨文女母二字互用無別。尞于王亥母，豕，和「其又三匚女（母），豕」（粹一二○），文例相同。郭沫若同志謂「母殆謂三匚之配」，甚是。如果把尞于王亥下的女豕二字，認為是用人牲的女奴隸和物牲的豕，那就講不通了。因為前引兩段龜卜，原係先右後左的對貞辭，左段卜辭是承右段卜辭而省去豕字。這是對貞的常例。如果不釋女為母，而以女為人牲，則女與豕都成為祭牲，那末，左段卜辭就斷無省豕存女之理。總之，尞于王亥母，豕，是說燎豕以祭祀王亥的配偶；弓尞于王亥母，是說勿燎于王亥的配偶，蒙上文而省豕字。因此可知，王亥母之為王亥的配偶，是可以斷定的。

釋自上甲六示的廟號以及我國成文歷史的開始

甲骨文祀典中習見「自上甲六示」之貞，六示指先公中最後的上甲報乙報丙報丁（以下簡稱三報）示壬示癸言之。王國維謂：「疑商人以日為名號，乃成湯以後之事，其先世諸公生卒之日，至湯有天下後定祀典名號時已不可知，乃即用十日之次序以追名之，故先公之次乃適與十日之次同，否則不應如此巧合也。」（殷卜辭中所見先公先王續考）董作賓謂：「我疑心這是武丁時代重修祀典時所定。……至于成湯以前先世忌日，似已不甚可考，武丁乃以十干之首尾名此六世。……觀於甲乙丙丁壬癸的命名次第，並列十干首尾，可知如此命名，實有整齊劃一之意，不然，無論此六世先公生日死日，皆不能夠如此巧合。」（甲骨文斷代研究例）按王董二氏均謂六世廟號為後人所追定，自來研契者並無異議。我認為，其說有得有失。六示中上甲和三報的廟號，乃後人所追定。至于六示中示壬示癸的廟號，並非如此。現在分別予以闡述。

一，甲骨文祀典中的廟號，二示以前均無可考，而自二示和二示以後的先王和先妣的廟號則尚為完備，這是由于有典可稽的緣故。至于上甲和三匚的廟號，由于無典可稽，故後人有意識的排定為甲乙丙丁。而上甲和三匚配偶的廟號，也由于同樣原因而付之闕如。所以，第四期甲骨文在祭祀三報配偶時，只概括地稱之為「三匚（讀報）母」（粹一二〇）。

二，示壬示癸的廟號為什麼日干相次？因為所有的廟號都限于十個日干，則有的重複有的相次是難免的。重複的用不着說，相次的例如：周祭中祖己（孝己）和祖庚的日干相次，商代祖父兄三句兵之一，兄日壬和兄日癸的日干相次。這和上甲與三報的廟號為後世所擬定的迥然不同。

三，甲骨文周祭中的直系先妣，自示壬的配偶妣庚和示癸的配偶妣甲開始。但是，妣庚和妣甲的日干並不相次，很明顯，她們的廟號是根據典冊的記載，決非後人所追擬。因此可知，示壬示癸的廟號也有典可稽，是可以斷定的。這種商代早期的典冊，已被後世史官所修訂。因為示壬是成湯的祖父，示癸是成湯的父親，假如是成湯時的典冊，則應稱示壬示癸為祖壬父癸，稱妣庚妣甲為妣庚母甲，這是顯而易見的。

四，商代的世系譜牒是一種簡單的文字紀事。例如武丁時期的獸骨刻辭（綜述四九九及圖版貳拾），記載了一个貴族十一世祖先的私名。這是一个從商代初年開始，以男子為世系的專記私名的譜牒。又商代晚期三句兵的銘文，分別記載了七个或六个祖父兄的忌日。這當是錄自以男子為世系而又有忌日的譜牒。再從甲骨文祀典的廟號來看，則商王室對于祖先的忌日，自然是男女并記，更為完備。從上面所引的傳家十一世的譜牒來看，它和商王室的世系自示壬示癸至武丁為十三世大致相仿，因為人的壽命有長短，世數不會完全相同。由此可知，商王室和其他貴族譜牒世系的上限，都應在夏末或商初之際。假如在此以前已經有了文字紀事的話，那末，在祖先崇拜已經發達的歷史階段，則不會對于先公的廟號沒有記載。

五，如果依照前引王董二氏之説，二示的廟號既然為後世所追定，當然，二示配偶的廟號也是如此。但是，為什麼二示廟號之上省掉戊己庚辛四个日干不和報丁衙接呢？為什麼二示配偶的廟號妣庚妣甲不按照日干的次序擬定呢？為什麼甲骨文周祭中的先妣自二示的配偶開始呢？這只能説，商代先公和先妣的廟號，自二示和二示的配偶才有典可稽而已。

依據前文五項論證的結果，還可以解決歷史上另一个十分重要的問題——中國有文字記載的歷史開始于何時？這是一个懸而未決的問題。毛主席説：「中國是世界文明發達最早的國家之一，中國已有了將近四千年的有文字可考的歷史。」（中國革命和中國共產黨）毛主席這一指示，對于我們研究中國有文字可考的歷史有着很重要的意義。

郭沫若同志説：「殷之先世，大抵自上甲以下入于有史時代，自上甲以上則為神話傳説時代。」（卜辭通纂考釋第七十四頁）郭沫若同志以「大抵」為言，還沒有劃分時代上的明確界限。

史記殷本紀關于上甲和三報以前的先公還有七世，只記其名。以上十一世都屬于傳説時代。傳説時代利用結繩和木契來幫助某些事物的記憶。但是，這和用文字紀事以突破時間和空間的限制，是判然有別的。

書多士：「惟爾知，惟殷先人有冊有典，殷革夏命。」僞孔傳：「言汝所親知，殷先世有冊書典籍，説殷改夏王命之意。」按這是説商湯之革夏命已有典冊的記載，這和二示與二示配偶的廟號之有典籍可稽，可以交驗互證。二示和二示的配偶，乃商湯之父母和祖父母，其忌日（禮記祭義：「君子有終身之喪，忌日之謂也。」鄭注：「忌日，親亡之日。」）的廟號，自然會有記載。

既然我國有文字可考的歷史開始于商人先公的二示——夏代末期，那末，就一般推算三代積年來說，則夏代末期距離現在約為三千七百年左右。這和毛主席的指示，「中國已有了將近四千年的有文字可考的歷史」是相當符合的。

釋⿻犬弋甲

史記殷本紀敘殷之先王有河亶甲。第二期甲骨文河亶甲的合文作八十、兆十，祖甲以後作兆十、兆十。八與兆，葉玉森釋戠（集釋九·三乙），王襄謂「兆从二戈相背，疑古戔字」（簠考帝二一），郭沫若同志釋為戔（通考一七六），甲骨文編的合文釋為戔甲。陳夢家謂八「似乎是兩弋相背」，犾「似乎是犾字，從犬從弋」（綜述四〇八）。按八與兆从二弋相背，不从戈，與戠字戔字無涉。甲骨文戔字數見，早期作[glyph]、[glyph]，後期作犾[glyph]，均从二戈互疊或平列。古文偏旁中从弋从戈間有互作者，但甲骨文戔（讀「踐奄」之踐）某方之戔均从二戈，𢦔甲之𢦔均从二弋，兩者決不相混。至于陳夢家謂[glyph]「似乎是二弋相背」，乃勦襲余說而加以「似乎」二字。因為他曾向我借閱殷契駢枝四續稿本。陳氏又謂犾似乎是从犬从弋的犾字，完全出于臆測。陳氏不知[glyph]和𢦔乃早晚期之别，並非晚期从犬。

𢦔字雖然不見于後世的字書，但究其音讀則應从弋聲。甲骨文豐字，與豊字从玨者有别，作[glyph]或[glyph]，从二亡相背或相向以亡為音符。古讀亡如無，無與豐雙聲，魚東通諧。甲骨文早期非字作[glyph]，从二万（丏，丏从万聲）相背，万非雙聲。這和𢦔字从二弋相背而讀為弋聲，其例正同。曾運乾喻母古讀考謂「喻母四等字古隸舌聲定母」。按古讀弋如特，特屬定母。朱駿聲説文通訓定聲謂：特字「諸書亦或以直為之，或以地以第以但以亶以徒以獨為之，皆一聲之轉。」呂覽適音與君守高注并訓特為但。漢書賈誼傳的「非亶倒縣而已」，王莽傳的「亶飲酒啗鰒魚」，顏注均謂「亶讀曰但」。但與亶並諧旦聲。總之，戠从弋聲，古讀弋為舌頭音。戠之讀特，特之通但通亶，都是由于雙聲而通用。戠甲即亶甲，緩言之為河亶甲，急言之為亶甲。

釋中宗祖丁和中宗祖乙

甲骨文的中宗祖乙是常見的，而中宗祖丁（摹本）還是初次見到。我認為，中宗祖丁即中丁，乃大戊之子，中宗祖乙之父。陳夢家謂先王廟號的區別，「大小之間可以稱中」，并列舉「大丁—中丁—小丁（祖丁）」，大乙—中宗祖乙—小乙」為證（綜述四四一）。按陳氏謂大小之間可以稱中，是只看表面現象而未明其實質意義，乃似是而非的解釋。古文字的通例，伯仲之仲作中，中間之中作𠂤。後世則以仲代中，以中代𠂤，中行而𠂤廢。今將甲骨文和商代金文有關中和𠂤的詞例，分別擇錄于下：

甲，中

一、大子，中子，小子（甲骨文編合文一一）。

二、大父，中父，父（商器三戈之一的銘文，代一九．二〇）。

乙，𠂤

三、義京—右（續一．五二．二），義京—𠂤（前六．二．三），義京—左（前六．二．二）。

四、戠馬：左、右、𠂤人三百（前三．三一．二）。

五、王作三𠂤（師）：右、𠂤、左（粹五九七）。

六、左、𠂤、右（商器三个盉的銘文，青山莊清賞二．五．七）。

以上所列甲類的大中小即大仲小。第一條的大子、中子、小子，和第二條的大父、中父、父可以互證。至于第二條以大父、中父和父為言，次序井然，父上沒有再加小字的必要。大中小是縱列的，大為第一位，中為第二位，小為第三位。這是對先輩排列的順序稱謂。大中小之中與後世伯仲之仲同義，但與𠂤間之𠂤有别。大仲小猶記數字之有一二三，前後是順序的。乙類的右𠂤左是橫列的，以中為主，左右為輔，與伯仲之仲不同。第四條的戠馬，以左右𠂤人三百為言，把𠂤字列于左右之下，而不列于左右之間，正是𠂤和左右有主輔之别的明徵。第五條的三師而分稱右𠂤左，也顯然是以𠂤師為主而左右師為輔。第六條的三盉銘文，以左𠂤右為識别。盉為盛酒之器，用以宴享或祭祀，在陳設時自然是橫列——一盉在𠂤，兩盉分列左右。

中與𠂤既然有别，則中丁、中宗祖丁、中宗祖乙之中均應讀作伯仲之仲。甲骨文中丁之中偶有作弟者（後下四〇·一一），羅振玉謂為「偶用假字」（增考中一四）。至于中宗祖丁和中宗祖乙之中則從無作𠂤者。

商代先王世系之稱丁者，以大丁為首，大丁之次為中丁，中丁居第二位，故甲骨文第一期稱中丁，第三、四期稱中宗祖丁；商代先王世系之稱乙者，以大乙為首，大乙之次為祖乙，祖乙居第二位，故三、四期稱之為中宗祖乙。商王廟號每以大中小為別，大中小之中無作𠂤者。第一期甲骨文為什麼有大和中而無小（小丁和小乙之稱出現于武丁以後）？因為小丁為武丁的祖父，只稱祖丁便很明顯；小乙為武丁之父，只稱父乙便很明顯。自第二期以來，小丁也稱為毓祖丁，小乙也稱為小祖乙或毓祖乙。

王國維的殷卜辭中所見先公先王續考引古本竹書紀年：「祖乙滕即位，是為中宗，居庇。」（原注：「今本紀年注亦云，祖乙之世，商道復興，號為中宗，即本此。」）以證史記殷本紀稱大戊為中宗之非（原注：「晏子春秋內篇諫上，夫湯大甲武丁祖乙天下之盛君也，亦以祖乙與大甲武丁並稱。」）按王氏引卜辭和典籍以中宗為祖乙而非大戊，這是對的。但是，以今本紀年注和晏子春秋為證，也認為祖乙因是中興之主而稱中宗，這是大有問題的。如祖乙果因中葉復興而稱中宗，為什麼卜辭不作𠁩宗而作中宗呢？而且中宗祖丁之中宗又如何解釋？因此可知，王說顯然是錯誤的。

綜上所述，本文論證的結果，中宗祖丁即中丁。中丁、中宗祖丁和中宗祖乙之中均應讀為伯仲之仲，仲宗乃是先王以丁或乙為廟號而用以區別的稱謂，含有「第二位」之義。既非𠁩間之𠁩，亦非𠁩興之𠁩。這就糾正了陳王二氏的誤解。

釋「又于十立伊又九」

第四期甲骨文稱：「丁子卜，又于十立伊又九。」（粹一九四，又摭續二〇一文同，有又字而缺于字）郭沫若同志謂：「又于十立伊又九義頗難解，疑是又于伊十立又九之倒文。立當讀為位，蓋謂為壇位也。」（粹考一九四）陳夢家謂：「又于十立：伊又九，是伊尹與其它九臣為十位。」（綜述三六三）按陳説出于臆測，不可據。郭說甚是，但無佐證，故以疑為言。今舉例以證成郭說。甲骨文以倒文為句者常見，例如：「卯十宰㞢五」，即「卯十㞢五宰」的倒文；「不我其受又」，即「我不其受又（佑）」的倒文。以上二例常見。又「其隹堇年受」（陳三一），即「其隹受堇年」的倒文。商器宰椃角的「隹王廿祀翌又五」，即「隹王廿祀又五、翌」的倒文。己酉彝的「隹王廿祀劦日五」，餘尊的「隹王十祀又五彡日」，二者一倒一正。劦日、彡日都是祭名。這和倒文的「又于十立伊又九」即「又于伊十立又九」，可以互證。

伊是伊尹的簡稱，甲骨文習見。至于十立又九，是指商代統治階級的歷世功臣言之。書君奭：「公曰，君奭，我聞在昔成湯，既受命，時則有若伊尹，格于皇天；在太甲，時則有若保衡；在太戊，時則有若伊陟、臣扈，格于上帝，巫咸乂王家；在祖乙，時則有若巫賢；在武丁，時則有若甘盤。率惟茲有陳，保乂有殷，故殷禮陟配天，多歷年所。」這是周公畧舉商代的歷世功臣，當然商代功臣不限于此數。甲骨文把先世功臣排列為十又九位，加入祀典，而以伊尹為首，故有「又（侑）于伊十又九立（位）」的占卜。

釋「伊寔」

陳邦懷同志引「又丩伐于伊，其又大乙，彡」（後上二二·一）之貞，謂「此辭乃卜伊尹從祀成湯」。又引詩長發的「實維阿衡，實左右商王」，屈原天問的「何卒官湯，尊食宗緒」為證（徵存下二二）。按陳說甚是，但漏引卜辭的「伊寔」。

第三期甲骨文稱：「貞，其卯羌，伊宦〇王其用羌于大乙，卯叀牛，王受又。」（粹一五一）按伊乃伊尹的省稱，這也是伊尹配祀成湯之貞，可以補充陳說。第一期甲骨文貞人名的賓字作㝑。㝑字有時也作動詞用，例如：「咸㝑于帝」，「咸不㝑于帝」（丙三九），是其證。甲骨文中期以後，㝑字用作動詞者均作宦。在上述之外，甲骨文稱：「癸丑卜，上甲戠，伊宦」。（南北明五一三）這是說，用歲祭于上甲，伊尹配享。由此可見，伊尹不僅從祀成湯，也從祀上甲。此外，甲骨文有「伊其宦」、「伊弜宦」和「伊宦」之貞，也都是指配享言之。

釋女孅

陳夢家謂：「武丁時卜辭又有一人，有三種寫法：蔑、薎、孅。」又謂：「他和伊尹和黃尹亦有并見于一辭的。」又謂：「其字待考。他大約與伊、黃同為舊臣。」（綜述三六六）按甲骨文孅字作□，蔑字作□，𦾔字作□。前兩个字只是从女不从女之别，第三个字从丂，和前兩个字迥然不同，雖然也作為祭祀對象，但不與伊尹或黃尹並祭。又第一期甲骨文有「雨其𦾔」和「我其㞢𦾔」，𦾔字也沒有作蔑或孅的。足徵𦾔是另一个人，不應與孅蔑混同。今將有關致祭于孅和蔑的甲骨文擇錄于下，并加以說明。

一、㞢于孅（後上九·五）。

二、辛亥卜，㱿貞，㞢于孅召犬，卌五牛（續二·二四·五）。

三、貞，㞢于孅（前一·四九·三）。

四、弓□㞢于蔑（珠三四四）。

五、貞，弓𠕋孅（前一·四四·七）。

六、己亥卜，㱿貞，㞢伐于黃尹，亦㞢于孅（前一·五二·三）。

七、其又蔑眔伊尹（甲八八三）。

郭沫若同志謂：「山海經有寒荒之國，有二人，女祭、女薎，女薎恐即此人。」（通考二六三）按郭說是對的。但是以「恐即此人」為言，并非決定之詞。山海經大荒西經郝氏義疏：「薎當為蔑字之譌」。按山海經海外西經：「女祭、女戚在其北，居兩水間，戚操魚䱇（鱓），祭操俎。」郝氏義疏：「女戚一曰女薎」。按薎乃蔑的別體字。史記司馬相如列傳的「薎蒙」，文選陸韓卿答希叔詩的「寂薎」，是并以薎為蔑之證。今用甲骨文以糾正山海經，則戚乃蔑字的形譌；再用山海經以驗證甲骨文，則甲骨文的嬎乃女蔑二字的合文。甲骨文祭祀先公先王和先妣先母的廟號，作合文者習見繁出。前引第六條以黄尹和女蔑并祭。甲骨文的女蔑也省稱為蔑。前引第七條以蔑和伊尹并祭。可見女蔑和黄尹或伊尹的地位相仿。女蔑之女并非女子之女，乃古代女稱姓、男稱氏之氏。史記殷本紀引商書佚篇有女鳩、女房，以女為氏，是其證。

總之，依據前文論證的結果，本文有四點新的說明：一、甲骨文的孅與㦰和蔑字有別，不應混而為一。二、孅乃女㦰的合文，而㦰為女㦰的省稱。三、山海經的女戚乃女蔑之譌，而蔑為㦰字之異構。四、女㦰之女并非女子之女，乃姓氏之氏。

釋⿱斤火

甲骨文稱：「來羙〇來⿱斤火。」（佚七〇八）⿱斤火字作⿱𠂉凵，舊不識。按典籍⿱斤火作炘，即焮字的古文。漢書楊雄傳：「揚光曜之燎燭兮，乘景炎之炘炘。」顏注：「炘炘光盛貌」。文選甘泉賦李注：「廣雅曰，炘，熱也，音欣。」玉篇火部炘同焮：「許勤、許靳二切，⿱爫火也。」左傳昭十八年的「行火所焮」，杜注也訓焮為⿱爫火。但甲骨文以來羙與來⿱斤火對貞，則⿱斤火當為先公之名。

釋用作人牲的女奴隸

第一期甲骨文有用作人牲以祭的一些帶有稱名的女奴隸。這些女奴隸為舊所誤識。今將有關兩條卜辭錄之于下，然後加以辨釋。

一、辛丑卜，酌桒，壬寅○辛丑卜，酌，壬寅○妣乙□（[illegible]）○妣辛□（宴）○母庚豕○妣辛□（[illegible]），妣癸□（[illegible]）○妣戊□（[illegible]）○母庚三牢○妣戊□（[illegible]），妣戊□（[illegible]）（乙四六七七）。

二、其桒妣癸□（[illegible]），妣甲□（[illegible]），叀⧄（庫一七一六）。

以上兩條的妣某下一些从女的字，甲骨文編誤認為「母某」的合文。陳夢家謂「娅妾等字應讀作亞母、它母，也是先妣的私名。」又謂「娅媢妾等字亦可能是女旁的女字」（綜述四九一—

四九二）。按陳說既以姬妾等字為先妣的私名，又以為可能是女字，甲骨文中哪有列入祀典的先妣在廟號之外又附有私名或女字的例子呢？可見陳說是出諸臆測。

前引第一條于諸妣下附以⿰⿱幺女攵妾⿰⿱壴女攵等字，我認為，這些从女的字都是女奴隸的女字，也就是女奴隸之名。這是用女奴隸作為人牲以祭祀諸妣。因為母庚豕、母庚三牢和妣乙⿰⿱幺女攵、妣辛妾、妣辛⿰⿱壴女攵……等句例完全相同，不過有物牲和人牲之別罷了。從第二條的「其桒妣癸⿰⿱畀女攵、妣甲⿰⿱堇女攵」來看，則以女奴隸的⿰⿱畀女攵和⿰⿱堇女攵作為祭祀妣癸、妣甲的人牲更為明確。陳夢家因為母庚豕、母庚三牢和附有私名的諸妣并列為不相符，乃刪掉豕字和三牢二字，顯然是錯誤的。

釋⿰女畢

甲骨文有⿰女畢字，係婢字的初文，為研契諸家所不識，今錄之于下：

一、叀𡤱，王受又〇又豛羌，王受又（寧滬一．二三一）。

二、己卯卜，貞，王宜且乙奭匕己，姬，𡤱二人，豛二人，卯二牢，亡尤〇甲申卜，貞，王宜且辛奭匕甲，姬，𡤱二人，豛二人，卯二牢，亡尤（京津五〇八〇，又續一．二五．二，文殘）。

以上兩條𡤱字凡三見，作𡤱或𡤱。𡤱是婢的原始字，今則婢行而𡤱廢。説文：「婢，女之卑者也，从女从卑，卑亦聲。」婢是形聲字，它的形符説文从女，甲骨文从妾，義訓相仿。但从女的含義太抽象，妾與婢的身份相比次，在商代都係家内奴隸，故从妾于字義更相適應。

前引甲骨文兩條的豛字凡三見，均作豛形，从豆从殳。羅振玉釋為敱（增考中三八），甲骨文編列豛于𣪘字中，并誤。古文豆字與亯、皀二形迥別。説文：「豛，毀擊也，从殳豆聲。」

是⿰豆殳有擊義。儀禮少牢饋食禮的「司馬刲羊，司士擊豕」，鄭注：「刲、擊皆謂殺之。」⿰豆殳字典籍也作剅或豆。廣雅釋詁：「剅，裂也。」呂氏春秋貴公的「大庖不豆」，俞樾諸子平議謂「豆當讀為剅」。按剅即今方言切物曰剢的本字。

前引第二條有姬字，甲骨文姬字每用為祭名。如「王室母癸，姬，亡尤」（前一·三一·二），「其又姬于匕辛」（粹三八六），是其證。姬與餪、饎古字通。集韻七之餪同饎。說文：「饎，酒食也。」前引第一條的叀⿰妾卑王受又，又⿰豆殳羌王受又，上下對貞。是貞問用⿰妾卑為牲以祭而王受祐，還是剅殺羌俘以祭而王受祐呢？前引第二條分為兩段，其所用人牲與物牲都是⿰妾卑二人，⿰豆殳二人，卯二牢。這是貞問用這樣的品物以祭于祖乙奭妣己或祭于祖辛奭妣甲，是否可以沒有過尤？

總之，甲骨文⿰妾卑字从妾卑聲，係婢的原始字。以形聲字聲中含義之例考之，則⿰妾卑之从卑，不僅是个音符，同時也具有卑賤之義。甲骨文用家內奴隸的彝以為人牲，當然彝在當時是沒有社會地位的。（近見甲骨文字集釋已引屈翼鵬說釋彝為婢，但他的解釋和本文有些出入，故仍存本文。）

釋新異鼎

第三期甲骨文有「新異鼎」（摭續二七五），上下文已殘。異鼎二字合文作，甲骨文編入于附錄。周初器作冊大方鼎的「公來鑄武王成王異鼎」，異鼎二字作。郭沫若同志謂：「異，禩省，說文祀或从異作禩。」（系考三三）容庚同志說同（善考一三）。按禩為晚周古文，晚周以前的古文祀字無作禩者。陳夢家謂：異鼎「可能就是下將述及的二鼎：一為大保鑄鼎，一為成王奠鼎。此二者都是方鼎，而耳上都有特殊的匍伏之獸，所謂異鼎，或即指此。……這兩鼎原非一對，但原來或有大保鑄武王奠和大保鑄成王奠的兩對。異鼎之異或是比翼

之義。」（西周銅器斷代三・八五）按陳氏既訓異為耳上有特殊之獸，又謂鼎為兩對，訓異為比翼，都是出于主觀想像。

史記楚世家的「居三代之傳器，吞三翮六翼」，索隱：「翮亦作鬲，同，音歷。三翮六翼，亦謂九鼎也。空足曰翮，六翼即六耳。」正義：「翮誤，當作鬲，音歷。爾雅云，附耳外謂之釴，款足謂之鬲。」說文鬲字段注：「翮者鬲之假借字，翼者釴之假借。九鼎款足者三，附耳于外者六也。」按舊說訓鬲為款足是對的。至于以六翼為六附耳，古代何曾有六附耳之鼎呢？至于段注也是臆說，因為九鼎中有三个款足，六个附耳，也是講不通的。墨子耕柱謂夏后開（啟）鑄九鼎，左傳宣三年杜注以為禹鑄九鼎，均不可信。因為夏代相當于龍山文化的後期，不可能有鑄九鼎之事。近來學者謂九鼎係武王伐紂時所俘掠的商鼎，後世演義為夏初所鑄，這樣推論是可信的。

甲骨文新異鼎之異應讀作翼。古文字有異無翼，以異為翼，翼為異的後起字。盂鼎的「故天異臨子」，異臨子應讀作翼臨慈，詳墨子新證。虢叔鐘的「嚴在上，異在下」，詩六月稱「有嚴有翼」，可以互證。商和西周時代有花文的各種彝器，外部往往有幾道突出的高棱，好像鳥的羽翼，故典籍稱之為翼。圓鼎外部有的三翼，有的六翼，方鼎多作六翼，也有作四翼或八翼者。今俗稱翼為「扉子」。總之，作冊大方鼎之稱異鼎，指鼎之有翼者言之，甲骨文的新異鼎，指新鑄有翼的鼎言之。這是由于得到實物的驗證而知之。

釋「鼎龍」

甲骨文鼎與貞之構形是有別的，而在構詞上，往往用鼎形之作□者以為貞。可是，在以鼎為器或以鼎作為虛詞，則從沒有用貞形之作□者。

甲骨文龍字一般作□或□，也省作□□或□□。例如：「婦好□」(粹一二三一)也作「婦好□」(天八八),「□甲」(乙三二五二)也作「□甲」(乙一四六三)。此例常見,不詳列。甲骨文借龍為寵,寵乃後起的分別字。周器遲父鐘的「不顯龍光」,應讀作「丕顯寵光」。詩蓼蕭「為龍為光」的毛傳,和詩酌「我龍受之」的鄭箋,并訓龍為寵。

甲骨文凡貞問某事,而言□或㞢□、征□、不□、其□、不其□者,往往□與□互作,均應讀作寵。這是貞問能否受到鬼神的寵佑。甲骨文言「鼎□」(□字以下均隸定作龍)者,舊或釋為「貞寵」,但是,在同一段甲骨文中,一開始貞卜之貞作□,以後再言鼎則作□,可見貞與鼎本來是兩个字。第一期大龜卜辭稱:「貞,㞢犬于父庚,卯羊○貞,祇氏之疒齒,鼎龍○疒齒,龍○不其龍。」(丙一二、一四、一六、一八、二○缺不其龍三字,以上五版大龜同辭)按鼎字的義訓,舊不得其解。漢書賈誼傳的「天子春秋鼎盛」,應劭訓鼎為方;匡衡傳的「無說詩，匡鼎來」，服虔注訓鼎為當。鼎與當雙聲，當與方疊韻。鼎訓為當為方，義本相同。都是表示時間上「現在」的副詞（見楊樹達高等國文法）。前引大龜卜辭的𥘅字待考。龍字應讀寵。之字應訓為是，典籍常見。這一版大龜卜辭左右對貞，上下各分兩段（其他四版同）。上兩段先言用犬羊以祭，乞佑于父庚（盤庚），後言是患齒疾，現在能夠得到父庚的寵佑。下兩段以疾齒寵和不其寵為對貞。又甲骨文的「鼎㞢龍」（綴合一七〇），是說現在能有寵佑。在上述之外，也有只言鼎者，甲骨文稱：「□□□卜，㱿貞，王鼎比垦乘☒」。（續三．四三．一）鼎字的用法與前文同。這是說，王現在要偕同垦乘征伐某方。

總之，本文專就甲骨文之不以鼎為貞而用作副詞以表示時間上的「現在」者，加以闡述。這就糾正了舊以鼎寵為貞寵的誤解。

釋「耳鳴」

甲骨文耳鳴之占屢見，文多殘缺。其比較完整的為：「庚戌卜，朕耳鳴，㞢卸于且庚，羊百㞢□五十八……。」（乙五四〇五）今將典籍中關于耳鳴之書和耳鳴的事例，擇要加以引述。姚振宗所輯七略數術略佚文，有「嚏、耳鳴禨占十六卷」，漢書藝文志同。又姚氏漢書藝文志條理：「隋志五行家梁有嚏書、耳鳴書、目瞤書各一卷，亡。」姚氏依據陸賈之說，謂「是類之書在漢初已有之矣」。楚辭九歎遠逝：「耳聊啾而戃慌」，王注：「聊啾耳鳴也。」說文：「聊，耳鳴也，从耳卯聲。」蔡邕廣連珠：「目瞤耳鳴，近夫小戒也。」又居延漢簡甲編一四一三，有「耳鳴得事」和「耳鳴望行事」的記載。總之，姚振宗謂耳鳴之書漢初已有之，而今則見諸三千多年前的甲骨文。耳鳴乃耳病中的一種症狀，是由于聽覺器官有某種病變而產生的，本來和人事吉凶毫無關係。而商代統治階級迷信鬼神作祟，竟把耳鳴當作不祥之兆，甚至用百餘羊為祭牲，以乞祐于先祖。但這種迷信觀念，一直沿襲到封建社會猶信從之。

釋齒

甲骨文齒字作、、、、、、等形，象口內齒牙形。晚周鉨文齒字作，加止為音符，遂變成形聲字。甲骨文齒字有三種用法：一、習見的「疒齒」之占，指齒牙有疾言之；二、「取牛不齒」（珠一五二），指牛的年齒言之；三、齒指差錯或災害言之。關于第三項，自來研契諸家均不得其解。今將有關這類的詞例分條擇錄于下，然後加以說明。

一、王𡆥（夢）隹齒（乙七四八二）。

二、丁丑卜，穷貞，𠦪得。王固曰，其得隹庚，其隹丙其齒。四日庚辰，𠦪允得（前七·四二·二）。

三、王固曰，不吉，其氐齒（綴合二六八）。

四、貞，弓曰戈氐齒王〇曰戈氐齒王（林一．六．二）。

五、王固曰，吉，亡來齒（乙三三八〇）。

六、今五月亡其來齒（乙一〇七一）。

七、☐嬉，其㞢來齒（續四．三二．三）。

八、癸未卜，爭貞，旬亡囚。王固曰，㞢希，三日乙酉夕𢀛，丙戌允㞢來入齒（庫一五九五，藏一八五．一畧殘）。

說文：「齒，口齗骨也，象口齒之形。」又：「牙，壯齒也，象上下相錯之形。」周禮冥氏賈疏謂：「齒即牙也。」按分別言之，門牙曰齒，在兩側者稱牙。統而言之，則齒牙無別，所謂對文則殊，散文則通。齒為名詞。就其作用來說，則有相磨相錯之義。王筠說文釋例謂牙作与，「乃象上下相錯之形」，這是對的。甲骨文對于人事的外牾和禍祟，往往以齒為言，猶之現在方言所謂「出分子」。話又説回來，其所以往往以齒為言，乃是由齒牙相磨相錯之義引伸而來。前文所引第三條，以不吉和其氏（致）齒連言，第五條以吉和亡來齒連言，第七條以嬉（艱）難和其屮（有）來齒連言，第八條先言屮希（祟），其驗詞為允屮來入齒。因此可知，甲骨文之言齒，其為發生某種事故或禍祟之義，是顯而易見的。

釋𢾊

甲骨文𢾊字作、、等形。孫詒讓謂「疑當為雖之省」（舉例下四五）。陳夢家謂「或是鶉字，假作潦」（綜述五六六）。楊樹達謂「𢾊疑當讀為罪」（求義四三）。陳邦懷釋為𢾊，謂「借𢾊為魋」（徵存下二六）。按各家之説均臆説無據。古文字从攴與从殳往往互作，不煩舉例。西周金文有季𣪕簋。晚周古鉨文有「王𣪕」，西周金文的雖字，从隹與从𣪕互

見，虢季子白盤以縷為經維之維。我認為，甲骨文的㪏即古推字，也即古摧字。古文字从攴的字後世多變為从手。例如：說文扶字的古文作㧑，揚字的古文作敭，播字的古文作𢾩，是其證。至于推摧相通，是由于摧从崔聲，崔从隹聲，和推从隹聲音符同。關于推之通摧，今列舉五个例子：一、說文：「陮，陮隗高也，从𨸏隹聲。」段注：「陮隗猶崔巍」。二、莊子齊物論的「山林之畏隹」，畏隹即詩卷耳「崔嵬」之倒文。三、廣雅釋詁：「摧，推也。」王氏疏證謂：「摧推聲相近。」四、集韻平聲六脂謂「崔同隹」，又上聲十四賄謂「隹同摧」，（這也是下文所引第二條的隹字通摧之證）。五、甲骨文王亥之亥作隻（佚八八八），也作隻（庫一〇六四，京都三〇四七），其从隹與从崔互作。由此可見，推摧之通是沒有疑問的。詩北門的「室人交徧摧我」，毛傳訓摧為沮。又雲漢的「先祖于摧」，摧與北門的摧字同義。總之，摧訓為沮，典籍中又每訓沮為毁為壞，一義相貫。又廣韻下平二十六咸：「𢿋，士咸切（音饞），鳥𢿋物也。」按𢿋摧雙聲。鳥𢿋物應解作鳥摧毀生物，和災害之義相因。這是古文字偶見于後世字書的一例。

今將甲骨文言𢿋之例，擇其詞句較為完整者，分條錄之于下：

一、貞，□帝隹降𢿋○貞，帝不隹降𢿋（續五·二·一）。

二、貞，帝不降隹（續存下六八）。

三、帝其降𢿋（乙五七五）。

四、今龜其㞢降𢿋（林二·二六·一三）。

五、貞，其㞢降𢿋（林二·二二·三）。

六、丙辰卜，穷貞，嗀，告𢿋于□，一月（前四·四·六）。

七、茲雨氐𢿋（粹七五五）。

八、貞，亡來𢿋○貞，其㞢來𢿋（乙二五九五）。

九、其虫入戠（前五・二五・二）。

十、☐曰，其虫降大戠（乙二六五三）。

十一、翌乙酉，戠至于河☐（外五一）。

十二、貞，戠其大泉（前四・三三・七）。

十三、☐☐卜，㱿貞，王☐⿰爿尤隹戠○貞，王⿰爿尤不隹戠。（乙七一五〇）

十四、☐申卜，貞，方帝⿱罒丂戠。九月（甲一一四八）。

十五、于◊⿱罒丂戠（拾二・一三）。

十六、貞，⿱罒丂戠于◊（粹六〇七）。

以上所列各條的戠字，均應讀作摧，摧作名詞用，指摧毀性災害為言，于詞義無不可通。第十二條的戠其大泉，泉即古洌字，在此應讀為烈，說文訓烈為火猛。這是說，摧毀之災既大而又猛烈。第十四條的方帝⿱罒丂戠，方為四方之省稱，方帝是帝方之倒文（詳釋方土）。⿱罒丂應讀為寧，古籍每訓寧為息。這是說，用帝祭于四方，以寧息摧毀之災。

總之，㪅即古推字，與推字通。甲骨文除有時用作人名外，都指摧毀的災害言之。

釋黑

甲骨文黑字作或等形。其作者，郭沫若同志釋黃（粹考七八六）。按甲骨文潢字（前二・五・七）从黃作，與黑字迥別。唐蘭同志釋為莫，并謂「莫字或作央者，舊不識，今以䵝字偏旁證之，知亦莫字」（殷記六三）。按䵝字（鄴初三九・三）偏旁本作，非从。其實，黑字上部本不从，黑與莫的構形判然有別。甲骨文言黑牛黑羊黑豕者均作。又甲骨文黑字的異構也作，為舊所不識。這和周器師害簋的文字作，買簋的黃字作，下部兩叉變為三叉，其例正同。周器[illegible]嫼簋的嫼字从黑作，鑄子簋的黑字作，較

甲骨文只增加數點，說文則譌變作黑，并謂「从炎上出囪」。黑字的本義雖須待考，但許說臆測無據。

甲骨文黑字有兩種用法，今分别舉例，并予以闡述。

甲，黑指用牲的毛色言之。例如：

一、叀黑牛（拾一·四）。

二、引用黑羊，亡雨○叀白羊用（原漏刻横劃作川），于之又大雨（寧滬一·一三）。

三、庚寅卜，貞，其黑豕（金五六九）。

四、叀黑犬，□王受又（粹五四七）。

五、叀黑牛○□叀羊（南北明七一四）。

六、叀黑○叀羊（京津四一九三）。

七、叀白犬○□叀黑□犬（京津四二○○）。

以上所引第三條的其黑豕，如果訓黑為黄，不僅于字形不符，也于豕實有的毛色不符。第六條以叀黑與叀羊對貞，自當指牛言之。

乙，黑指日氣晦冥的晝盲言之。例如：

一、丙申卜，㝑貞，商其□黑○貞，商黑（乙三三三一）。

二、辛卯卜，㱿貞，其黑○辛卯卜，㱿貞，不黑（乙六六九八）。

三、戊申卜，爭貞，帝其降我黑○戊申卜，□爭貞，帝不我降黑（丙六七）。

四、辛卯卜，㱿貞，帝其黑我（續存下一五六）。

五、羽，異隹其亡（黑），攺（南北明四一八）。

周禮眡祲：「掌十煇之灋，以觀妖祥，辨吉凶。」鄭注：「妖祥，善惡之徵。鄭司農云，煇謂日光炁也。」按十煇是指十種日光氣言之。其中「五曰闇」，闇與暗古通用。說文訓暗為「日無光」。釋名釋采帛：「黑，晦也，如晦冥時色也。」俞樾周禮平議：「周禮所謂闇，即春秋所謂晦也，僖十五年己卯晦，成十六年甲午晦，公羊傳並曰，晦者何，冥也，是其事也。」孫詒讓周禮正義：「呂氏春秋明理篇云，其日有不光，有晝盲，高注云，盲，冥也。此闇即所謂晝盲。」按晝盲指的是白日黑暗，可以和甲骨文言黑相印證。

上文所引各條的黑字都指晝盲言之。第四條的帝其黑我，黑作動詞用。是說上帝加我以晝盲的災害。第五條的羽為地名，甲骨文的「于羽受年」（粹八六三）和「羽不其受年」（前七・四三・一），是其證。異隹其亡黑，𢻮（啓），異與翌甲骨文每通用。啓之通詁訓為開明。這一條是說，羽地翌日無黑暗的晝盲而天氣開明。這不僅說明了亡黑是就天氣之無晝盲而言，而且，下言啓應該是指天氣開明，與一般陰雨的啓晴是有區別的。無黑暗的晝盲恰好和啓訓開明之義相脗合。這就足以證明釋黑為黑暗的晝盲以及前文釋黑為用牲的毛色，都是可以肯定的。

釋⿴囗卜

甲骨文⿴囗卜字作𡆥、⿴囗卜、𡆣等形，晚期作⿰⿴囗卜斤。⿴囗卜字不見于說文，其造字本義待考。舊釋⿴囗卜為禍為冎為骨為卟為戾為凶，均臆測無據。又舊也讀亡⿴囗卜為亡咎，可信，但無佐證。晚期甲骨文常見「亡徙才猷」和「亡徙自猷」之貞，郭沫若同志釋繇一文讀猷為繇（爻），頗有道理。⿴囗卜字的音讀，可于周代金文、西漢竹簡和後世字書得到驗證。今特分別加以引述：一、周代金文魯侯簋：「唯王命明公遣三族伐東國，才⿰丵戈，魯侯又（有）⿴囗卜工。」⿴囗卜字金文編誤釋為卟（稽）。⿴囗卜工郭沫若讀為猷功（殷周銘文研究三九）。這是說，魯侯奉王命率三族以伐東國，既有謀猷又有功勳。二、前年羅福頤同志以所著臨沂漢簡佚書零拾見贈。其中務過篇殘簡，有「堯問許⿴囗卜曰」之詞，許⿴囗卜二字凡三見，其即許由無疑。由此可見，西漢時還借⿴囗卜為由。三、龍龜手鑑口部上聲有㠯字，音「其九反」。這是由于古音往往平上不分的緣故。總之，依據以上三項證明，則甲骨文之以㠯為咎，以猷為繇，周代金文之以㠯為猷，漢簡之以㠯為由，字書之音㠯為「其九反」，均屬古韻幽部。其音讀之遞嬗相承，由來已久。然則前文所引各種誤釋，便沒有重加辯駁的必要。

釋圣

甲骨文圣字作□、□、□、□、□或□、□、□、□等形。又作□形（掇四四六，文殘，只存「□田才」三字），乃圣的繁體字。圣字从□與从□或□同，从□與从□也同。□象手形，其倒正單雙均無別。余永梁釋□為圣，並引說文「汝潁之間謂致力于地者曰圣」為證（殷虛文字考）。楊樹達謂圣是「掘字的初文」，以為「甲文的圣田便是掘壙」（耐林六）。丁山釋圣為叁，以為糞田之糞（甲骨文所見氏族及其制度三八）。陳夢家謂「坒象壅土之形，疑即糞字」（綜述五三八）。郭沫若同志釋坒為圣，並謂「坒田當即築場圃之事」（粹考一二二一）。徐中舒同志釋坒為貴，以貴為隫（四川大學學報一九五五年第二期試論周代田制及其社會性質）。胡厚宣同志從徐中舒說，又謂「貴亦讀作潰」，「貴田者，蓋猶言耨田」（歷史研究一九五七年第七期說貴田）。按以上諸家之說，只有釋圣是對的，但也解決不了問題。其餘均係臆測，無須一一加以辯駁。

說文：「圣，汝潁之間謂致力於地曰圣，从又土，讀若兔窟。」按許說必有所本，但也不免籠統，究竟致力於地指的是哪種具體事？令人無從索解。清代毛際盛的說文新附通誼，在墾字條引宗涑（按即王宗涑，字倬甫，嘉定人，精于小學）說，謂「墾（貇）正字當作圣」，今錄其說于下：

宗涑謹案新坿考（按指鈕樹玉說文新坿考），說文攴部豰訓有所治也，讀若豤，然則古通作豤，而豤又豰之通段矣。宗涑謂墾正字當作圣，說文圣，汝潁之間謂致力於地曰圣，从土从又，讀若兔窟，與玉篇墾訓耕用力誼合。廣韻圣訓同說文，與兀軏字竝入沒部，音苦骨切。考說文元从兀聲，軏是或字，正文从元聲作軏。是元魂痕三部古音與沒部相轉，故圣又有貇音。

王氏這一段考證，通圣墾兩字之郵，實屬創見，但沒有引起文字學家們的注意。今依據王說并結合甲骨文，分別加以闡述：一、就構形來說，則圣即坚，又孳乳為墾，至為明確。二、就音讀來說，說文謂圣讀若窟，窟之通墾，猶鬼之通昆，魁之通梱，衣之通殷（詳楊樹達古音對轉疏證）。然則圣之讀墾，由于二字雙聲（並溪紐一等字），脂諄對轉。三、就義訓來說，國語周語的「墾田若蓺」，韋解謂「發田曰墾」；列子湯問的「扣石墾壤」，釋文謂「墾起土也」；方言十二的「墾，力也」，郭注謂「耕墾用力」。以上訓墾為發田、為起土，均就開墾土地言之。發田起土必須用力，故方言訓墾為力。這和說文「汝穎之間謂致力於地曰圣」之義相符。總之，就圣、坙、畳的形音義三方面論證的結果，則圣、坙、畳為會意字，豤為後起的通假字，墾為常用的俗字。說文訓豤為豕齧。按雲夢秦簡釋文的「豤田」，始以豤為墾（見一九七六年文物第七期第一頁）。又說文訓敳為治，讀若豤。清代說文學家多謂敳即墾的本字。段玉裁說文貇字注，又「疑貇即今墾字」。按以敳或貇為墾，典籍無徵，均不可信。

甲骨文圣田二字相連（見下文所引第八條）。圣字原作𡉚，从土从又，从土帶有三點（甲骨文土和从土的字，帶有數點者屢見），象土粒形。這个字形關係很重要，它即說文圣字之所本，舊不識，甲骨文編入于附錄，續甲骨文編附錄于又部，均沒有和坙字擺在一起

甲骨文畳字中从用，說文謂用从卜中，殊誤。用乃甬字的

初文，今作桶。本象桶形。雲夢秦簡以「斗用」為「斗桶」，猶存古文。說詳本書釋用。𡒄字上从𦥑、下从土，因為𡒄田時需要劇高墳低，故用桶以移土。至于囲、囲、𤲰等形，舊或釋為田是對的，楊樹達釋為圃，讀作壙（耐林八），顯然是錯誤的。

今將有關𡒄田的甲骨文，擇要分別錄之于下：

甲，坚田和行坚

一、戊辰卜，㱿貞，令永坚田于蓋（前二．三七．六）。

二、□令永坚田于蓋（前四．一〇．三）。

三、令𠂤坚田（南北明二〇〇）。

四、癸卯□卜，㱿貞，□令𠂤坚田于京（燕四一七）。

五、戊䖵卜，㱿貞，令犬征族坚田于虎□（京都二八一）。

六、行坚五百四旬七日，至丁卯从．才六月（乙一五）。

七、坚敉（乙三二一一）。

八、辛□□王〼圣田□⿰犭朱(甲三七七)。　以上第一期

九、貞，王令多羌坚田(粹一二二二)。

十、甲兌貞，于下尸、刖坚田(粹一二二三)。

十一、癸亥貞，于⿱罒共坚□田〇癸亥貞，王令多尹坚田于西，受禾〇癸亥貞，多尹弜作，受禾〇乙丑貞，王令坚田于京〇于耳龍坚田(京都二三六三)。　以上第四期

乙，⿱臼土田

十二、甲兌卜，⿱吅日貞，令擘⿱臼土田于□□，甾王事〇己酉卜，爭貞，収衆人，乎从擘，甾王事。五月(前七.三.二)。

十三、癸□□卜，□貞，令擘⿱臼土田于先侯。十二月(前六.一四.六)。

十四、今日⿱臼土田□于先侯。十二月(明六二〇)。

十五、癸子卜，穷貞，令衆人□入絴方𡉚田○貞，弓令衆人。六月（甲三五一○）。以上第一期

十六、弜𡉚，弗受又年（後下四一．一五）。以上第四期

上列十六條需要分别加以說明：

一、第四條和第十一條的京，是商代領域内的地名。第十條的下尸（夷）、刖（刖當係下夷的地名），第十三、十四兩條的先侯，第十五條的絴方，都是已歸降于商朝的其他方國。這是商王派人向别族擴張墾田的一種表現。

二、第五條的犬祉是甲骨文習見的人名，當是犬族的族長。這一條是說，令犬祉率領他的族人墾田于某方。第一、二兩條的永，第三、四兩條的卓，第十二、十三兩條的掔，都是甲骨文常見的統治階級的人物，自然也都是商王的爪牙。第十二條的奴衆人和第十五條的令衆人可以證明，永、卓、掔等人並不

從事勞動，而是迫使衆人在遠方或異域從事墾殖勞役的率領者，和監督者。甲骨文稱「乞令掔田于先侯」（前二．二八．二），田字作動詞用。這是乞令掔率領衆人在先侯從事耕種已經開墾的土地。在此附帶說明一下：戰國時代的陶文有「圣監」（古陶文孴錄一三．三）二字，這當是墾殖的監工者——把頭一類所用的陶器。

三、第十一條以王令多尹坚田于西和多尹弜（讀弗）作對貞，下句的作字係指墾田為言。由此以推，第一期甲骨文「令尹作大田」和「弜令尹作大田」（綴合一三六）對貞，很顯明，兩个作字也是就墾田言之。

四、第六條的行望五百四旬七日，即五百四十七日。因此可知，在某地實行墾殖的時間約有一年半之久。如果依照舊說，以坚田為築場圃、糞田或耕耨，姑不論不合于文字的構形，而且，這都不過是農作的短期勞動，為什麼要達一年半之久呢？

這無論如何是講不通的。

五、甲骨文牧牛之牧作牧，牧羊之牧作⿰羊攴，後世則牧行而⿰羊攴廢。第七條的圣⿰羊攴即墾牧，墾田和放牧有連帶關係。土地始墾時草木叢生，宜于放牧，故以墾牧為言。

六、第九條的王令多羌圣田，是一項極其重要的史料。甲骨文早期多用羌為人牲以祭，有時也令多羌從事狩獵。而此條是王令多羌充當農墾的奴隸，這就關係到商代社會制度的轉變問題。

在上述之外，第五期甲骨文也于獵獸言⿱𦥑土，例如：

一、丁卯卜，在去貞，𡿧告曰，⿱罒豕（兕）來羞，叀今日⿱𦥑土，亡災，𢀛（擒）（前二·一一·一）。

二、戊午卜，在潢貞，王其⿱𦥑土大⿱罒豕，叀⿰弓馬眔⿱罒馬，亡災，𢀛（綴合編二三八）。

以上兩條的⿱𦥑土字即圣之繁構。說文圣之讀若窟，已詳前文。凡說文的某字讀若某，兩个字往往通用。窟作動詞用，即利用窟穴以陷彖。彖為巨獸，故特掘窟穴以陷之。第一條的彖來羞，胡厚宣謂羞為地名。按爾雅釋詁謂「羞，進也」，羞訓進典籍習見。彖來羞，是說彖來向前，故下文以叀今日窟陷和亡災、擒獲為言。第二條的其窟大彖，叀鷄眔鷉、亡災，单，是說騎着鷄和鷉兩種馬，以追逐大彖而使之陷入所設的窟穴，可以順利亡災而擒獲之。

綜括上述，墾字的古文作圣，戰國時人還認識這个字，此後便沈晦了二千多年之久。由于這个字得到了解決，則甲骨文的圣田、坙田或望田即墾田，坙敉即墾牧，是可以肯定的。墾殖對于我國古代農業生產的發展大有關係，它是擴大農田面積的首要措施。據典籍所載，墾田始見于國語周語，今驗之于甲骨文，則商代武丁時期已經有之。商代的統治階級為了擴大生産，集中財富，在農業方面，除去大令眾人墾田和籍田——集體耕作外，又派遣他的爪牙迫使勞動人民到荒野遠方，經年累月地從事艱苦的勞役，然而這也是反映了勞動人民創造歷史的具體事例。

釋黍、齋、來

甲骨文有關穀類作物的貞卜甚多，但研契諸家考釋多誤，甚至把幾種穀類名稱混為一談。如黍齋來是三種不同的穀類，其字形本來有嚴格的區別，而諸家當作同一字的不同寫法。今將此三字的形音義分別加以論證。

一，黍

黍今稱黍子，或稱糜子，去皮稱大黃米。說文：「黍，禾屬而黏者也，以大暑而種，故謂之黍，从禾雨省聲。孔子曰，黍可為酒，故从禾入水也。」甲骨文黍字作、、、、等形，穗部作一个或二、三个三叉斜垂，又多从水旁，也有

以數點代水者。羅振玉謂：「黍為散穗，與稻不同，故作𥝌、𥝌以象之。」（增考中三四）羅氏釋形是對的，但把齋字誤與黍字列在一起。其實齋字是从齊从禾，其所从之齊雖多作點形，但所从之禾沒有一个穗部作三叉形的。而且也沒有从水旁者，二字截然不同。甲骨文稱：「□□卜，殻貞，我受𣎆年〇丙辰卜，殻貞，我弗其受𣎆年。四月。」（乙六七二五）又：「癸丑卜，受𥞩□年。」（京都五七九）這是甲骨文中罕見的黍字作从禾从水之例。周器仲𩰫父盤黍字作𥝌，與甲骨文中个別譌變為从禾的黍字相仿。黍字所从水旁有在禾下者，故小篆又變作𪏰。說文既以為雨省聲，又引孔丘說以為黍可為酒，故从禾入水，均屬臆測之辭。甲骨文黍字最為習見，其它穀類多則數十見，少則數見或一見。因此可知，黍是商代的主要穀類作物，當是平民的主要食糧。

甲骨文稱：「王于黍𢓊受黍年。十三月。」（乙四〇五五）

甲骨文矦（侯）字倒書者屢見。王侯之侯與時候之候初本同字，候為後起的分化字。說文候作候，并謂：「候，伺望也，从人侯聲。」侯與候古通用，典籍習見，今舉三證以明之：一、周禮小祝鄭注謂「侯之言候也」，廣雅釋言謂「侯，候也」，均以侯與候為音訓。二、俞樾兒笘錄（三、二），以為古候字止作侯。三、近年來所發現的雲夢秦簡，「內史雜侯」和「耐為侯」，均以侯為候（一九七六年文物第七期雲夢秦簡釋文）。由此可見，前文所引的王于黍侯受黍年，是說王在黍子熟的時候能獲得黍子的豐收。又甲骨文的「癸丑貞，甲𢼄（啓）矦」（南北師一·一一七），矦字倒書，也應讀作候。這是說，癸丑貞，第二天甲日乃晴朗時候。

二，齋

齋即稷字的初文，今稱穀子，去皮為小米。第一至三期甲骨文的齋字均从禾从三點，作□、□、□等形，間有从四至六點者，如□、□、□等形。從第三期開始，點變為雙鉤，作□、□形。其从雙鉤點者，商承祚同志誤釋為霝（佚考五六三），甲骨文編誤釋為栗。其實，禾旁所加的雙鉤點或實點，雖數目不一，而都是古文字的齊字。齊字在甲骨文與早期金文通作□，甲骨文也作□。齊婦鬲作□，齊父乙壺作□（器）、□（蓋）。在古文字中，雙鉤與填實是相同的。如甲骨文的雍己合文作□也作□，靁字作□、□也作□、□，禦父己鼎衲字从勺作□也作□，是其例證。甲骨文有些文字的構形還沒有定型化，因而有些偏旁繁省無定。至于齊字通常作□，有的作□（乙八二六七）；晶字通常作品，有的也作□；来（燎）字由二點以至六點，有的或作八點；涉字通从二止，有的也从四止（寧滬二．四五）。這樣例子無須徧舉。由此可見，以上所列□□諸形，雖然畧有變化，而都是从禾从齊，即齎字的初文，是沒有疑問的。

說文：「𪗉，稷也，从禾齊聲，粢，𪗉或从次。」又：「稷，𪗉也，五穀之長，从禾畟聲，𥝩，古文稷。」許氏雖以稷𪗉互訓，但以稷為五穀之長，以粢為𪗉之或體，是以稷為正字，而以𪗉為典籍齍盛之齍。今考之于甲骨文，則𪗉是原始字，而稷𥝩粢等則是後起的異體字。

甲骨文的「𣪊𪗉其禝兄辛」（後上七·一〇），是康丁祭祀其兄廩辛的占卜。𣪊是聲的省體，繁體也作磬（粹一二二五）。聲字應讀作馨。說文聲馨都从殸聲。漢衡方碑的「耀此聲香」，以聲為馨。詩文王的「無聲無臭」，文選嵇叔夜幽憤詩引作「無馨無臭」。可見聲與馨古字通。左傳僖五年引周書，謂「黍稷非馨，明德惟馨」。禮記郊特牲的「蕭合黍稷」，孔疏：「馨香謂黍稷。」馨𪗉其登兄辛，是說康丁用馨香的𪗉祭祀其兄廩辛。甲骨文登𪗉的次數大大超過登黍，足見𪗉在祭品中占有比黍更重要的地位。

三，來

甲骨文來字作、、、、等形，以左右从兩點者居多，有的从三、四點，有的不从點。羅振玉、王國維、商承祚、胡厚宣、孫海波等都釋作往來之來。按此字應隸定作來。中間豎劃象莖，上端象穎，中部左右象葉之邪垂，下部象根。至于左右之有點者則象麥粒。它與穧字之區别有三：一、穧字沒有省點者，因為省點則與禾字漫無區别，而來字省點後仍和禾形有别。二、穧字通常从三點，因為齊字的疊體起碼是三點，沒有从兩點者，多則可達五點六點。而來字則多作兩點。三、穧字有从四个或五个雙鉤點者，而來字則無之。

甲骨文往來之來作或，金文中作，與來字截然不同。來之見于商器者，作冊般甗銘文末尾有來冊二字，般觥銘文末尾有來字，父己鼎有𩰫字，从二來。在金文偏旁中則有來來互作之例。如逨字金文習見，商器逨觶从來，周器如交鼎及散氏

盤从來，長甶盉與單伯鐘从來，可見來與來在初期則有別，稍晚在偏旁中則有時互作。

說文：「來，周所受瑞麥來麰也，二麥一縫，象其芒刺之形。天所來也，故為行來之來。詩曰，詒我來麰。」又：「𥝢，齊謂麥𥝢也，从禾來聲。」段注：「來之本義訓麥，然則加禾旁作𥝢，俗字而已，蓋齊字也。據廣韻則埤蒼來麰字作𥝢。」今以甲骨文証之，來是說文𥝢的本字，與往來之來字有別。來是獨體象形字，禾首來身，但來身也標誌着音讀（詳具有部分表音的獨體象形字）。𥝢字雖然變為形聲，還沒有完全失掉造字的本義。後人見詩思文稱來麰，遂以來為本字，以𥝢為俗體，于是來行而𥝢廢。段氏不知來之本作來，又誤認𥝢為俗字，不根據古文字而侈談文字起源者，都是臆測。

廣雅釋草：「大麥麰也，小麥麳也。」廣韻上平十六咍有麳字，注為小麥，是麳的繁體字。由此可知，甲骨文的來指的是小麥，而甲骨文的麥則指的是大麥。解放後，在新石器時代遺址的發掘中往往遇見小麥，證明小麥的種植在我國有着悠久的歷史。甲骨文兩見「叀白來」（南北明四四七，金二〇五）。新五代史四夷附錄第三「回鶻」「其地宜白麥。」白麥當即甲骨文的白來。

總之，黍齎來三種穀類，舊說混沌不分，本文都加以辨認和澄清。關于黍為商代平民的主要食糧，以及讀侯為候，訓黍侯為黍的成熟時候；關于齎即稷之初文，而稷䅡粢都是後起的異體字，以及讀聲為馨，以馨香之齎為祭品；關于來即䅘之初文，與往來之來有別，以及來為小麥，麥為大麥；均為舊所不解。以上就是本文論證的結果。

釋禾、年

說文：「禾，嘉穀也，以二月始生，八月而孰，得時之中，故謂之禾。禾，木也，木王而生，金王而死。从木，𠂹象其采也。」段注：「嘉穀之連稿者曰禾，實曰粟，粟之人曰米，米曰粱，今俗云小米是也。」又說文：「稼，禾之秀實為稼，莖節為禾，从禾家聲。」段注：「全體為禾，渾言之也，聘禮禾三十車是也，禹貢所謂總也。莖節為禾，別于采而言，析言之也，下文之稭稈也。」按經傳中禾字有兩種涵義，狹義是專指稷，與甲骨文不同。廣義是泛指一切穀類。陳夢家謂：「卜辭之年、禾亦有廣狹兩義。凡單稱的如受年、受禾、年有足雨、禾有及雨，都指穀子；凡稱黍年、秬年之年，則泛稱穀類。」（綜述五二六）按陳說顯然是舛誤的。甲骨文中所見的禾都是廣義的。因為甲骨的稷字作齋，是穀子（小米）的專字。甲骨文凡言受某年者，年上一字必為穀類專名，如受黍年、受齋年、受來年是其例，但從未有受禾年者，足見禾不是專名。說文：「年，穀孰也。」穀梁傳桓三年：「五穀皆熟為有年。」年乃就一切穀類全年的成熟而言。正因為禾和年都具有泛稱性，所以第四期甲骨文往往用受禾代替受年，但決不言受禾年。

甲骨文年字上部通常均作禾形，但亦有例外。如从黍省作（乙一七三一），从來省作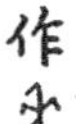（乙一九六六，乙七二〇五），按其字形即可知該辭之年有所專指。這是一種值得注意的現象。

釋秜

第一期甲骨文稱：「旃眔殼、甫耤（藉）于姐，受年〇貞，弗其受㞢年〇丁酉卜，爭貞，乎甫秜于姐，受㞢年〇□丁酉卜，爭貞，弗其受㞢年。」（乙三二一二）秜字作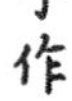，胡厚宣同志釋秕，讀秕為稗，謂即小米（論叢二集卜辭中所見之殷代農業一文）陳夢家隸定作秜（綜述五三三）是對的，但還不知道說文有秜字。甲骨文秜字从尼作，與秜字所从之尼形同。尼字是會意字，象人坐于人上（詳釋尼）。

說文：「秜，稻今年落來年自生謂之秜，从禾，尼聲。」段注：「他書皆作穭，力與切，埤蒼，穭自生也。亦作稆，後漢書獻帝紀，尚書郎以下自出採稆。古作旅，史漢皆云觜觿主葆旅事，晉灼曰，葆，采也，野生曰旅，今之飢民采旅生。」梁書武帝紀：「大同三年九月，北徐州境内旅生稻稗二千餘頃。」自漢以來，飢民采稆自給，史傳習見（詳劉寶楠釋穀）。秜是野生稻的專名，其通作穭稆旅者，泛指一切野生穀物。今東北方言，猶稱未經播種而自生的穀類為穭生。

乎甫秜于姐，受㞢年，和弗其受㞢年對貞。甫是人名，姐是地名。這是說令甫在姐地種秜，能否有好收成。秜作動詞用。甲骨文言乎黍于某地者習見，黍也作動詞用。同版又有「旃眔殸、甫藉于姐」之辭，旃、殸也是人名。藉是踏耒以耕。既言藉于姐，又言秜于姐，應是先翻耕，後種秜。可見商人已經從自然的野生稻進一步加以人工培植。

釋𦔻

甲骨文𦔻字作[甲骨字形]、[甲骨字形]、[甲骨字形]或[甲骨字形]、[甲骨字形]、[甲骨字形]、[甲骨字形]、[甲骨字形]、[甲骨字形]等形。郭沫若同志釋襲（殷周青銅器銘文研究一一〇），徐中舒同志釋丽（耒耜考），唐蘭同志謂「當是猒及然之本字」（天考八一）。按以上各說均不可據。甲骨文以𦔻字爲地名。今擇錄數條于下，然後分别加以解釋。

一、癸未卜，争貞，王才兹𦔻成獸（狩）（天八一）。

二、□兑卜，□□貞，王其步自□于𦔻，亡𢦏（後上一三・三）。

三、戊兑卜，貞，王其田𦔻，亡𢦏（粹九七三）。

四、王叀𦔻田，湄日，亡𢦏，𢀛（擒）（續三・二五・一）。

五、庚辰貞，日又戠，其告于父丁，用牛九，才𦔻（粹五五）。

六、弜田𦓤，其每（粹九二七）。

七、才樊卜（京都二一六五）。

一，耒字的演化為力和𣛭字从林的孳乳為劦

說文：「耒，手耕曲木也，从木推丰。」舊解以為从丰即說文訓為艸蔡之丰，殊誤。甲骨文的耤（藉）字作，其从耒作或形，上象耒之柄，下象歧頭之耜。耒耜之間的横木有兩種用處，一便于用足以踏之，一為利于平均發土的深度。商代金文的耒字作或、，金文編誤入于附錄。說文耒字作，其上部的三邪劃；即又字作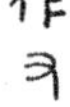形的譌變。

說文力作，并謂：「力，筋也，象人筋之形。」按許氏據已譌的小篆為說，乖謬之至。自來說文學家多曲加附會，無一可通。實則古文力作，係由耒字演化而來。孫常叙同志謂商器爵文的（錄遺四六五），鼎文作（錄遺五一），

是「𠃋𠃋在銘文中的同義換用」（耒耜的起源及其發展）。按孫說甚是。耒字作𠃋也作𠃋，是力為耒字所演化的確證。

說文謂「劦，同力也，从三力」；「協，眾之同和也，从劦从十」；「恊，同心之和，从劦从心」。說文義證和說文通訓定聲均謂協恊為「劦亦聲」，這是對的。甲骨文劦也作㔗，劦和㔗為初文，協與恊為後起的分別文。

吳其昌謂：㔗「从㐺為三具耒耜之形，蓋𠃋𠃋皆象耒耜之初形，其後乃衍為力字也」（解詁七續五〇四）。又謂：「𣏟字象手扶雙耒之形。」（同上）按吳說至確。曶鼎奴隸之名有𣏟字，也象雙耒形。此外，最引人注意的是，前文所引第七條的才𤟩卜，𤟩字作𤟩，上部已由三耒變為三力形，下部又由二犬省為一犬。這不僅看出古文偏旁之單複無別，而且也証明了甲骨文力和从力从劦之字都是由耒形演化而來，是毫無疑問的。

二、𤟩字从㹜的意義

甲骨文⿱⿰耒耒犬字上部多从二耒，偶有从三耒或一耒者；下部多从二犬，偶有从一犬者。其从耒从犬的意義為舊所不解。其實，⿱⿰耒耒犬字之从耒从犬，和古文器字之从口从犬同義。因此，對器字先要加以說明。說文：「器，皿也，象器之口，犬所以守之。」王筠說文釋例：「……即其從犬，亦不可解，古義失傳，許君亦望文為說而已。」朱駿聲說文通訓定聲，謂許氏「此說費解。」又謂：「字或作器，从工頗有意理。」按朱說以隸變从工為據，未免荒唐。徐灝說文段注箋：「局从口，咢从吅，龠从㗊，皆各象其器物而非口齒之口。器从㗊象眾器，其例正同也。器不必犬守，義稍可疑。」按徐氏謂㗊象眾器是對的，但所舉三例均與事實不符。甲骨文从口之字象器皿形者常見，例如：昌字作𠱠，吕字作吕，古字作𠮛（上从中象盾形），魯字作魯，這四个字象置貝、弓、盾、魚于器皿之中。周代金文的器字多从四口，偶有从三口（穆公鼎）或二口（仲盤）者。說文誤謂器字从口「象器之口」，但謂「犬所以守之」是對的。上古時代地曠人稀，農民耕于荒野，飯于壠畝，故用犬以資警衛，并守護器物。商人的武裝放牧，也具有自衛之義（詳釋牧），可資參證。器字所从的四口，係抽象的器皿，⿱⿰耒耒犬字所从的二耒，係具體器物。吾鄉的農耕，犬也往往隨從，卧于阡頭陌角。這雖然已失去了守器的用意，但也是古代相傳的遺風。總之，推考出器字之所以从犬，才能夠理解⿱⿰耒耒犬字从犬的由來。

三，商周金文中⿱⿰耒耒犬字的演變和義訓

商器父丁隮：「王由攸田⿱⿰耒耒犬，作父丁隮。洸（瀼）。」⿱⿰耒耒犬字作，下从三犬，金文編誤分秝猋為兩个字。攸和⿱⿰耒耒犬均為地名。這是説，王由攸往畋于⿱⿰耒耒犬。

東周器者瀘鐘的「⿱⿰耒⿰耒刀⿰犬犬于我霝龠」，⿱⿰耒⿰耒刀⿰犬犬字右上从刀，刀也是農具。叔弓鎛的「龢⿱⿰耒耒⿰言犬而九事」，⿱⿰耒耒⿰言犬字下从一犬从言。言音二字金文同用。其本義是因為鐘為音樂之器。晚周秦公鐘的「⿱⿰耒⿰耒刀⿰犬犬龢萬民」，⿰⿱⿰耒耒㹜攴字與者減鐘形同。宋代有關金文典籍，均直接釋⿰⿱⿰耒耒㹜攴或⿱⿰耒耒㹜為協，而從無解說。今專就以上三个鐘銘的詞義來看，釋為「協于我霝龠」，「龢協而九事」，「協龢萬民」，當然是很恰當的。龢古和字。這與爾雅釋詁的「協，和也」，國語周語的「和協輯睦」，書堯典的「協和萬邦」，可以互證。但是，舊說脱離文字的構形而以為合乎音義，所謂知其當然而不知其所以然。

綜括上述，由于解釋⿱⿰耒耒㹜字的構形，因而闡明了从耒从力演化的源流和周代金文中器字从犬从口的由來。因此才認識⿱⿰耒耒㹜字之本義為犬以守耒，兩者乃是有機的聯系。甲骨文和商代金文均以⿱⿰耒耒㹜或⿱⿰耒耒夾為地名，則無義可說。而東周以來的金文以⿰⿱⿰耒耒㹜攴或⿱⿰耒耒㹜為龢協之協，可見⿰⿱⿰耒耒㹜攴⿱⿰耒耒㹜與協乃古今字。以說文為例，則甲骨文⿱⿰耒耒㹜字應解作：「⿱⿰耒耒㹜，協也，从二耒二犬，犬以守耒。⿰耒耒亦聲。⿱劦犬，⿱⿰耒耒㹜或从劦从一犬。」是⿱⿰耒耒㹜字屬于會意兼形聲。

甲骨文有關農業的貞卜，如屢見的「王大令衆人曰劦田」，是當時的統治階級迫使衆人以從事農田耕作。此外，如坚（墾）田、乞雨、卜年和各種穀類作物的占卜，是不可勝數的。今只就甲骨文的兩个具體字的構形而言，一為耤（藉）字作𦔮，象農民執耒踏耜以耕；二為埶字从二耒二犬，象犬以守耒；就很顯明地反映了當時勞動人民從事農業生產的實際景象。

釋男

今本說文：「男，丈夫也，从田力，言男子用力于田也。」唐元度九經字樣：「⿰田力、男，上說文，下隸變。」桂馥說文義證：「今篆作男，後人因⿰田男⿰力男二字改之。」王筠說文句讀：「蓋⿰田男⿰力男二字，本以竝書不便，遂田于力上。」按漢印的男字多作⿰田力，漢代騶男虎符的男也作⿰田力。這是說文男字本應作⿰田力的確證。雖然古文字的偏旁變動不居，但也不是絕對的。周代金文的男字皆作。春秋僖十六年許男之男，魏三體石經古文也作助。甲骨文的男字作、、等形，都是右力左田。總之，本文對于男字的解釋，只是辨明它的偏旁部位左右與上下之別，似乎是个小節。但是，男字的造字起源，涉及到古代勞動人民的從事農田耕作，關係重要。男字本應作右力左田的助，而不應作上田下力的男。助字从力田，係會意字，是說致力于農田耕作。如果改助為男，从田力，那就失去了造字的本義。

釋牧

甲骨文牧字作、、、、或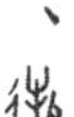、等形。其从象手持鞭形，後來變為从攴。商器作父辛鼎的牧字作，兩个偏旁縱列。其下从，猶與初文相符。因為放牧需要有行動，故牧字也从止或征。又甲骨文牧牛作牧，牧羊作𢼴。今將甲骨文放牧之貞擇錄數條，并畧予說明。

一、壬辰卜，貞，商微（續存下四七六）。

二、甲戌卜，穷貞，才昜牧，隻羌（珠七五八）。

三、牧隻羌（庫四二）。

四、庚子卜，貞，牧氏羌，征于□（祊）□用（後下一二·一三）。

五、貞，乎王教羊（乙二六二六）。

六、用牧以羗于父丁（明義士拓本）。

七、☑微亡𡆥（南北師一·一六七）。

八、隮鹿，其南牧𡆥，其北牧𡆥（寧滬一·三九七）。

九、丙申卜，貞，教其出巛〇貞，教其亡□巛·六月（佚一三〇）。

以上第一條的商微，是說放牧于商地。第二、三兩條是說放牧時俘獲羌人。第四條是說，用放牧所送來的羌人，以祭于宗祊。第五條的乎即呼，說文作評。這一條是叫商王親自牧羊。其言呼者，係鬼神的指示。第六條是說用放牧所獲的羌人，以致祭于父丁。第七條的卑即擒之初文。甲骨文卑作動詞用者，是就擒獸言之。這一條是說放牧對于野獸無所擒獲。第八條是說⿰阝寽地之鹿，放牧于⿰阝寽地之南能夠擒獲，或者放牧于⿰阝寽地之北能夠擒獲呢？甲骨文編誤以南牧、北牧為地名。第九條是說，敉羊有無災害。

依據上述，既然牧是放牧牲畜，為什麼還以獲羌或擒獸為言呢？我懷疑多年，不知其意。近來才了解到，我國各少數民族，在解放以前，往往武裝放牧。從消極方面來說，可以保護牲畜和牧場；從積極方面來說，可以獲得俘虜或野獸。據民族學家介紹，解放前，我國西北或西南各少數民族，多有武裝放牧的作風，而以西北的哈薩克族最為典型。總之，由于我國各少數民族從前有着武裝放牧的作風，那末，甲骨文的牧獲羌或牧擒，當然都是武裝放牧所獲得的。

釋芻

羅振玉釋[glyph]為芻，並謂「从又持斷草是芻也」（增考中三六）。按羅說是對的。說文：「芻，刈艸也，象包束艸之形。」許說據已譌之小篆，以包束為言，殊誤。甲骨文芻字有的从木作[glyph]、[glyph]，从木與从艸古無別。甲骨文芻字作名詞或動詞用，多為舊所不解，今特分別加以闡述。

甲，芻指刈草言之，例如：

一、貞，于𦎫大芻（前四．三五．一）。

二、貞，叀令芻（粹九二〇）。

三、戊戌卜，雀芻于效（甲二〇六）。

四、貞，朕芻于門（乙六九八八）。

詩板毛傳：「芻蕘薪采者。」孔疏：「芻者飼馬牛之草。」今只從甲骨文祭祀方面來看，用牛羊為牲，多至不可勝數，則刈草作為飼料是需要的。

乙，芻指牲畜言之，例如：

一、貞，臭率氐覓芻（前一・一一・五）。

二、☐來芻，陟于西示（前七・三二・四）。

三、庚申卜，乎取𧰨芻（甲三〇七〇）。

四、弓乎取𧰨芻（甲三〇二二）。

五、貞，乎取羞芻（乙五〇二六）。

六、庚午卜，穷貞，戔氐䣜芻（乙七二九九）。

七、之日𢓊至告，𠂤來氐羌芻（庫一七九四反）。

八、……氐羌芻五十（珠六二〇）。

九、己丑卜，㱿貞，即氐芻其五百隹六〇貞，即氐芻不其五百隹六（丙三九八）。

以上各條的芻字，均應讀作牲畜之畜，芻與畜為幽侯通諧，故借用。國語楚語的「芻豢幾何」，韋注謂「草食曰芻」。說文訓嚚為牲，以嚚為牲畜之畜，乃後起字。甲骨文有畜字，但是不作牲畜用，以畜為牲畜也是後起字。甲骨文的「畜馬在茲寓」（粹一五五一），寓即馬牢之牢字。畜馬之畜應訓為飼養。秦公鐘的「咸畜百辟胤士」，畜為養育之義。書盤庚的「用奉畜汝眾」，偽傳訓畜為畜養。甲骨文以从單（嚚）之獸為狩獵之狩，金文又以嚚為狩或守，但從不用作牲畜之畜。

前文所列第一條的臭率氏罝芻，氏應讀為致，罝芻謂用獸網網得的畜。因此可知，甲骨文以芻為畜，並非以家畜為限，野獸也叫作畜。第二條的☐來芻，陟于西示，是說某來畜，升祭于西示。第三、四兩條的豼芻即牝畜。第五至八條的芻上一字係地名或方國名。第八條的氐羌芻五十，第九條的即氏芻其五百隹六，芻下均有紀數字，更足以說明芻之應讀為畜。

丙，芻讀作畜訓為好，例如：

一、父乙芻☐（乙三二〇〇）。

二、父乙舄于王（乙五五四）。

三、父乙大舄于王（乙五二八）。

四、丙戌，子卜貞，方不舄我（乙六〇九二）。

五、□亥卜，方來人，隹舄我（前八．四．五）。

舄既通畜，畜與好疊韻，故典籍每釋畜為好，以音為訓。說文謂「嬌，好也」。按典籍嬌皆作畜。孟子梁惠王：「畜君何尤，畜君者好君也。」趙注：「言臣說（悅）君謂之好君」。呂氏春秋適威：「民善之則畜也，不善則讎也。」高注訓畜為好。詩彤弓：「中心好之。」毛傳：「好，說也。」好與悅義相函。

上引前三條屬于第一期。父乙指小乙言之。父乙舄于王和父乙大舄于王，舄均應讀作畜訓為好。這是說，王被父乙所喜悅或大喜悅。商代的統治階級媚神獲悅，企圖得到佑助。第四、五兩條條係非王卜辭。辭中的方乃商之隣國。這是占卜隣國能否與我修好之義。

在上述三項之外，甲骨文也以鷂為雛。甲骨文稱：「乎取生鷂〇刍取生鷂。」（乙一〇五二。舊誤釋鷂為芻鳥二字）鷂即古雛字。爾雅釋鳥的「生噣（啄）雛」，釋文：「鳥子生而能自啄者。」說文：「雛，雞子也，从隹芻聲。鷂，籀文雛从鳥。」按前者是廣義的，後者是狹義的。甲骨文的生鷂當指雛子言之。近年來安陽小屯曾發現「罐中有雞蛋，殼尚完整」。可見商人已經用雞蛋為食品。生雛是活的雛子。甲骨文有「其獲生鹿」（粹九五一），周初器中鼎有「生鳳」，可以互參。

總之，甲骨文的芻字訓為刈草，人所易知。至于牲畜之畜本應作芻，以及芻之讀畜訓好，从鳥芻聲的鷂為雞子，均為舊所不解，故特為之論證如上。

釋盟

甲骨文以正為祭名，也以正與显為征伐某方之征。第一期甲骨文又于獸獵言正或显，例如：「獸正𠦪（擒），隻鹿百六十二……」（後下一·四），「我弗其显⿱罒比」（林二·一四·一〇），「雀生显豖，弗其𠦪」（藏一八一·三），是其證。此外，第四期甲骨文屢見字，舊釋為圍，以為「圍獵之義」，或以為「圍衛古當是一字」，并誤。此字甲骨文編入于附錄，續甲骨文編附于止部。此字又屢見于商代金文，作也省作，金文編入于附錄。甲骨文稱：「叀今日辛⿱罒显，𠦪〇于⿰日翌日壬⿱罒显，𠦪。」（甲六三八）又：「于斿⿱罒显，𠦪。」（寧滬一·四〇九）以上兩條之言⿱罒显，均指狩獵言之。但為什麽狩獵言⿱罒显？需要加以說明。⿱罒显為正與显的繁構，典籍通作征。詩泮水的「桓桓于征」，鄭箋謂「征，征伐也」。孟子梁惠王的「上下交征利」，趙注訓征為取。征字既然訓為伐為取，故甲骨文用作獵取野獸之義。總之，獵取野獸謂之征，猶之乎甲骨文殺人以祭叫作伐，

殺牛羊以祭叫作卯，都是典籍所不見的。

釋「⿱罒糸㫃」

甲骨文網字習見，有的从糸作⿱⋈糸，也省作⿱⋈8，舊均不識。甲骨文稱：「至（致）⿱罒殺羊○叀畀豕」（綴合四七○）按這段甲骨文以致⿱罒殺羊和叀畀豕對貞。致⿱罒殺羊，是指送來田獵用網取得的野羊言之。又⿱⋈8字上从⋈即網字的初文，下从8即糸字的省文。甲骨文⿱叀𢆶字習見，下从888，也多省作δδδ。金文孫字習見，多从糸，但敔簋、格白簋、王孫鐘、姑□句鑃等器均从8。因此可知，⿱⋈8字所从的8，乃糸字的省體，至為明確。⿱⋈8即網字，从糸网聲，小篆作網，又加亡為聲符。

第三期甲骨文稱：「于⿺辶叀⿱罒糸㫃○其⿱罒糸㫃，才宰○于俾⿱罒糸□㫃。」（粹一一九六）此骨上下文已殘。⿺辶叀、宰、俾三者都是地名。㫃字典籍通作偃。說文訓㫃為「旌旗之游」，「讀若偃」，段注：「今之經傳皆變作偃，偃行而放廢矣。」論語顏淵的「草上之風必偃」，皇疏：「偃，卧也。」集解引孔注：「偃，仆也。」偃之訓卧訓仆都是卧倒之義。古代的狩獵捕獸，樹網叫作張或立，網仆叫作偃。管子勢：「獸厭走而有伏網罟，一偃一側，不然不得。」尹注：「偃側猶倚伏也。」按一偃一側是形容野獸陷入網罟之中，網罟已經偃仆，而獸仍向旁側掙扎。總之，前引三段甲骨文，是占卜在哪个地方網獸之辭。罘放即網偃，指網的偃仆以獲獸言之。

釋⿶凵麑、⿶凵鹿、⿶凵兕、⿶凵牛、⿶凵犬

甲骨文⿶凵麑字以及⿶凵鹿、⿶凵兕、⿶凵牛、⿶凵犬等字，舊解不盡可據。羅振玉釋⿱⿱罒比廾、⿱⿱罒比口、⿶凵麑、⿶凵鹿等字為阱，并謂：「卜辭象獸在井上，正是阱字。或从坎有水，與井同意。」（增考中四九）羅氏又釋⿶凵牛、⿶凵犬為貍（埋），并引周禮大宗伯「以貍沈祭山林川澤」

為證（增考中一六）。甲骨文編將⿶凵⿱臼比字和其它从獸从凵等字均釋為藿。胡厚宣同志說貴田：「作⿶凵⿱臼比者，當與⿶凵⿱臼比同字。⿶凵⿱臼比字羅振玉釋阱。今案字象挖地為阬以陷麋鹿之形，疑當為臽之古文。甲骨文另有從井的⿱隹井和从水的⿱隹水，則當釋為阱字。」按胡說頗有道理，但言疑並非決定之詞，又不知⿶凵鹿與⿶凵⿱臼比之本从凵聲。因此，除去甲骨文用作人名的⿶凵井字，并非从井外，對于以上諸字有重加辨認的必要。

甲骨文从各種獸形从凵的字常見。凵字說文作凵，並謂：「凵，張口也，象形。」朱駿聲說文通訓定聲謂：「一說坎也，塹也，象地穿。」按朱說甚是。古文凵字象坑坎形，小篆譌作凵，下橫平，故說文誤訓為張口。凵字典籍通作坎，凵為本字，坎為借字。說文：「坎，陷也，从土欠聲。」坎陷疊韻，以音為訓。章炳麟文始謂「凵又孳乳為坎」，「在本部則變易為臽、「為陷」。按典籍坎字也通作欿或埳。易坎釋文謂「坎，京、劉本作欿」，爾雅釋言釋文謂「坎本作埳」。一切經音義三謂「埳亦坑也」。典籍以坎代凵，凵坎和陷欿埳等字又由于音近而通用。

甲骨文臽字作⿱人凵、⿱卩凵（从卩與从人同）、⿱人凵等形，象陷人于坑坎之中。其字从人凵，凵亦聲，係會意兼形字。甲骨文的「今日⿱人凵」（乙八七一六），是指陷人以祭言之。此外，關于田獵陷獸，則陷麑作⿱麑凵，陷鹿作⿱鹿凵，陷罷作⿱罷凵；祭祀用牲，則陷牛作⿱牛凵，陷犬作⿱犬凵。至于甲骨文中从各種獸形从凵的字，其中往往加以數點，則象坑坎中塵土之形。

甲骨文⿱麑凵字作⿱麑凵、⿱麑凵、⿱麑凵等形，上从麑，即麋之初文，下从凵，象陷麑于坑坎之中。今將有關田獵的⿱麑凵和⿱麑凵麑的例子，擇其詞句較為完整者，分條錄之于下，并畧予說明。

一、戊午卜，爭貞，叀王自往⿱麑凵。十二月（乙五四〇八）。

二、丙戌卜，丁亥王⿱麑凵，毕。允毕三百又卌八（後下四一・一二）。

三、壬申卜，㱿貞，甫毕麑，丙兑⿶凵麑，允毕二百㞢九。（前四・四・二）

四、戊午卜，叜（鞭）⿶凵麑，弗其毕（乙七六八〇）。

五、叀子不（「子不」人名）乎⿶凵麑〇弓叀子不乎（乙五四〇三）。

六、貞，于翌己子⿶凵麑麑（續存上七六七）。

七、其⿶凵麑麑于斿（續四・五・五）。

八、貞，王弓獸乂，既⿶凵麑麑，歸。九月（庫一七九九）。

以上八條的⿶凵麑字都作動詞用。⿶凵麑从麑凵，凵亦聲，係會意兼形聲字。⿶凵麑應讀為陷，⿶凵麑麑即陷麑。其只稱⿶凵麑者係省語，也指陷麑言之。第四條叜⿶凵罒之叜即古文鞭字（詳釋叜）。鞭⿶凵罒指用鞭毆麑以陷之，即後世打獵所謂趕圍。

甲骨文田獵還有陷鹿之陷作⿶凵鹿，陷麑（麛）之陷作⿶凵罒，例如：

一、貞，令麗（前六·四一·四）。

二、……王自東𡿧伐𢦔，麗（乙二九四八）。

三、我其麗，单（乙二二三五）。

四、戊寅卜，王麗（摭續一二五）。

前兩條的麗，指陷鹿言之；後兩條的麗，指陷麑言之。

在上述田獵陷獸之外，祭祀有𡿪、𡿪、𡿪等字，均指陷牲言之。例如：

一、來于河一宰，𡿪二宰〇來于河一宰，𡿪二宰（前一·三二·五）。

二、𡿪于河二宰（後上二三·一〇）。

三、𡿪于河一宰（粹三八）。

四、貞，帝于東，𡿪𡆥犬，來三宰，卯黃牢（牛）（續二·一八·八）。

五、辛子卜，㱿貞，⿶凵犬三犬，來五犬、五豕，卯四牛。一月（前七．三．三）。

以上所引前三條，于祭河言⿶凵牛一宰或二宰，⿶凵牛作動詞用，即于河陷沒二宰或一宰。禮記檀弓下的「毋使陷其首焉」，鄭注訓陷為陷沒，是其證。第五條的⿶凵犬犬，謂掘坎陷犬以祭。

基于上述，則甲骨文陷人以祭的⿶凵人字，即臽的初文。从臼的臽乃後起字，从阜的陷，又係臽的後起字。後世不僅陷行而臽廢，并且甲骨文从各種獸形从凵的幾个古文陷字，也都廢而不用。

釋戰後狩獵

第一期甲骨文稱：「辛未卜，爭貞，婦好其比沚戛伐巴方。王自東𠬝伐𢦏。⿺辶鹿，于婦好立〇婦好其比□沚戛伐巴方。王□弓自東𠬝伐𢦏。⿺辶鹿，于婦好立。」（乙二九四八）以上兩段甲骨文係左右對貞。兩段字句簡單，今特加以分析說明。婦好其比沚戓伐巴方，比字典籍每訓為比次。這是說沚戓打先鋒，而婦好次于後以督陣。𣶃字不識，甲骨文多用作人名。𢦏即𢦔字，金文作𢦔，今通作捍（詳釋𢦏）。甲骨文陷𪊨（麋）之陷作𪊨，陷鹿之陷作𪊺，均就田獵言之（詳釋𪊨𪊺𠥓𡧊𡨄）。于婦好立之立，即涖的初文，典籍也作莅，說文作𥪕訓臨。甲骨文的「立事」和周代金文的「某立事」習見，立均就臨涖言之。甲骨文的「王田，于西立，毕，吉」（甲一六〇三），于西立即臨涖于西方。𪊺，于婦好立，即商王臨涖婦好所在之地以從事陷鹿的倒文。前引第一段甲骨文的大義是說，婦好和沚戓征伐巴方，商王則自東𣶃擊伐以捍衛之。在勝利之後，商王又親臨婦好所在之地，和她從事陷鹿的狩獵。當然也要迫使士卒們從事挖坑掘塹，并為之敺獸趕圍。第二段甲骨文是相反的對貞。甲骨文稱：「巛其隻（獲）正（征）𢦏，在東。」（前六·二六·一）征𢦏可以和前文的伐𢦏相印證。

狩獵之狩甲骨文作獸(古獸字)，典籍通作狩或蒐。商周時代的統治階級在他們出征凱旋時，為了炫耀武功和肆意遊樂，往往從事大蒐。逸周書世俘敘周武王克殷後從事狩獵，擒獲許多麋鹿等野獸。又左傳昭四年的「成有岐陽之蒐」，杜注謂：「周成王歸自奄，大蒐於岐山之陽。」總之，前引一段甲骨文，婦好和沚馘征伐巴方，商王也從側面攻伐和捍衛以相助。在勝利之後，商王會同婦好從事陷鹿的狩獵。這就是後來戰勝凱旋從事大蒐的先河。不過甲骨文只用一个鹿字和于婦好立四字，以說明狩獵，叙事極為簡單而已。

釋遷

甲骨文第一期有[illegible]字，第三期作[illegible]、[illegible]、[illegible]、[illegible]等形，第五期作[illegible]。王襄據第五期之形隸定為遷(簠類二·八)，商承

作、孫海波因之（類編二．一四，甲骨文編二．二一）。作□形者，唐蘭、商承祚釋為□（殷記四七，佚考二九二）。作□形者，商承祚又釋作逕（佚考九四〇）。董作賓則謂□□當是地名（佚考一．一三）。按諸家所釋並誤。王襄雖隸定□為□，而引說文訓近，也不可據。

說文：「至，鳥飛從高下至地也，从一，一猶地也。」按甲骨文至字作□，或倒作□，乃于矢端著一橫劃，本象矢有所抵。因而引伸為凡至之義。說文鳥飛至地之說，與至字的初文顯然不符。古文字偏旁中的至字，其矢尾有的變形為□。甲骨文的萴字，即盛箭之箙的本字，作□或□，周器番生簋作□，毛公鼎作□。又商器紵鼎的紵字从矢作□，周器仲殷父簋的室字从至作□或□。以上是从矢之字，其矢尾由∨變作∧的例證。由此可知，甲骨文第三期的□字，確是从彳从□。它所从的□，也有省變作□或□者，其中間加一橫劃，是表示二至之形。

爾雅釋言：「馹、遽，傳也。」郭注：「皆傳車馹馬之名。」釋文：「郭音義云，本或作⿺辶臸，聲類云，亦馹字，同。」說文謂：「馹，驛傳也，从馬日聲。」又：「⿺辶臸，近也，从辵臸聲。」清代說文學家都認為馹是本字，⿺辶臸是假借字，未免本末倒置。以甲骨文驗之，⿺辶至孳乳為⿺辶臸，⿺辶至與⿺辶臸為本字，馹為後起的代字。至于甲骨文偏旁中从止从彳从⿰彳止或⿰止卜，往往互作無別，都是表示行動之義。廣韻六脂：「⿺辶至，處脂切，走皃。」後世已不知⿺辶至即⿺辶臸字的初文。⿺辶至从至，至是到意。其孳乳从疊至，則表示從此至彼為遞至。就音符來說，⿺辶至从至聲，臸从至聲。段玉裁說文臸字注，謂「至亦聲」。王筠文字蒙求謂「叅彙之音，又同余魚」，其例并同。今將甲骨文有關⿺辶臸傳之貞擇錄于下，并加以解釋。

一、己卯貞，⿺辶臸來羌，其用于父丁（金一一八，摹本中的⿺辶臸字誤摹作⿺辶羍）。

二、貞，弓奴虫示鄉囿，逆來歸（續存下一九五）。

三、□衣其遷□（佚九四〇）。

四、壬戌卜，狄貞，亞旅其陟，遷入（甲三九一三）。

五、丁丑卜，狄貞，王其田，遷往（甲三九一九）。

六、𢦚其遷至于攸，若。王𡆥曰，大吉（前五・三〇・一）。

以上所舉的逆來歸、遷入、遷往，是說乘遷傳以歸以入以往。甲骨文還有「傳氏（致）盂伯」（後下七・一三）之貞，傳應讀去聲，指的是傳車。周器洹子孟姜壺有「齊侯命大子乘遷來句宗伯」之語，遷同傳，也指的是傳車。盂伯是盂方的首領，傳致盂伯，是說用傳車將盂伯送來。總之，甲骨文既于遷言往來，又于傳言致，可見商代的遷傳已相當發達。

釋𠬝

甲骨文𠬝字作□、□、□、□、□、□、□等形，也作□、□或□、□。至于从言作□，孫詒讓釋為謝字的反文（舉例下一六）。其从言和不从言者，羅振玉都釋為謝（增考中五八）。其不从言者，葉玉森疑是爰字（鉤沈九），郭沫若同志疑是汎之古文（通考七四六），唐蘭同志釋為尋字（天考四二）。按各家所釋，均不可據。

甲骨文□字象兩手執席形。其席紋從二層以至五層，多少無定，這是從正面看，如從側面看，則作丨形。金文師字習見，左旁都从□或□。𠬝是師字的初文，其演化規律是由□變作□，再變則作□或□，周代金文加上形符的巾旁，才變成形聲字之師。漢隸的師字从㠯與从𠂤互見。六朝以後師字行而師字廢。又甲骨文和早期金文的師字都作𠂤，較晚則加帀旁作師。足徵古文字的㠯和𠂤迥然有別。今將甲骨文𠬝字的用法分別加以闡述。

一，𠬝為祭名。史記周本紀的「其罰百率」，集解引徐廣曰，「率即鍰也」。戴震謂「鍰當為鋝」（考工記圖）。按金文鋝字均作寽，从金作鋝乃後起字。說文謂「寽讀若律」。廣雅釋言謂「律，率也」。玉篇謂「鏲同鋝」。寽率雙聲，故通用。甲骨文用作祭名之𠬝應讀作酹，酹从寽聲，與𠬝音近相假。字林謂「以酒沃地曰酹」。按沃地謂以酒灌地。甲骨文的𠬝祭習見，今擇錄數條于下：

一、辛丑卜，貞，𠦪氏（致）羌，王于門𠬝（後下九．四）。

二、丁卯，王其𠬝牢僼，其宿（粹一一九九）。

三、癸丑貞，𠬝𠦪禾于河（南北明四五三）。

四、壬□兇□貞，其𠬝，告𪓐于□甲（南北明四六七）。

五、辛丑貞，𠬝來于𡵂，雨（粹三〇）。

六、☑其𠬝，𠦪年于□（粹八五三）。

七、貞，其𠬝，叀翌日丁（甲一二六八）。

以上七條的𠬝或𣪘字均應讀為酹，酹祭指灌酒于地以降神言之。

二，𠬝舟。甲骨文𠬝舟之𠬝也作𣪘。𠬝或𣪘與師率古字通。𠬝舟之𠬝應讀作率。詩綿的「率西水滸」，毛傳謂「率，循也」。說文謂「循，順行也」。率舟是說舟在水中順流而行。今錄甲骨文有關𠬝舟之例于下：

一、乙亥卜，行貞，王其𠬝舟于河，亡巛（災）（前二．二六．二）。

二、□丑卜，行貞，王其𣪘舟于滴（漳），亡巛。才八月（後上一五．八）。

以上兩條的𠬝舟，是指商王順水而行舟言之。

釋「析舟」

甲骨文析字作𣂚或㭊，為人所易知。其作𣂚者，則為舊所不識。按此字左从㐅，乃木字的異構。這和來之作𣎳（乙七二○三），朱之作𣎳（福三○），東之作𣎵（珠三一九），可以互證。今將甲骨文有關析舟和毀舟兩條錄之于下，然後加以闡述。

一、□午卜，叀大史（事字之省體）析舟○叀小史析舟○叀吳令析舟（鄴三下三九·三）。

二、癸丑卜，穷貞，今𦴭（春）商毀舟，由（續存下二八六）。

以上第一條析字三見，均作𣂚。析字應訓為解，漢書禮樂志的「泰尊柘漿析朝酲」，應劭注訓析為解，淮南子俶真訓的「析才士之脛」，高注也訓析為解。古代繫舟以索，後世謂之纜。玉篇糸部訓纜為維舟。這一條是以大事析舟和小事析舟對貞。析舟即解舟，是說解纜以行舟。其言叀吳令析舟，吳是商王的臣僚。這是說叫吳令人解舟以待用。第二條的毀字右从𢀜，即古索字，轂為索的繁構。甲骨文的𥿮字，左从幺也从糸，是其證。至于甲骨文偏旁中从幺和从糸互作，是習見的。這一條是說，今春在商繫舟，當指商都附近的洹河言之。在此附帶說明一下，甲骨文有「王令邑奠，𠬝舟」（粹一〇五九）和「⧄𠬝舟自甲⧄」（南北明五二八）之貞，𠬝當為設之異文。舟凡（盤）皿三字，早期古文字每互作（詳釋次盜）。這是就陳列器皿以祭言之。總之，甲骨文的析舟，應釋為解舟，轂舟應讀為索舟，解舟和索舟相對為言，可以互證。

甲骨文字釋林下卷

海城于省吾撰

釋启

甲骨文有𢻫、啟、启、𣅀、𣈆等字。說文訓启為開，訓啓為教，訓晵為「雨而晝姓（晴）」，典籍則通作啓。甲骨文𢻫和从𢻫的字均从又，不从攴，周代金文多演變為从攴。甲骨文以𢻫或启為啟晴之啓，後又以𣅀或晵為之。𢻫字象以手開户，孳乳為启。第三期卜辭的「其启宿西户」（鄴三下四一·六），是𢻫或启本有開義，故引伸為晴。本文所論述的是，甲骨文的征伐方國，有時以启或𢻫為言。今擇錄十條于下，並加以闡述。

一、丙辰卜，爭貞，沚戓启，王比，帝若，受我又○貞，沚戓启，王弓比，帝弗若，不我其受又（丙四〇九）。

二、甲午卜，穷貞，沚戓启，王弓比，弗其受☑（綴合一九二）。

三、貞，沚戠啓，王比（綴合四七一）。

四、貞，沚戠啓，王弜比，帝▨（乙三二六二）。

五、辛卯卜，穷貞，沚戠啓𢀛，王叀之比。五月○辛卯卜，穷貞，沚戠啓𢀛，王弜隹之比（丙二七六）。

六、貞，皃華启雀○皃華弗其启雀（乙四六九三）。

七、癸卯貞，㞢𢼄龍，王比，受有又○貞，㞢啓龍，王弜比（外四五三）。

八、癸卯卜，貞，㞢𢼄龍先，受㞢又○貞，㞢啓龍，弜（平津元嘉一一二）。

九、戊申卜，辰貞，𡉈乘㞢保，在𢼄（庫一五九三）。

十、叀沚或𢼄，我用若（鄴三下三九·九）。

以上各條于征伐言啓或𢼄，為舊所不解。我認為，啓有在前之義，典籍多訓啓為開為發，在前之義乃由開發所引伸。啓既有在前之義，故爾雅釋畜謂馬「前右足白，啓」。又古代出征往往稱前軍為啓。詩六月敘征伐玁狁：「元戎十乘，以先啓行。」這是以元戎軍車十乘為前導。左傳襄二十三年：「啓牢成御襄罷師，狼蘧疏為右。」杜注：「左翼曰啓。」左傳會箋：「凡言左右，以左為先，知是啓左也。」論語雍也：「孟之反不伐，奔而殿。」集解引馬注：「前曰啓，後曰殿。」周禮鄉師賈疏：「軍在前曰啓，在後曰殿。」商君書境內：「其先入者，舉為最啓，其後入者，舉為最殿。」甲骨文的征伐方國，往往用聯盟方國的將領率軍在前，而商王或婦好則比次在後以督陣，因而稱前軍為啓。

上文所引的前四條，均以沚戓啓和王之比不比為言。沚戓啓，乃是占卜征伐某方，沚戓為啓的省語。典籍多訓比為次，次謂次于前軍，指王在後督陣言之。故以比不比為言。第五條的沚戓啓[illegible]，乃是沚戓為啓以伐[illegible]方的省語。因為甲骨文「王比沚馘伐巴」的反正對貞是常見的。王弜隹之比，之為代名詞，指的是沚馘。第六條見蕐启雀與否，和第五條語例相同。第七條的龍指龍方言之，甲骨文伐龍方之貞屢見。㞢（有）𠬝龍與沚馘啟巴語例也同，只是省去主語而已。第八條的㞢𠬝龍先，乃先㞢𠬝龍之倒文，是說先有前軍為𠬝以伐龍方。前引詩七月的「以先啓行」可資參證。第九條的𡔚乘㞢保，才𠬝，是說征伐某方，有𡔚乘為保障，因為他在前軍。第十條的叀沚或𠬝，我用若，是說出征以沚或為𠬝，我因之而順利。甲骨文有「王比沚或伐□方」（京津四三九五）之貞，可互證。

在此需要附帶說明一下，甲骨文第三期的「甲党卜，亞𢦏耳龍，母（毋）启，其启。弗每又雨」（後上三〇．五）。耳龍為方國名。其讀為該（詳釋其）。启訓為晴。這段甲骨文是因為亞之𢦏伐耳龍而占卜天氣的晴或雨。這和前文征伐方國之启指前軍為言者截然不同。

總之，本文專就甲骨文征伐方國之言叚或啓者，訓叚或啓為征伐的前軍，無一不符。周代典籍屢訓啓為前軍，不僅可與甲骨文相印證，也可知其來源于商代。周代典籍由于前軍之稱啓又相應地發展為後軍之稱殿，于是啓與殿遂相對成文。

釋⿹戈耳

第一期甲骨文有「□⿹戈耳□伐□羌」（乙三一七六）之占，辭已殘缺。⿹戈耳作⿹戈耳，从戈从耳，戈字橫劃左端已泐。甲骨文⿹戈耳字僅此一見，但屢見于商代金文。金文編附錄上只引鼎文作⿹戈耳（錄遺一七）。按商器⿹戈耳觚一和⿹戈耳觚二（錄遺三一九——三二〇）的⿹戈耳字作⿹戈耳、⿹戈耳。甲骨文和商代金文的⿹戈耳字，舊不識，其實⿹戈耳即聝字的初文。其从戈从耳，取義于以戈斷耳，乃會意字。慧琳一切經音義（卷九九、廣弘明集卷二九）謂「馘古文又作⿹戈耳」，和商代古文恰好相符。說文：「聝，軍戰斷耳也，春秋傳曰，以為俘馘，从耳或聲。馘，聝或从首。」詩皇矣的「攸馘安安」，毛傳：「馘，獲也，不服者殺而獻其左耳曰馘。」㦰字小盂鼎作㦰，虢季子白盤作戒，均係後起之異構。說文作聝，則變為从耳或聲；典籍作馘，又變為从首或聲。上述的各種異構，都失去了初文以戈斷耳的形與義。總之，甲骨文的㦰字，可與商代金文互證。前引商器的一鼎兩觚，每器只有一个㦰字，乃是征伐獲聝而作器以銘功。舊釋㦰為聝，毫無根據，沒有辯駁的必要。又郭寶鈞同志謂「斷耳也是周人的新創」（中國青銅器時代二一九頁），未免失考。

釋㚔、執

甲骨文習見的㚔字，作、、、等形。郭沫若同志以為十辰之壬字，即「若字之轉變」（甲研釋干支）。按郭說非是。㚔字本象施于手腕的械形，驗之于實物而後知之。

依據殷虛出土的陶俑，女俑的腕械在胸前，男俑的腕械在背後。㚔形中剖為兩半作□形，將人的兩腕納入械中，然後用繩縛其兩端（中國青銅器時代二一六頁和圖版貳伍）。郭寶鈞同志并不知其為㚔字構形所本。說文：「㚔，所以驚人也，从大从羊。一曰，大聲也。一曰，讀若瓠。一曰，俗語以盜不止為㚔，讀若籋。」按許氏謂㚔从大从羊，不知其為獨體字。又對于㚔字有三種訓釋，無一是處。至于謂㚔讀若瓠或籋，也未能確定其讀音，實則以讀若籋為是。說文籋與箝互訓，又謂：「籋，箝也，从竹爾聲。」「箝，籋也，从竹拑聲。」段注：籋箝「二字雙聲。夾取之器曰籋，今人以銅鐵作之謂之鑷子。」本諸上述，則說文謂㚔讀若籋，㚔即籋的本字。（凡說文謂某讀若某，有的謂二字可以通借，詳釋盅雨。）㚔為腕械，兩半相合，用以夾持人的兩腕，正合乎籋箝之義。說文訓梏為手械，又訓拲為兩手同械，都係後起字。㚔為籋的本字，籋為後起的代字。

卒的引伸義為箝制、脅迫、夾擊或夾取。甲骨文的「不□卒多臣生羌」（粹一一六九），是說不脅迫多臣去羌方；「生复从臬卒呂方」（前五．一三．五），是說往來從臬地以箝制呂方；「卒羌十人」（林二．一三．二），是說夾取羌十人。又「卒鹿〇弗卒」（庫二七一），是說田獵是否能夾取野鹿。總之，讀卒為籋，既合乎音讀，也符于詞義。

說文：「執，捕罪人也，从丮卒，卒亦聲。」甲骨文執字是用刑具以籋箝俘虜或罪人的兩腕。執訓執持或捕執為引伸義。甲骨文稱「王乎執羌」（前八．八．二）。「叀吳令執𡨦」（南北明九〇），執均係捕執之義。甲骨文執字也作名詞用。例如：「其告執于汅」（續一．三六．三），是說征伐獲執，祭告于汅；「其𠕋于且丁，叀王𡙁（執）」（佚一一四），是說祭祀祖丁，用執為人牲。其言王執，以別于其他貴族的俘虜，猶係之稱「王係」（詳釋係）。「其克氐執」（南北坊五．三七），是說能夠將俘執送來。商器洛于宮尊的「易二聿二執」，二執也指兩个俘虜言之。晏子春秋内篇雜上五第十七的「遣其執，以明吾德」，執字也作名詞用。

關于甲骨文執字的幾个繁構，舊說每多誤解。執字有的从又作[illegible]，隸定作[illegible]，右旁象以手扼人之項，甲骨文編誤釋為摯。有的从幺作[illegible]，隸定作[illegible]，右旁象以繩索係人之頸，王襄誤釋為縶（簠類四五）。有的从攴作[illegible]（圉字所从，錄六三一），隸定作[illegible]，右旁象以扑擊其背。有的作[illegible]或[illegible]，隸定作執，象拘其首于籠内。甲骨文還有[illegible][illegible]二字，也象籠首之形。在此附帶說明一下，甲骨文的圉字也作圉或圉，即後世囹圄的圄字。甲骨文的「出圉二人」（殁存二六背），圉作動詞用，即囚禁二人于囹圄之中。圉之本義為囹圄，甲骨文也以圉為防禦之禦，係引伸義。

概括上述，本文對于羍、執兩字分析的結果，羍即籋的本字。

𡨦箝兩腕的刑具叫作卒。卒作，本象腕械形，說文割裂獨體字為从大从羊，顯然是紕謬的。至于執字雖然為舊所已識，但是，應該引起我們注意的是，執字象用卒箝制人之兩腕形，已經是一種虐刑。然而仔細分析一下執字的幾个繁構，其作[illegible]者，則象以手扼人之項；其作[illegible]者，則象以繩索縛人之頸；其作[illegible]者，則象以扑擊人之背；其作[illegible]者，則象拘人之首于籠內。此外，从執的圉字，則象把帶腕械的刑徒囚禁于囹圄之中。通過以上幾个繁體的執字和从執的圉字來看，就充分地反映出當時統治階級對待人民群衆所施行的一些殘虐刑罰，是無所不用其極的。

釋係

甲骨文係字（本應作係，由于相沿已久，仍寫作係）作、、、等形，舊不識，甲骨文編入于附錄。說文：「係，

絜束也，从人系聲。」按許氏既誤以从系為从系，又誤以會意為形聲。至于訓係為絜束乃引伸義，并非本義。甲骨文係字象用繩索以縛係人的頸部。甲骨文羌字也作[glyph]或[glyph]，象羌人頸部被縛係形。左傳僖二十五年的「隈入而係輿人」，孟子梁惠王的「係累其子弟」，係均就縛係言之。至于甲骨文系字作[glyph]或[glyph]，與係字有别。

甲骨文的[glyph]字後世分化為係，説文譌作係。古文字从幺的字也作系。古文字从幺或系的偏旁有分有合。例如卜辭訊字作[glyph]，乃[glyph]字的省文，象反縛形。西周金文作[glyph]也作[glyph]。又周代金文彝字習見，早期通常作[glyph]，晚期有的作[glyph]或[glyph]。以上二字所从的幺或系有分有合，這就是[glyph]字分化為伭或係的有力的佐證。

甲骨文係字文多殘缺，今錄其詞句較為完整者于下：

一、⧄十羌[glyph]⧄（續二·一八·七）。

二、弜[字形]（南北明三一〇）。

三、辛亥卜，穷貞，𠂤𤴓化氏王[字形]〇辛亥卜，穷貞，𠂤𤴓化弗其氏王[字形]（乙四六〇六）。

四、貞，雀氏石（地名，乙一二七七稱「牧石𥻘」）[字形]〇雀不其氏石□[字形]（乙四六九三）。

以上各條都屬于早期卜辭。第一、二兩條的係字作動詞用，指縛係言之。第三、四兩條的係字，指被縛係的俘虜言之，係字已由動詞轉化為名詞。氏字應讀作致。其言王係者，以別于其它貴族的俘虜。甲骨文動詞當作名詞用的習見。例如「其氏王伐」（乙五三九五），「其克氏執」（南北坊五·三七），是其證。總之，係字的初形作[字形]，是古代統治階級令其爪牙，用繩索綁在俘虜或罪人的頸上、牽之以行的一種很殘虐的作法。

釋孚

說文：「孚，卵孚也，从爪子。一曰，信也。」說文繫傳：「鳥抱恆以爪反覆其卵也。」段注：「通俗文卵化曰孚，方赴反。廣雅孚，生也，謂子出於卵也。方言雞卵伏而未孚。於此可得孚之解矣。」按許氏之說和後世的注釋，都失之于牽強。典籍中從沒有單言子指雞之子言之者。說文繫傳附會許說，以爪反覆其卵為解，那末，為什麼不从卵而从子呢？段注引廣雅訓孚為生，以為子出於卵，那末，為什麼不从雛（甲骨文雛作雛，詳釋雛）而从子呢？而且，子出于卵，已經完成了孚化的過程，則又和繫傳以爪反覆其卵之說相矛盾。

說文：「俘，軍所獲也，从人孚聲。」按俘為後起字，甲骨文以孚為俘虜之俘。甲骨文的「我用𡆥孚」（乙六六九四），𡆥係方國名。孚字作孚，从又與从爪古同用。這是用𡆥方的俘虜以為人牲。孚也作孚，从収从又單複無別。甲骨文的「克孚二人」（甲三九三三），即克俘二人。孚字又孳乳為𢓜，从彳孚聲。因為俘虜需要敺之以行，故从彳。甲骨文稱：「昔甲辰，方品（征）于蚁，俘人十㞢五人。五日戊申，方亦品，俘人十㞢六人。」（菁五）均以俘為俘。總之，孚和𢍰俘均係俘之古文。

孚字為什麼不从人而从子？自來迷惑不解。我們探討造字的起源，往往從原始氏族社會的生活習慣中得到解答。因為各氏族的生活習慣，既各有其特點，又有普遍一致之處。莫爾根說：「在戰爭中所捕獲的俘虜，不是殺死即是收養于氏族之內。被捕獲的婦女和小兒，通常也是一樣經過了這種恩澤形式的。收養不僅給予他氏族權，同時還給予部落的族籍。收養一个俘虜的个人，就把他或她置諸與自己的兄弟或姊妹的關係之列了。比如一个年長的母親，收養一个男兒或女兒，以後在各方面，均把他或她當做恰如自己所生的男兒或女兒一般。」（古代社會，三聯書店版八四頁）這是古代氏族社會在戰爭中，把俘虜其他氏族的男女收養為自己子女的事例。我國古代對于男兒女兒通稱為子，周代典籍習見。周代金文番匊生壺的「用賸（媵）乐元子孟妃羌」，元子指長女為言。基于上述，則孚或孚俘均从子，乃俘的古文。收養戰爭中俘虜的男女以為子，這就是孚的造字由來。至于鳥孚卵之孚係用借字，後世則以孵字為之。

釋臾

說文臾字作臾，并謂：「束縛捽抴為臾，从申从乙。」按許說殊誤。自來說文學家解釋臾字的形義頗多分歧：在構形上說，有的謂「乙象艸木冤曲」，有的謂「从反曳」，有的謂「从反厂之乀」；在義訓上說，有的謂「臾庾（瘐）古字通」，有的謂「凡史稱瘐死獄中，皆當作此字」，有的「以為少休息之倆」。總之，各家說解紆曲難通。其實，今作臾，合乎古文，而學者以為隸變。林義光文源：「臾从人，臼象兩手捽抴一人之形。」林說甚是，惜無佐證。甲骨文臾字作，甲骨文編謂「說文所無」；商器尹臾鼎作（西周器師臾鐘作，形相仿），金文編誤釋為丞。和乃臾字的初文，象兩手捉持人的頭部而曳之。至于古文字偏旁中从从从往往無別。又承字甲骨文作，金文作，象兩手奉人之形。臾字兩手在上，承字兩手在下，兩个字判然有別。古文手字多作又，而又字在偏旁中或上或下，有時還是有別的。例如艮字作，及字作，是其證。古鉩文趙瘐之瘐从臾作，足徵晚周的臾字也从人。又爾雅釋訓訓瘐瘐為病。因此可見，自來文字學家由于說文沒有瘐字，而以臾為「瘐死獄中」（見漢書宣帝紀）之瘐，顯然是錯誤的。

甲骨文的「我其㞢令戭用王」（乙六三七〇），又一辭為「令步以希交取」（甲八〇六），以上兩段都係左右對貞，其義待考。

總之，甲骨文和金文的臾字，以及古鉨文瘐字所从之臾，均象兩手捉持人的頭部而曳之，乃會意字。這不僅糾正了說文从申从乙杜撰之說，而更重要的是，由于一个臾字的分析說明，也形像地反映出當時統治階級縱使其爪牙，如何逮捕人民啊！

釋尼

甲骨文無尼字，而有从尼的⿰彳尼秜二字。⿰彳尼秜二字均屬第一期。⿰彳尼為常見的人名。秜為「自生稻」（詳釋秜）。說文：「尼，從後近之，从尸匕聲。」王筠說文句讀：「匕者比也，人與人比，是相近也；人在人下，是從後也。」王說頗有道理，但和其他說文學家一樣，都誤從許氏以尼為形聲字。林義光文源：「按匕尼不同音。𠤎，人之反文，𠂈亦人字，象二人相昵形，實昵之本字。」按林說甚是，但舉不出具體事實以說明問題。

甲骨文⿰彳尼字从⿱大𠃌作⿱大𠃌，象一人騎在另一人的脊背上（詳釋樊）。又甲骨文有㚇字（乙三八四三），象一人騎在另一人的頭上。

漢武梁祠堂畫像，畫夏桀騎在二婦人的背部，即後漢書井丹傳所謂「桀駕人車」（詳瞿中溶漢武梁祠堂畫像考）。又漢書敘傳謂成帝屏風上「畫紂醉踞妲己」。這是說，商紂醉後，伸其兩腿盤踞于妲己的背部。依據上述，夏桀和商紂或騎或坐于婦人背部，既已在漢代畫像和漢書得到驗證，而甲骨文从尼之字作尼，从㚇之字作㚇，正象人之坐或騎于另一人的背上，可見漢人所畫所記，是有着一定來歷的。

關于从尼之字在義訓方面的滋化源流，今特畧加闡述。尼字的構形既然象人坐于另一人的背上，故爾雅釋詁訓尼為止為定；人坐于另一人的背上，則上下二人相接近，故典籍多訓尼為近。爾雅釋詁訓即為尼，郭注謂「尼者近也」（按尼後世作昵或暱）。典籍中多訓即為就，就則相近，故即訓為尼，尼又訓為近。由于尼字之訓止訓近，故从尼之字多含有停留之義。論語子張的「致遠恐泥」，鄭注謂「泥謂滯陷不通」。爾雅釋邱謂「水潦所止，泥邱」。易姤初六的「繫于金柅」，馬融注謂「柅者在車之下，所以止輪不動也」。甲骨文有秜字，說文謂「秜，稻今年落來年自生謂之秜」。按自生之秜，無須人之勞動培植，故也與止義相因。由此可見，尼與从尼之字的本義和引伸義，詁訓相涵，既有區別，又有聯系。

總而言之，階級社會，都是在政治上人壓迫人、在經濟上人剝削人的社會。我們時常用「騎在人頭上」這句話來形容階級壓迫的如何殘暴，但我們只是抽象地從思想意識上來理解這句話。現在從分析甲骨文偏旁中从尼和从夸之字以及奊字的結果，才了解到這句話的具體事例，遠在三千多年以前已經如實地反映其形像于契文之中；而且在兩漢時代的畫像和記載中還得到了相應的印證。

釋⿱林勺

周初器叔卣的「賞叔⿱林勺⿱吅巳」，⿱林勺字作⿱林⿹勹彡；小子生尊的「易金、⿱林勺⿱吅巳」，⿱林勺字作⿱林⿹勹彡（此器見西清古鑑八·四三。⿱林勺字誤摹作⿱林⿹勹彡，⿱吅巳字誤摹作首）；孟載父壺的「孟載父作⿱林勺壺」，⿱林勺字作⿱林⿹勹彡。陳夢家謂：「集韻鬱的古體作⿳林缶司，字彙補引作⿳林缶司。雖係很晚的字書，却保存古形。此兩書的鬱字省⿱吅巳从司，都和金文極相近似而稍有譌誤。」（西周銅器斷代三）按陳說是對的。但是，集韻和字彙補二書的鬱字作⿳林缶司不作⿳林缶司，這是陳氏的誤寫。又在集韻之前，汗簡引王存乂切韻已有⿳林缶司字，陳氏失檢。不僅如此，陳氏還不知道甲骨文已有⿱林勺字。第一期甲骨文的「貞，令生⿱林勺」（林二·一八·一七，即前六·五三·五。又前六·五三·四，文同而稍殘），⿱林勺字作⿲木大木，與叔卣「⿱林勺⿱吅巳」之⿱林勺形同。前引小子生尊和孟載父壺的⿱林勺字下部多出二小横，這和春秋時弓鏄的戒字作戔，以及西周金文尸（夷）字到了晚周作𡰥（詳釋人尸仁𡰥夷），其例正同。至于鬱字，汗簡引王存乂切韻和集韻入迄均作𩰪，其譌大為缶，譌彐為司，均由形近所致。

甲骨文的𣚦字从林从夰，夰字作夰，上从大下从ㄋ，ㄋ即伏之本字（詳釋勹鳥𠣑）。由此可見，𣚦字从夰，下象一人俯伏于地，上象人正立踐踏其脊背。其从林，當是在野外林中。這和甲骨文𡰥和𥙊所从之𡰥作𡰥，象一人坐在另一人的脊背上（詳釋𡰥），都是階級社會人蹂躪人的具體表現。但是被蹂躪者肢體的折磨，心情的抑鬱，是不言而喻的。𣚦乃鬱的本字。古代典籍訓鬱為塞為怨為困鬱為鬱結為鬱鬱不樂，習見迭出，都是鬱字的引伸義。甲骨文祭祀用鬯者習見，但不用𣚦鬯。周代金文有𣚦鬯，典籍皆作鬱鬯，而說文以鬱為本字，訓鬱為木叢生，殊誤。鬱鬯是秬搗鬱金香草，煮其汁以調和鬯酒，氣味濃鬱，統治階級用以誘神乞福（詳孫詒讓周禮正義鬱人）。

總之，鬱之初文本作⿱林卩。⿱林卩字的本義，是階級社會人踐踏人極其殘酷的具體事例。甲骨文的「令生⿱林卩」兩見，文辭簡畧，義訓待考。本文由于⿱林卩字的構形，甲骨文和叔卣完全相同，和小子生尊盂戠父壺大同小異。但是，甲骨文的⿱林卩字為舊所不識，故解釋之，並對陳說加以補正。

釋小臣的職別

甲骨文的小臣地位有高有低，如皁和臭每從事祭祀和征伐（左傳成十三年「國之大事，在祀與戎」），其地位等于後世的大臣（甲骨文無大臣之稱，前四．三二．五的「氏（致）㞢元臣」，指已故者言之），而稱為小臣（小臣皁見掇三四三，臭稱小臣見下文）。他們和一般小臣的地位頗為懸殊。又甲骨文的「小臣冥、幼」（掇二．四七八），小臣為女官。至于小臣的職別，多為舊所不解或誤解。現在擇錄數條于下，並分別加以闡釋。

一、☐小丘臣（佚七三三）。

二、己亥卜，貞，令吳小耤（藉）臣（前六・一七・六）。

三、貞，隹小臣令眾黍。一月（前四・三〇・二）。

四、貞，叀吳乎小眾人臣（續存下四七六）。

五、丁亥卜，㝑貞，叀翊乎小多馬羌臣。十月（陳一一六）。

六、甲午，王㞷逐兕，小臣甾車馬……（菁三）。

七、令小王臣（京津二〇九九）。

八、☐來告大方出，伐我自，叀馬小臣☐（粹一一五二）。

甲骨文和商代金文每用倒句，例如「又于十立伊又九」，即又于伊十立又九的倒句。商器宰椃角的「隹王廿祀翌又五」，即隹王廿又五祀翌的倒句。又甲骨文的省畧語常見，其尤甚者，例如「其卯上甲」（甲八三五），即其劉牲于上甲的省畧語；

「伐甲」（乙四五九二），即㞢伐于甲的省畧語。以上述的兩種辭例為據，則本文中的倒句和一般的省畧語也可以迎刃而解。

第一條的小丘臣，即丘小臣的倒句。丘小臣是主管丘居的小臣。古代丘居以防外侵和水患，故甲骨文的地名每以丘某或某丘為言。第二條的令㚇小耤（藉）臣，即令藉小臣㚇的倒句，也即令主管耕藉小臣㚇的省語。舊誤認為「小耤臣，疑是殷代農奴」。第三條的隹小臣令眾黍，舊誤以黍為小臣之名。其實，黍作動詞用，這是說，由小臣令眾人從事種黍。小臣之不稱名，當指㚇言之，因為㚇是主管耕藉的小臣。第四條的隹㚇乎小眾人臣，小眾人臣即主管眾人的小臣。這是說，由㚇傳呼主管眾人的小臣以從事某項工作。第五條的隹⿰氵羽乎小多馬羌臣，⿰氵羽為人名。小多馬羌臣即主管多馬羌的小臣。多馬羌是羌族的一種，甲骨文屢見。這是說，由⿰氵羽傳呼主管多馬羌的小臣以從事某項工作。第六條的小臣甾車馬，甾應讀為載（詳釋甾）。這是說，由小臣駕使車馬。舊既誤釋㽙為古，又誤以古為小臣之名。第七條的令小王臣，即令王小臣的倒句。小王二字不應連讀，以其並非指小王孝己為言。第八條在大方出伐我邑之下，以叀馬小臣為言，舊誤認為「馬方之小臣」。其實，這是商王令主管馬政的小臣準備騎兵以反擊大方。甲骨文的出征，有時用族馬或三族馬，均指騎兵言之。甲骨文的田獵每言其先馬，是指騎馬在先言之。總之，以甲骨文的倒句和省語為證，因而對于小臣的職別才有了進一步的辨解。

釋臣

甲骨文以橫目為目，作罒或罒，以縱目為臣，作𦣞或𦣞，周代金文畧同。臣與目只是縱橫之別。說文臣字作臣，而目字作目。

甲骨文臣字的用法有兩種：一，臣謂奴隸。如「臭弗其氐

（致）王臣」（藏一·一）。王臣指王室奴隸言之。「子效臣田，隻」（京都二八三），「氏子𪗉臣于𠚤」（後下三三·一二）。以上兩條指子效和子𪗉的奴隸言之。二，臣謂臣僚。甲骨文言小臣或小臣某者習見，均指臣僚言之。西周金文以田若干田和臣若干家作爲賞賜品者習見，則臣已爲有家屬的奴隸。又西周金文以臣妾連稱者屢見。書費誓的「臣妾逋逃」，僞傳謂「男曰臣，女曰妾」。至于西周金文以臣爲臣僚也是常見的。

說文：「臣，牽也，事君也，象屈服之形。」王筠說文句讀：「金刻作𦣝，是人跪拜之形，小篆不象。」孔廣居說文疑疑：「臣象拜服之形，⊃象首與背，ㄈ象肩袖二手形。」章炳麟文始：「臣者本俘虜及諸辠人給事爲奴，故象屈服之形。其形當横作𦣝，與縛伏地，肖象其頭，中象手足對縛箸地，後象尻。以下兩脛束縛，故不分也。」按許說極爲籠統。並且，屈服乃臣字的引伸義，與構形無涉。王氏以跪拜爲解，毫無根據。

孔章二氏割裂篆劃以為之解，未免荒謬。郭沫若同志釋臣宰一文謂臣「均象一豎目之形，人首俯則目豎，所以象屈服之形者，殆以此也」。按郭說非是。

甲骨文既以臣為臣僚，臣僚屈服于最高統治者，是從奴隸屈服于奴隸主之義引伸而來。但是，奴隸為什麼叫作臣？臣為什麼作縱目形？由于臣字的造字本意已湮沒失傳，遂成千古不解之結。實則，臣字本象縱目形，縱目人乃少數民族的一種，典籍也稱之為豎目。清代陸次雲峒谿纖志：「豎目仡佬，蠻人之尤怪者，兩目直生。」這是少數民族志關于縱目人的明確記載。再驗之于其他典籍，華陽國志蜀志：「周失綱紀，蜀先稱王。有蜀侯蠶叢，其目縱，始稱王，死作石棺石槨，國人從之，故俗以石棺槨為縱目人冢也。」漢書天文志哀帝建平四年：「民相驚動，讙譁奔走，傳行詔籌祠西王母。又曰，從（縱）目人當來。」此外，鬼神也有縱目之例。楚辭大招稱西方之神為「豕首縱目」。漢王延壽夢賦稱「撞縱目」。又麼些文字字典的豎目天女作□（左旁象婦女形）。以上所列三項，都是由于世間已經有了縱目人而在神靈世界的反映。

甲骨文的見字作□，象人橫目以視，望字作□，象人縱目以望。又說文：「頣，舉目視人皃，从頁臣聲。」臣頣二字可以理解為一般所說的舉目，這和獨體的臣字起源于縱目人有別。前文所說的縱目人都是雙目，為什麼臣字作單个縱目形？這不過是文字上的省化，因為見望二字也从單目，可以互證。

甲骨文屢見□字（原辭均殘），象人縱目以跪。商器𥃩乙斝有𦣝字，上象連眉，下象縱目。說文：「𦣠，乖也。从二臣相違，讀若誑。」又：「䀠，左右視也，从二目，讀若拘。」其實，𦣠與䀠本係同字，後世分化為二。說文：「瞿，舉目驚瞿然也，从夰从䀠，䀠亦聲。」饒炯說文部首訂：「䀠即瞿愳之古文，說文當云驚恐也。」這是對的。說文懼之古文作愳。

方言十三：「懼，驚也。」䀠與⿱䀠介典籍通作瞿。禮記玉藻的「視客容瞿瞿」，孔疏：「瞿瞿驚遽之貌。」說文：「矍，隹欲逸走也，从又持之矍矍也。讀若詩云穬彼淮夷之穬。一曰，視遽皃。」說文繫傳訓視遽皃為「左右驚顧」。按「隹欲逸走」和「左右驚顧」均與恐懼之義相因。說文：「⿺走瞿，走顧皃，从走瞿聲，讀若劬。」走顧貌也是有所畏懼。總之，䀠象縱目形，縱目使人驚動，故䀠和从䀠之字多含有驚恐之義。

古代各種奴隸稱名的由來頗有不同。今特畧舉數例：一，因其方國或地望而名之，如西周器師酉簋和師訇簋的西門尸、秦尸、京尸、彙尸（尸即夷）等，是其證。二，因其身份而名之，如甲骨文中的⿰卑辛（婢）與妾，是其證。三，因其職務而名之，如解放前大小涼山彝族奴隸的鍋莊娃子，以其從事炊爨。安家娃子，以其從事勞作，安排家務。典籍中每稱「析薪為廝」，「炊烹為養」（見史記張耳陳餘列傳集解）。四，因其身體的特徵而名之，如甲骨文稱帶髮辮的奴隸為奚。甲骨文的交字之作[illegible]，來源于交脛國（見海外南經）。又山海經海外南經有岐舌國、長臂國；海外北經有一目國、深目國；大荒北經則有儋（聸）耳之國。這都是華夏人因其身體某一部分的特徵而名之，並非其本來的方國名。這些身體上某一部分的特徵，在當時本不足為奇，而後世卻少所見，多所怪。本諸上述，則稱縱目的奴隸為臣，無疑是根據他的面目特徵。

總起來說，古文字以橫目為目，縱目為臣。臣字的造字本義，起源于以被俘虜的縱目人為家內奴隸，後來既引伸為奴隸的泛稱，又引伸為臣僚之臣的泛稱。縱目為臣的由來，不僅得到了古文字和古典文獻的佐證，同時也得到了少數民族志和少數民族文字作為論據。

釋庸

甲骨文庸字作（京津四五二，即掇二．五），只一見。甲骨文編入于附錄，并誤為兩見。續甲骨文編誤入唐字下。西周器訇簋的庸字作。說文：「庸，用也，从用从庚，庚，更事也。」按許說不盡可據。苗夔說文聲訂謂「用亦聲」，是對的。庸與用雙聲疊韻。庸字的解說應改作：「庸，用也，為人所勞役使用也，从庚用，庚，更事也，用亦聲。」是會意兼形聲字。

甲骨文只有「兩庸」兩字，其義待考。西周器訇簋的「先虎臣後庸」，以庸為奴隸。爾雅釋詁訓庸（庸字隸變作庸）為勞。史記陳勝吴廣世家的「嘗與人傭耕」，索隱引廣雅訓傭為役，傭即庸的後起字。楚辭懷沙的「固庸態也」，王注訓庸為「廝賤之人」。庸訓為勞為役為廝賤之人，均是被奴役之義。詩崧高：「王命申伯，式是南國，因是謝人，以作爾庸。」毛傳訓庸（墉）為城，鄭箋訓庸為功，都係臆為之解。其實，庸指奴隸言之。詩義是説，就地用南國謝邑之人，作為申伯的奴隸。西周器宜侯夨簋，先敘王令夨侯于宜，末敘「錫宜庶人六百又□六夫」。這也是就宜地庶人賞給宜侯作為奴隸之證。

總之，甲骨文的庸字為庸之初文，已明確無疑。本文為了解釋庸字，對于西周金文和典籍以庸為奴隸，也畧加闡發。

釋「卓酒才疒」

第一期甲骨文稱：「戊兇卜，穷貞，卓酒才疒，不从王古。○貞，其从王古。」（甲二一二一）卓為武丁時著名的貴族臣僚，他時常從事祭祀和征伐。上一段甲骨文的酒字作𨠬，从水酉聲。第三期甲骨文酒字作𨡕（京都一九三二），从水與从巛同。例如，洹字作㓊或㴰，湔字作𣳾或㶥，是其證。卓酒才疒，是説卓因為飲酒而處在疾病期間。不从王古之从是隨从之義。古與故乃古今字。左傳昭二十五年的「昭伯問家故」，杜注謂

「故，事也」；荀子正名的「夫民易一以道而不可與共故」，楊注謂「故，事也」。故訓事典籍習見。不从王古，即不从王事。這段甲骨文反正對貞，是貞問𠦪因為飲酒而患疾病，能否隨王从事某項工作。

近代殷虛出土的商代青銅器，大多數屬于帝乙帝辛時期。我曾大致估計過，當時青銅器中酒器的數量超過于食器，這就充分說明了商代末期的統治階級酧酒腐化已達到何等地步！這種情況，在武丁時雖然未必如商末之甚，但從甲骨文的𠦪酒在疒來加以推測，則他們的沈湎于酒也可見一斑了。

釋疒、⿸疒矢

甲骨文和周代金文均有疒⿸疒矢二字。羅振玉謂：「象矢著人肊下，毛公鼎愍天疾畏之疾字作⿸疒矢，與此正同。知此亦疒字也。……最速者莫如矢，故从人旁矢。矢著人斯為疾患，故引申而訓患訓苦。其去大著爿，殆為後起之字，於初形已失矣。」（增考中七五）按羅氏對于疒疾二字的說解，辨別不清。其實，疒為疒病之疒，甲骨文作𤕫，象人臥牀上。疾象矢著肊下，矢亦聲，係會意兼形聲字。依據上述，則疒與疾之本義有別，但也有時通用，甲骨文的「囚凡又（有）疾」（綴合三六四），他辭皆作「囚凡有疒」；毛公鼎的「敃天疾畏」，詩雨無正作「昊天疾威」，是其證。

在此附帶說明一下雨疒之解。甲骨文「今夕其雨疒」之占屢見，又有「疒雨亾匄（害）」（前四·九·七）之占。此外，雨疒二字合文作𠕒（乙二八一四，七T一六）。胡厚宣同志謂：「雨字疑用為動詞，與降同意，雨疒猶言降疒。」（商史論叢殷人疒病考）按胡說非是。甲骨文習見降囚、降傲、降若之貞，降字無一作雨者。雨疒之疒應讀作急。詩召旻的「昊天疾畏」，鄭箋謂「疾猶急也」。左傳襄十一年的「晉不吾疾也」，杜注謂「疾，急也」。此例典籍常見，不備列。甲骨文的雨疒和疒雨，是說雨勢的迅急，與降疒無涉。又春秋時器弓鎛的「齊侯左右，毋疺毋已」，毋讀毋，疺也應讀為疒訓急。這是說，齊侯左右輔助之臣，毋急，不可隣于操切，毋已，不可有所懈殆。由此可知，古文字中的疒與疺，雖然本義有別，但由于音同相假，有時不僅均用作疒病之疒，也均用作急速之急。秦漢以來以疾代疒，疾字通行而疒與疺則廢而不用。

釋殷

甲骨文殷字作[illegible]或[illegible]形，凡三見（乙四〇四六，乙二七六，辭已殘缺），舊不識。按殷字从攴从殳互作，契文鼓字从攴也作殳，是其證。殷字，商器切其卣𩫖字从殷作[illegible]，周初器保卣作[illegible]，盂鼎作[illegible]，可以互證。說文：「殷，作樂之盛稱殷，从㐆从殳。易曰，殷薦之上帝。」段注：「樂者樂其所自成，故从㠯。殳者干戚之類，所以舞也。」又謂：「豫象傳曰，雷出地奮豫，先王以作樂崇德，殷薦之上帝，以配祖考。鄭注，王者功成作樂，以文得之者作籥舞，以武得之者作萬舞，各充其德而為制。配天帝以配祖考者，使與天同饗其功也。」按許氏釋殷為作樂之盛，臆測無據。段注和其他說文學家皆緣飾許說，無一是處，不煩詳引。又許氏列㠯為部首，并謂：「㠯，歸也，从反身。」其實，契文身字作[illegible]也作[illegible]，反正互見。許氏別㠯于身以及殷从㠯之說，不攻自破。

我認為，古文殷字象人內腑有疾病，用按摩器以治之。商器光簋有[illegible]字（隸定作[illegible]），象病人臥于牀上，用手以按摩其腹部。又商器父癸卣有[illegible]字（也見觚文和觶文，隸定作[illegible]），象宅內病人臥于牀上，用按摩器以按摩其腹部，而下又以火暖之之形。[illegible]乃[illegible]字的繁構。魏三體石經書多士的古文殷作[illegible]，隸定作瘢，是瘢與殷古通用。史記扁鵲傳的「撟引案抗」，索隱以為撟輿抏均謂按摩。漢書藝文志有「黄帝岐伯按摩十卷」。莊子外物的「眥媙（唐寫本作揃搣）可以休老」，朱駿聲説文通訓定聲揃字下，謂眥搣「蓋擊掌按摩之法」。韓詩外傳（卷十）敘扁鵲為虢世子治病，使「子游按摩」。以上畧述古代用按摩法治病。依據契文，商人患病多乞佑于鬼神而不用醫藥。但本諸前文所述，可見商人患病除乞佑于鬼神外也用按摩療法。

説文謂「作樂之盛稱殷」，應改為「疾病之盛稱殷」。典籍中既往往訓殷為盛為衆，又往往訓殷為痛為憂，則均由疾病旺盛之義引伸而來。總之，甲骨文殷字从身从攴，象人患腹疾用按摩器以治療之。它和作樂舞干戚之形毫不相涉。説文又不知古文之不分反正，而别㐆于身，其沿譌襲謬，由來已久。

釋隺

甲骨文的隺即古鳳字。甲骨文以隺為風，係造字假借。因為風無形可象，故借用音近相通的雈字。第三期甲骨文稱：「甲寅卜，乎鳴⿱罒鳥，隻雈。丙辰隻五。」（甲三一一二）雈字作[illegible]。甲骨文雈作本字用者只此一見。鳴為習見的人名。⿱罒鳥即⿱罒隹字，从鳥从隹古同用。說文：「⿱罒隹，覆鳥令不飛走也，从网隹，讀若到。」段注：「网部有罩，捕魚器也。此與罩不獨魚鳥異用，亦且⿱罒隹非网罟之類。謂家禽及生獲之禽，慮其飛走，而籠⿱罒隹之，故其字不入网部。今則罩行而⿱罒隹廢矣。」按段氏曲為之解。⿱罒隹字从网隹，其本義為以網捕鳥。前引一段甲骨文是說，商王令鳴用網捕鳥，丙辰這天捕獲五隻雈鳥。由于用網捕之，故所獲自是生雈。甲骨文有「其隻生鹿」（粹九五一）之貞。因為甲骨文有時用網捕鹿——「乎多犬网鹿于𣚦」（乙五三二九），故獲生鹿。周初器中鼎的「中乎歸（餽）生觀于王」，郭沫若同志謂「生鳳自是活物」（系考一八），可以與甲骨文互相證明。

釋雓

甲骨文有「乎多□射雓。隻」（續存上七〇五）之貞，又有「不其乎多□隻射雓」（簠游一三〇）之貞。雓字，王襄誤釋為雈，甲骨文編未收，續甲骨文編誤列入雈字中。按雓字作，上从戈，下从隹，即鳶字的初文。古文从隹从鳥每互作。它和雈字構形截然不同。商代金文鳶字屢見，鳶觚作，且辛卣作，鳶卣作，均係从鳥戈聲。此字也見它器，不備錄。王念孫謂：「以諧聲之例求之，則當從鳥戈聲而書作鳶。鳶字古音在元部。古從戈聲之字，多有讀入此部者，故說文閔從戈聲而讀若縣，戌從戈聲而讀若環。鳶之從戈聲而讀與專切，亦猶是也。」（廣雅疏證釋鳥）按王說甚確。總之，甲骨文鳶字只兩見，又久被湮沒，故特揭出之，加以辨解（釋鳶已詳古文雜釋，因此字見諸契文，故加以訂補，寫成本文）。

釋豚

甲骨文豚字作□、□、□等形，从肉从豕，人所易知。甲骨文又習見⿰口豕字，王襄「疑吠字」（簠類存疑三）。甲骨文的「□，羊㞢⿰口豕」（佚三五九），商承祚同志謂：「余曩釋吠，非是，當是豚字。」唐蘭同志謂：「其字從口從豕，釋吠與從豕不合，釋豚又與從口不合，皆非也。余謂⿰口豕當為喙之本字。」又謂：「喙為豕喙，引伸之則鉅喙之畜或獸，皆得稱喙，易曰為黔喙之屬是也。本片㞢喙者，疑是豕之異名。」（天考三四）按釋吠釋喙，既乖于形，又背于義。然而，甲骨文編和續甲骨文編均從唐說釋為喙。其實，商說是對的，但不知其字何以从口，故不作決定之詞，以「當是」為言。我認為，豚字所从之口，並非口字，乃肉字在偏旁中的變體。甲骨文祭字象以手持肉，作□、□、□等形，至于作□或□者也是常見的，這和豚字之从肉作ㅂ可以互證。

甲骨文稱：「叀[古文字]〇弓ㄓ[古文字]」（乙四五一八），「求于蚰，叀羊ㄓ[古文字]」（乙四七三三），「貞，求羊，三犬三[古文字]」（乙二三八一），「貞，求于王亥母[古文字]」（乙六四〇四）。此外，甲骨文有關从ㅂ或从[古文字]的豚字習見，不備錄。就以上所舉的幾个例子來看，釋為豚，無論在構形或詞義上，都是相符的。

在上述之外，甲骨文「帚[古文字]」（乙八八九六）之[古文字]，舊不識。按其字从[古文字]即肉字，應釋為[古文字]。又甲骨文有[古文字]字（續存下三九一，原辭已殘），从女从豚，應釋為[古文字]。

釋駡

甲骨文的「白駡」（乙一六五四），二字橫列，文已殘缺，白駡二字是否連讀，待考。駡字作[古文字]，舊不識，甲骨文編錄于騽字下。按爾雅釋畜謂「驪馬黃脊，騽」。騽與駡字的形音義判然有別。騖字典籍也作䮾，从馬羽聲。騖之作䮾，因為古文字的偏旁縱列與橫列每無別。䮾字也作翑。爾雅釋畜謂馬「後足皆白，翑」。釋文：「翑，郭音劬，又音矩。舍人本作狗」。玉篇馬部：「䮾音劬，馬後足皆白。」總之，騖即䮾，翑與狗乃後起的借字。

釋「其⿰⿱采土刂不𠧟」

第二期甲骨文的「其⿰采刂右馬」和「其⿰采刂左馬」（後下五·一五），⿰采刂字作□，羅振玉釋為利（增考中七三）。又第三期⿰采刂字孳乳作□，商承祚同志謂⿰⿱采土刂為利之繁文（類編四·一五）。郭沫若同志謂：「字左旁从采，采字一作穗。……疑均假為𦁤」（通考七三一）按甲骨文利字常見，從無作⿰采刂或⿰⿱采土刂者。郭謂假為𦁤，也不可據。說文：「采，禾成秀也，人所收，从爪禾。穗，采或从禾惠聲。」甲骨文⿰采刂或作⿰⿱采土刂（左下从土），其上从又，其右从刀，象手持禾穗以刀割之，而又以采或𥝌為聲符，乃會意兼聲之字。剢或劉後世省化作采，自漢以來又代之以从禾惠聲的穗字，而采字遂罕有用之者。采字晚周古陶文作采，古鉨文作𥝌或𥝌者屢見。

甲骨文對于䮝（馬名）或赤馬言「其劉不𠧞」者數見（綴合編二三七）。𠧞字舊誤釋為𠧪（通考七三三）。劉既為穗之古文，故也可讀作惠，爾雅釋詁訓惠為順，惠訓順典籍習見。說文又訓馴為馬順，馴與順義相因。𠧞字甲骨文也作貞（佚八九一），𠧞與貞乃烈字的初文。今吾鄉方言謂馬性之騀突者為「烈劇」。依據上述，則前文之其剢右馬和其剢左馬，剢字均應讀作惠，其義為馴順。這是說，馴服左右馬，使之就範。其劉不𠧞應讀作其惠不烈，這是說，馬之馴服而不騀烈。

釋牝

甲骨文牝字習見。說文：「牝，畜母也，从牛匕聲。」牝為形聲字，自來並無疑問。但是，牝字的初文本作匕，後來加上形符的牛字，遂成為从牛匕聲的形聲字。就一時所知，甲骨文匕牛二字分作兩行者凡三見，今錄之于下：

一、乙卯卜，𦔻，先匕」牛（乙八七二八，加「以示分行。又乙八八一四，文同上，但已模糊。以上匕牛兩見，均屬第一期）。

二、己酉卜，用匕」牛彡〇弜用匕」牛（外六七，第四期）。

凡是古文字由兩个偏旁所組成的合體字，從無分列在兩行的例子。據此，則第一條的匕牛，當然是兩个字。第二條由于第一段已分匕牛為兩个字，則第二段縱列的匕牛，也當然是兩个字。此外，甲骨文匕牛二字作縱列者屢見（乙六四六九，粹四六〇，南北明五二五，庫一〇九七，七W二七），雖然都缺乇對貞辭，但是如果認為是牝字的縱列，則牟字筆劃很少，不應均佔兩个字的地位；而且，匕與牛的中間都有一定的距離，其為匕牛二字是顯而易見的。

依據上述，則甲骨文本來先有匕牛二字，後來演化為从牛匕聲的牝字。至于牡以及从士的䶵豝麀等字，均从士作丄（非从土聲），則不能以牝字為例。

釋萈

第一期甲骨文的萈字作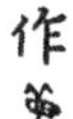、、或等形。甲骨文編既把萈字列入正編，以為「說文所無」，又把萈字列入附錄。甲骨文象形字帶有或形者截然不同，前者象獸角或鳥冠形，後者象眉形。甲骨文的蔑字均从萈或萈，無从萈者。周代金文蔑字習見，有的已由从萈譌變為苗或萈。萈和萈字說文作萈，并謂：「萈，山羊細角者，从兔足，苜聲，讀若丸。寬字从此。」

按許氏把一个獨體字割裂為兩截，以下截為兔足，以上截的首為聲符，顯然是乖謬的。自來説文學家多阿附許説。其不從許説者，如徐鉉「疑象形」，説文句讀謂「似通體象形」，都是對的。今將有關㲋和兔的甲骨文擇錄數條于下：

一、貞，㞢于䳌十㲋羊（續一・五一・四。又「㲋羊」見綴合一七三反）。

二、貞，方弓于㲋〇貞，方于㲋（乙六七〇五）。

三、售（雍）𢎘于㲋〇售𢎘弓于㲋（綴合一〇八）。

四、貞，售𢎘于兔（乙七一三七）。

五、……入于兔（前四・二九・五）。

六、……呂方⧄于兔亦𢦏（續存下二九七）。

以上所列第二條至第六條，㲋與兔均作地名用，故第三、四條雍𢎘于㲋和雍𢎘于兔的詞例完全相同。因此可見，兔乃㲋的省化字。這和説文𤉡之古文也作兕同例。

莧字與說文莧菜字「从艸見聲」判然有別。說文繫傳謂莧「俗作羱」。按典籍以羱為莧。爾雅釋獸的「羱如羊」郭注：「羱羊似吳羊而大角。角橢，出西方。」郝懿行爾雅義疏：「今羱羊出甘肅，有二種，大者重百斤，角大盤環，郭注所說是也；小者角細長，說文所說是也。」至于前引第一條的㞢于鴹十篆羊，鴹是被祭的對象，十篆羊即十羱羊。總之，說文謂莧「讀若丸」，與羱音近字通。這和甲骨文祭祀之羊一般就家畜為言者有別。

在此附帶說明，本文寫成後，見朱芳圃殷周文字釋叢對莧字也有解說，但是，一，他不知甲骨文篆莧互用無別，把莧誤釋為萈。二，他不知甲骨文覩（萈）字本从兇聲，與莧字迥然不同。三，他並未說明甲骨文用篆羊為祭牲。

釋宀

甲骨文第一期的宀字作介、介、冂等形。說文：「宀，交覆深屋也，象形。」徐鉉引唐韻謂「宀，武延切」（音綿）。自來文字學家对宀字的形與音均無異議。今以甲骨文驗之，則宀字本象宅形，也即宅的初文。甲骨文宀與宅互見，用法有別，今分條擇錄于下，并加以闡述。

甲，宀字

一、丁卯卜，作宀于兆〇弓作宀于兆（綴合二九五）。

二、辛未□卜，作宀（乙八八一二）。

三、辛未卜，作宀（乙八八九六）。

四、丙寅貞，宀（乙九〇三一）。

五、宀亡囙（乙八八三三）。

六、于東宀（京津四三四五）。

七、屮東宀（續存上八一二）。

乙，宅字

八、叀今二月宅東寑（寢）（前四·一五·一）。

九、今二月宅東寑（燕五九五）。

十、☐三帚宅新寑，衣。宅（殘存二四）。

十一、乎帚𡠜于兆宅〇弓乎帚𡠜于兆宅（綴合二九五）。

十二、貞，乎宅丘剟（乙一四一〇）。

十三、貞，乎宅⿰齒亩〇弓乎宅⿰齒亩（綴合二三二）。

十四、甲申卜，令豚宅，正。叀𢓊宅，正（乙八七一二）。

十五、奴雀人，乎宅雀（乙五九〇六）。

十六、叀其不宅（乙八六八五）。

從以上第十一條乎帚𡠜于兆宅的反正對貞和第一條的作宀于兆反正對貞來看，就說明了宅與宀的用法顯然有別。以上所列甲類的宀字均指住宅為言，係名詞。乙類各條的宅字均作動詞用，訓為居住之居。爾雅釋言謂：「宅，居也。」但也有廣義狹義之別。其言宅東寢、宅新寢，專指居于宅舍言之，其言宅于某地，則不限于宅舍，屬于廣義。第十條的衣，宅，是說先舉行衣（殷）祭，然後居之。甲骨文的名詞也作動詞用，例如以黍爲動詞，其稱「黍于廏」（續五·三四·五），是說種黍于廏地。也有由于名詞動詞的不同而用字有所區分。例如㝊爲第一期貞人名，第一期也以㝊爲動詞，如「咸㝊于帝」（丙三九），是其例。但自第二期起，「王𡧍某」之𡧍作動詞用，則于㝊下加止以別之，可以互證。

王筠說文釋例謂宀「乃一極兩宇兩牆之形也」，這是對的。但還不知其爲宅字的初文。宅字是由象形的宀字加乇爲聲符，遂成爲形聲字。

總之，甲骨文的宀字，乃宅舍之宅的初文，而宅字則作居住的動詞用。兩者並不混同。說文既不知宀爲宅之初文，唐韻又以爲「武延切」，自係漢代以來相傳的譌音。這和甲骨文作爲否定詞用的弜字，本讀如弼（詳張宗騫卜辭弜弗通用考），而唐韻誤作「其兩切」，其誤正同。據前文的辨解，初文宀與宅之用法迥然不同。後世則宅行而宀字只習見于文字的偏旁中，并且音讀也誤。二千年来沿譌襲謬，不知其非。

釋亞

甲骨文亞字作亞或亞形，金文略同。說文作亞，並謂：「亞，醜也，象人局背之形。賈侍中說以為次弟也。」段注：「此亞之本義（指訓醜言之）。亞與惡音義皆同，故詛楚文亞駝禮記作惡池。史記盧綰孫他之封惡谷，漢書作亞谷。宋時玉印曰，周惡夫印，劉原甫以為即條侯亞父。」王筠說文釋例：「醜是事而不可指，借局背之形以指之，非惟局背，抑且雞匈，可云醜矣。」饒炯說文部首訂：「據亞形全篆觀之，本作工，而變象其局背雞胸之形，例與鼎下說象析木意同。」林義光文源：「壼為宮中道作亞，亞亦或作亞（原注：據古錄一之二析子鼎亞形），則亞當為庌之古文，廡也，象形。亞庌古同音。」按許說已屬荒謬，而各家所釋，或傅會許說，或別出異解，無須一一加以駁正。

麼些象形文字字典：「方隅或角落作⊞。」（二二頁）這對于我們理解亞字有很大啟發。由于古代麼些族（即納西族）和中原部落的文化交流，故麼些象形字和商周古文字每有互相印證之處，商器作父己觶亞中示的亞字作⊡，又左鉦亞中貢的亞字作⊡，均和麼些文的⊡字相仿。

亞與阿雙聲，魚歌通諧。石鼓文的「亞箬其華」，王國維謂：「亞箬與猗儺音義俱近。亞箬其華，猶詩言猗儺其華。」（見羅振玉石鼓文考釋）按箬从若聲，古讀如諾，故與儺通用。詩隰有萇楚的「猗儺其華」，猗儺謰語也作阿難，詩隰桑分用之作「隰桑有阿，其葉有難。」以上是亞與阿通用之證。章炳麟新方言：「凡亞聲語，後多轉為可聲」，又謂「阿讀若亞」，甚是。

早期古文字無阿字，阿字始見于晚周的阿武戈和古鉨的「趙阿」。説文：「阿，大陵曰阿，从阜可聲。一曰，阿，曲阜也。」典籍多訓阿為隨為從，均與亞之訓次義相因。典籍又每訓阿為曲隅。楚辭九歌少司命的「晞女髮兮陽之阿」，山鬼的「若有人兮山之阿」，王注並訓阿為曲阿。因此可知，阿之訓曲隅，正與亞為方隅或角落之義相符。

基于上述，亞字的造字本義，説文和説文學家的紆謬説法，無一是處。本文以麼些文字的「方隅或角落作□」為依據，與亞字相印證，則亞字象隅角之形，昭然若揭。而且論證了亞和阿音義並相通，故亞為阿字的古文，阿為亞後起的通用字。

釋斤

甲骨文斤（前八·七·一，南北坊四·二〇四）和偏旁中从斤之字，作𠃌、𠃌、𠃋或𠂆、𠃋等形。商承祚同志謂「𠃌象矰繳之形」（佚考二一一）。按商說非是。矰繳是用絲繩結于矢側之環以發射。近年出土晚周錮金或銀的狩獵紋彝器，其有矰繳者，在發射後作宛轉下降之形，但從無作折角之𠃌形者。再說，矰繳和斤字的音義也不相涉。唐蘭同志謂：「我們可以推出，斤字在甲骨裡作𠃌或作𠂆，前編八卷七葉一片的𠃌字，也可以釋做斤。」（導論下三〇）按唐說是對的，但𠃌字為什麼釋斤，斤象什麼形？自來均不得其解。說文斤字作𠂆，並謂：「斤，斫木斧也，象形。」段注：「橫者象斧頭，直者象柄，其下象所斫木。」按許說已誤，段氏又據形譌的小篆臆為之解。王筠說文釋例：「斤之為器，今無此名，即鐼字也，字又作錛。然則篆文當作𠂆，橫者其首也，向左而下迤者其刃也，植者其柄也。」按王氏謂斤即鐼錛，程瑶田已先有此說，但改變斤字的構形以為之解，與段說都是臆測無據。其實，金文有錛（見弓鎛）無鑽。斤鎍疊韻，故通用。甲骨文斤字作，乃斧斤之斤的象形，但已有譌變，猶非斤之初文。甲骨文折字作者屢見，象木形被斤所砍斷。但折字初文本作（京都三〇四三，辭已殘缺。又商器父丙卣有字，右旁之斤作，已由尖刃變為窄刃。此字乃析字的初文，金文編誤釋為枚。折與析之別，在于木形之中斷與否），舊所不識。實則，此字右从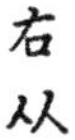，象手持斤之柄，這才是斤字的初文。甲骨文新字有的作（乙四六〇三，三見），左从，乃形的譌變。此外，甲骨文斤和从斤之字多作，則又是形的省化。甲骨文斤字的初形既然作，它的納柲（柄）與戈鉞（斧）相同。至于周代金文的鎍形上端有銎，其納柲與鋤形相仿。于是程瑶田考工創物小記，遂謂「斧橫斫，斤直斫」。它和商代斤形之刃或尖或窄相近，但納柲不同。周代金文的斤和从斤之字，仍沿襲契文而有所譌變。

基于上述，則甲骨文斤字初文本應作，象手持斤形，再

變為□，三變為□，四變則省為□。至于商周金文仍繼續有所變化。商代末期□尊的新字从斤作□，周初器臣卿鼎的新字从斤作□。這是從甲骨文的□或□形，向周代金文的斤字作□或□的過渡期所表現的遞嬗迹象，最後說文才變作□。由此看來，本文已經尋出古文斤字的發生發展和變化的原委。

釋斧

第一期甲骨文有□字，第三期作□，郭沫若同志釋□（粹考一〇〇〇），陳邦懷同志釋成（徵存下一一），甲骨文編以為「从土从耳，說文所無」。以上三說並誤。按□字象橫列的斧形，即斧字的初文。商代金文縱形斧字作□、□者屢見，和出土的實物相符。商代獨體象形字所保存的原始形，有的比甲骨文還早，余另有說。至于□字，上从□象斧形，下从□即午字。甲骨文午作□，土作□，二字有別。又甲骨文耳字象耳形作□或□，金文作□，這和□、□二字之作橫長形者截然不同。□即□的孳乳字，也即从□午聲的形聲字。午斧疊韻。

甲骨文稱：「庚午卜，叀□爯，乎帝降食，受又（祐）。」（乙五二九六）陳邦懷同志誤以□為人名（徵存下二六）。爯即稱字的古文，典籍每訓稱為舉。書牧誓言「稱爾戈」，甲骨文每言「王其爯丑」以祭，可以互證。甲骨文以乎為呼（說文作評），呼與叫同義。爾雅釋言的「祈，叫也」，郭注：「祈祭者，叫呼而請事。」孫炎注：「祈，為民求福，叫告之詞也。」周禮大祝的「掌六祈以同鬼神示」，鄭注：「祈，嘄（叫）也，謂有災變，號呼告神以求福。」又說文訓顲為呼。書召誥「以哀顲天」，立政「乃有室大競顲，俊尊上帝」。因此可知，呼號于神以求助，周因于殷禮，由來已久。降食之降乃降字的異構，廣雅釋詁作降。乎帝降食，是呼顲上帝降臨受享，以祈福祐。

甲骨文稱：「其⿰丮戈，戈一□九。」（粹一〇〇〇）說文：「⿰丮戈，擊踝也，从丮戈，讀若踝。」麥尊的「錫諸⿰丮戈、臣二百家」，諸⿰丮戈當指王的一些武衛言之。甲骨文的其⿰丮戈，指的是祭祀時的儀仗隊，故以戈一斧九為言。

總之，□字象橫列的斧形，與商器縱列的象形斧字可互證。□形後來孳乳為□，則成為从斧午聲的形聲字。無論从構形、音讀或卜辭文義上來說，無有不符。甲骨文後期从斤父聲的斧字只一見，西周後期金文的斧字數見，均為从斤父聲，後世一直沿用，而初文遂廢。

釋橐

甲骨文橐字作□（明一五五四）或□（常見），後來加□（缶）為音符，遂變成「外形內聲」的形聲字。□和□字舊時不識，其作□形者，丁山誤釋為橐（甲骨文所見氏族及其制度九一)。甲骨文有「乞自□」(燕四〇三),以及屢見的「乞自□」、「乞自□」的記事刻辭。以上所列,不僅同屬第一期,而且辭例一致。故知□□和□之同為一字。此外,甲骨文以□字為祭名者習見,左从□也作□或□,乃偏旁中的異構。

至于橐字作□,其中所从的□,為什麽釋為缶?我的解答是,商代金文寶字所从之缶,作父丁卣作□,龏卣和宎甗均作□。不僅如此,商代金文的寶字所从之缶,也有不从口者。例如,作父乙卣作□,斿尊作□,是其證。至于周代金文寶字从缶作□者也數見不鮮(詳金文編)。由此看來,毫無疑問,□字以□為音符,□乃缶字的省體。橐字甲骨文作□□和□,西周金文散盤作□,毛公鼎作□,其中均从缶不省。石鼓文作□,上部附加○形,其中从缶已稍有譌變,最後説文作橐。這就是橐字發生發展和變化的源流。

説文橐部共五个字,并謂「橐从朿圂聲」(胡本切)。以下橐囊櫜𣝗四个字，均謂「从橐省」，臆測無據。其實，[甲骨文字形]形乃由[甲骨文字形]字演變而來，即橐之初文。唐蘭同志謂⿴囗缶「當讀𠧪聲」（原注：「如囊聲」。詳殷記七七），不可據。

說文橐字段注：「石鼓文其魚隹（唯，下同）可（何，下同），隹鱮隹鯉，可以橐之，隹楊及柳。橐讀如苞苴之苞。」承培元廣說文答問疏證謂「橐即包有魚之包」，又謂「包魚史籀作橐魚」。按段注和承說甚是。漢以後橐字通作苞或包，苞包通行而橐字遂廢。

概括上述，甲骨文[甲骨文字形]或[甲骨文字形]乃象形字，上下象以繩為結，中部大腹以盛物。這和甲骨文束字作[甲骨文字形]或[甲骨文字形]，從不混同。[甲骨文字形]或[甲骨文字形]為橐之初文。橐字中部加缶為音符，由象形孳乳為形聲。橐字屬于「外形內聲」，如圍與闌是其例。本文不僅尋出橐字的由來和演化的源流，同時也糾正了說文橐部所收的幾个字的錯誤解釋。

釋甲

甲骨文中甲乙之甲作十，上甲之甲作田。自來文字學家對于這兩个字說解分歧，糾纏不清。說文：「甲，東方之孟，陽氣萌動，从木戴孚甲之象也。大一經曰，人頭空為甲。𠇚古文甲，始于一，見于十，成于木之象。」按許氏以木之孚甲為解，曲戾不通。俞樾兒笘錄謂甲之本義為「鱗甲」，郭沫若同志釋干支謂「十為魚鱗之象形」，均不可據。

說文：「鎧，甲也，从金豈聲。」朱駿聲說文通訓定聲：「甲，鎧也，象戴甲于首之形。……周禮夏官司甲次于弁師之下，知古先有護首之甲，後製護身之甲，因復名甲為冑。易說卦傳，離為甲冑，禮記曲禮，獻甲者執冑，乃兼言護身者。考工記函人為甲，晉語殪以為大甲，乃專言護身者。」按朱說甚是。說文：「冑，兜鍪也，从冃由聲。」段注：「漢謂之兜鍪，今謂之盔。」公羊傳閔六年：「桓公使高子將南陽之甲。」何注：「甲革皆鎧冑也。」按分別言之，則首鎧為冑，身鎧為甲，泛言之，則統稱為甲。所謂對文則殊，散文則通。

商器比作伯婦簋（代六．三九）有字，象武士右手執戈，左手執盾，首戴盔甲形。這是⊞為首甲的有力驗證。商周金文⊞字屢見，均作⊞或⊞形，無一作方形者。甲骨文⊞字外廓作方形，是為了利于鍥刻。圓劃作方劃是甲骨文的常例，不煩舉證。近年來的殷虛發掘，曾屢次出現圓形的銅盔，頂上有孔，用以插羽或係纓，即商代武士所戴的首甲。依據上述，則甲之作⊕，象首甲形，昭然若揭。

王國維謂：「⊞中十字即古甲字。甲在囗中，與乙丙丁三字在［或］中同意。」（古史新證）自從王氏為此說，研契諸家把囗和［牽混在一起，並進一步紛紛加以展轉傅會，為了避免繁瑣，無須詳引。其實，⊞字的外廓本應作○形，已詳前文，它和讀匚為報，以為報祭和三報之報者毫不相干。由此可知，研契諸家以口與匚相提並論，是根本不能成立的。

甲骨文先王中稱甲者六人，甲字均作十，唯獨先公中上甲之甲作田，乃居上為首之義。居上為首是由首甲之義所引申。甲骨文中先公先王的大合祭均自上甲開始，但是，田字既有居上為首之義，為什麽又稱為上田呢？這不過是使辭義更加顯明而已。這和他辭的帝也稱上帝，帝本在上，而又加以上字稱為上帝；詩、書中天也稱上天，天本在上，而又加以上字稱為上天，其詞例恰好相同。

總之，以說文為例，則首甲之甲應解作：「⊕，首甲也，从○象首甲之形，十聲。十，古文甲乙之甲。」⊕字外形內聲，與固从古聲，圍从韋聲同例。⊕為首甲的初文，由於得到了古實物、古文字和典籍義訓三方面的佐證，已明確無疑。甲骨文上甲之甲作十者只一見（甲二三三九），屬于例外。又商器稃作父甲簋之甲作⊕，西周師寰簋甲戌之甲作⊕，可見⊕和十也偶爾通用。新鄭虎符和陽陵虎符甲兵之甲，已由⊕演變作甲，說文譌作甲。秦漢以來則甲行而十廢。這就是甲乙之甲和首甲之甲由分而合的演化源流。

釋𥁰

甲骨文𥁰字作□（甲二八一二），只一見，原辭殘缺。𥁰字，甲骨文編入于附錄，續甲骨文編附錄于皿部。𥁰字上从□，即靁字的初文（靁字从雨作靁，見西周器盠尊），舊也不識。（詳釋靁）甲骨文「告靁于河」（珠八四〇）的靁字作□，與□形可以互證。□形中从□，乃申作□的變形。商器有父乙罍（借為𥁰），罍字中从千，也是申字的變形。商器且甲𥁰之𥁰作□，从皿罍聲。說文：「櫑，龜目酒尊，刻木作雲雷象，象施不窮也，从木畾聲。罍，櫑或从缶。𥁰，櫑或从皿。𦉜，籀文櫑，从缶回。」按許氏對于櫑字的解釋，以後世的形制來説明初文，殊有未當。總之，近年來所發現的商周時代的銅罍和陶罍，都是大型的盛酒器。甲骨文僅見的罍字，乃舊所不識，故為之略加闡明。

釋弘

弘字甲骨文作[字形]或[字形]，商代金文作[字形]或[字形]，西周金文作[字形]，小篆作弘。説文：「弘，弓聲也，从弓厶聲，厶古文肱字。」按許氏本小篆為説，既誤以厶為古文肱，又誤以弘為形聲字。自來文字學家既不解弘字的初文為什麼作[字形]？也不解小篆為什麼作弘？我認為，甲骨文弘字作[字形]，在弓背隆起處加一邪劃以為標志，于六書為指事，而説文誤認以為聲符。弓背隆起處是弓之強有力的部分，故弘之本義為高為大，高與大義相因。這是就弘字的初形來説明弘字的本義。這樣解釋難免有人以為臆測，所以有進一步加以闡釋的必要。釋名釋兵：「弓，穹也，張之穹隆然也。」章炳麟文始：「古者揮作弓，孳乳為穹，窮也。詩以念穹蒼，則穹有隆高義，猶匔躳也。弓形穹，故孳乳為穹，聲轉亦與匔躳相應。名以弓者，又象其聲，孳乳為弘，弓聲也。弘又變易為弸，弓彊皃也，弓強則聲高，弘亦本有彊義。」按釋名和章氏是以聲訓來說明弓有穹隆或高強之義。其實，弘字的本義，其衺劃專指弓背穹隆處言之，而仍以弓為聲符。而其本義則專指弓背的穹隆處言之。

第一期甲骨文多以弘為人名。第三期甲骨文的「其弘卯」（零拾四五），典籍中多訓弘為大，大與高強之義本相涵。弘卯猶他辭之言大卯。第五期甲骨文多以弘吉為合文，弘吉猶言大吉。

總之，弘字，甲骨文和商代金文均加一衺劃于弓背的隆起處，以標志高大，于六書為指事。其所从的衺劃，本非獨體字，周代金文弘字多作𢎗，其所附加的彎劃，是由邪劃所演變。後來彎劃又與弓形分化，因而譌變為小篆的弘字。這就是弘字演化的原委。

釋丯

甲骨文丯字作丯、丯、丯、丯等形，在偏旁中則省作丰或丯，王襄「疑玉字」（簠類存疑一．一）。按甲骨文玉字作王、丰，其三橫劃皆平，與丯字截然不同。玉字之作丰者，郭沫若同志謂「當即小篆丯字」（粹考一二），也不可據。實則，甲骨文丯字的三邪劃，大多數作彎曲形，說文譌變作丯，並謂：「丯，艸蔡也，象艸生之散亂也。讀若介。」說文的讀音是對的，而訓為艸蔡，則純係臆說。

戴侗六書故：「丯即契也。又作㓞，加刀，刀所以契也。又作契，大聲（按契字本从㓞聲）。古未有書先有契，契刻竹木以為識，丯象所刻之齒。」按戴說甚是。墨子公孟：「是數人之齒而以為富。」列子說符：「宋人有游於道得人遺齒者，歸而藏之，密數其齒，告隣人曰，吾富可待矣。」釋文：「刻木以記事者。」刻木為契之事，典籍習見（詳桂氏說文義證契字下）。在未有文字的時代，初民往往刻木為齒以記事，這當在商代以前。但就甲骨文之刻木為齒以及墨子和列子有數齒的記載來看，則商周時代仍保存着刻契的遺風。近代有些少數民族還用木片或木條刻齒記事。

甲骨文的丯字，就其構形來說，中劃直，三邪劃作彎環之勢，象以木刻齒形。就其音讀來說，說文謂「丯讀若介」。孟子萬章的「為不若是恝」，恝字說文作忦，可以互證。後世典籍均借介為丯，介與害、割、匄（丐）古通用。易晉的「受茲介福」，屓弔多父盤作「受害福」。詩七月的「以介眉壽」，無叀鼎作「用割釁壽」，師奎父鼎作「用匄釁壽」，是其例證。

有關丰字的甲骨文已多残缺。「㳅戠其作𡴂」（簠・地五三），「囚不作丰」（拾一四・一一）。以上兩个丰字均應讀為介，訓為輔助，爾雅釋詁謂「介，助也」。又「𤕫雨亡匄」（前四・九・七），「亡匄」即「亡𡴂」（京津四七五七），均應讀為亡害。

甲骨文有㽅字（後下二九・一），當係說文「衸，袥也，从衣介聲」的古文。又甲骨文从丰的字，有的作地名用，如「于𩰫𡴂」（前六・一・八）。有的作人名用，如「𢎘令𤧕」（前八・二・三），「叀𤧕乎往」（前七・六・四），「叀𩰫令往于刀」（續三・二七・一）。有的作萑名用，如「西方曰彝，萑曰𣏟」（彝與𣏟原互倒，詳釋四方和四方萑的兩个問題。又下文所引大龜和王、胡之說，同上，不另注明），「韓𩙡，叀豚又大雨」（前四・四二・六），「其𤰈，叀日彝𩏑用」（京津四三一六）。以上所述，除袠𩰫二字外，雖然有人名萑名之別，字形也頗有變化，但均係同字。其中雚名作韡、韓或栞，另外一版大龜的雚名作𡴀。因此可知，大龜省為獨體字既然作𡴀形，則其他各種異構，顯而易見都是以丰為聲符的形聲字。因為形聲字的通例，凡由一个聲母所孳乳的形聲字，如果省化為獨體字時，不會省去聲母而只存形符，是可以斷定的。王國維謂韓即說文韖字，而未說明韖字為形誤。胡厚宣同志誤認韡韓俱从韋聲。按說文柬字和韖字所从的柬，都是栞字的形譌。甲骨文栞字，戰國時的𩍐料盆已譌作栞，為說文所本。第三期甲骨文的韓字右从丰，足徵丰字的二邪劃和三邪劃互作無別。而韡字左从耒，即栞字的省變。至于第一期大骨刻辭的栞字，加彡形于木字中部，借用其直劃。然則栞即栔或栔字的初文，是毫無疑問的。

說文：「栔，刻也。」釋名釋書契：「契，刻也，刻識其數也。」栔與契古通用，字也作鍥。契即古刻字，刻為後起的代字。說文以韧為巧韧之韧，契為契約之契，栔為栔刻之栔，由於後世用各有當，因而分化。甲骨文編所錄的契字作（甲一一七○）。按原版誤倒，字體也較為模糊，殊不足據。

再就商代晚期金文來說，女宇彝的宇字作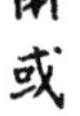或，父丁爵作。其中劃作乚者，姿勢彎宛，與二邪劃相適應。宇即說文「宎，靜也，从宀契聲」的初文。

商代晚期金文還有以下等字。

 祖壬觚（西清二四・三）　　 簋文

 小子夫尊　　  母卣蓋器

 丂鼎　　 父乙鼎

以上所列七个字，從前有的學者以為文字畫，其實都是契的原始字，只是文有繁省，偏旁部位變動不居而已。又以上所列七个字，金文編除祖壬觚和簋文未錄外，均入于附錄。馬敘倫讀

金器刻詞，謂金文偏旁所从的「丯丰，皆契約書契之契本字，而說文栔之初文」，這是對的。但馬氏既不知道甲骨文已經有此字，而且于金文只引諸婦卣（按即女宰彝）和母卣二器。既割裂𢇱為二字，又以止為氏族之名；既謂「蓋制以此器者，古皆婦女任之」，又以宰字為「造契之家」。這都是臆為之解。上列諸字，其从刀或刀象刀形，即刀之初文。刀背有三折劃，俗名「腓子」。刀柄下端作圓形，即刀環。這種類型的刀，近年來多出于殷虛。上列諸字，刀的左右或上部所从的丯或丰，即丰字，也即丰字的省劃。又上列諸字，下部有五个从止者，而母卣的蓋和器从止與否互作。至于刀之从止，是表示動用之意，但也與不从止者同用。甲骨文刀與召字習見，多用為人名或地名，舊釋為刀和召是對的。

總起來說，戴侗以為丰象竹木所刻之齒，實屬創見。清代說文學家如桂馥、段玉裁、王筠均未注意及此。但戴氏限于時代，未能追溯本源，僅就小篆為解。本文對于甲骨文𡈼字即説文丰字作了具體的分析，因而卜辭或記事刻辭中一些以𡈼為聲符的形聲字，以及商代金文中一些从丰的字，均可得到明确的辨認。

釋用

林澐同學的畢業論文為甲骨文斷代中一个重要問題的再研究。這篇論文饒有發明，它糾正了從前認為𠂤組卜辭是武丁晚期的誤解，由于有許多論據，才確定了𠂤組卜辭為武丁初期。這對于辨別甲骨文史料和甲骨文字的先後次序，關係很重要。今只就𠂤組卜辭的𠁩字來看，甲骨文編入于附錄，并「疑女字」，續甲骨文編也入于附錄。其實，𠁩乃用字的初文。甲骨文稱：「𠁩羌」（京津三〇九二），「己未卜，王㞢兄戊羊，𠁩」（甲一八二。甲骨文編誤釋羊用二字為姜），「丁酉卜，𠂤，𠁩羊豖匕□」（善齋拓本），均以𠁩為用。又不用二字合文作𠁩（京津三一一〇），甲骨文編也入于附錄。

用字初文作𠁩，象甬（今作桶）形，左象甬體，右象其把手。近年出土的雲夢秦簡還以用為桶（一九七六年文物第七期），進一步證明了這一點。說文：「用，可施行也，从卜中，衛宏說。」衛宏的說法是望文生義。戴侗六書故以為用「象鐘形」，林義光文源謂用為古宁字，均不可據。用字初文本象日常用器的桶形，因而引伸為施用之用。用甬本是一字，故甲骨文以週為通。周代金文甬字作甬，上端加半圓形以區別于用，是後起的分別字。但江小仲鼎的「自作甬器」，曾姬無卹壺的「後嗣甬之」，仍以甬為用。說文：「甬，艸木華甬甬然也，从𢎘用聲。」形義俱乖。

甲骨文从用的字，如甫字晚于𠂤組卜辭，仍多作𤰈或𤰔，猶與初文相近。又甲骨文有𡿺字（粹一五七九），象盛土于甬中。甲骨文墾殖之墾作坙或𡊄（詳釋坙）。𡊄字象兩手持甬以傾出盛土，乃墾殖時劃高填低，平土田以利耕作。至于第二期甲骨文凡（盤）字偶有作𠀠者（前五·二七·五），和用字的初文顯然有別。

總之，用字的初文作𠁣，本象有柄之甬。其演化的規律是：由𠁣而冊而𠕁而用而用。周代金文由用字分化出甬字作甬或甬。秦漢以來，用甬並行，後世遂不知用與甬之初文本是一字。

釋心

說文心字作㣺，并謂：「心，人心，土藏也，在身之中，象形。博士說以為火藏。」王筠說文釋例：「其字蓋本作ψ，中象心形，猶恐不足顯著之也，故外兼象心包絡。」按許氏據小篆為解，王氏又從而傅會之，似是而非。甲骨文心字作♡，正象人心臟的輪廓形。甲骨文心字也省作♡，有時倒作♤♤。

商器祖乙爵作[?]，父己爵作[?]，金文編誤入于附錄。又甲骨文貝字作[?]，心貝二字截然不同，可是研契諸家一向淆惑莫辨，甲骨文編和續甲骨文編均混列在一起。甲骨文的寶、㝵（得）、賓等字，均从貝作[?]，無一从[?]。甲骨文的文字作[?]，商器的文簋作[?]，其所从的[?]與[?]即古心字。周代金文的文字从心者常見，無从貝者。這也是从心與从貝有別之證。今將甲骨文心與从心的字之可識者，分條闡釋于下：

一，甲骨文的「多□王心若」（綴合一七七反），心字作[?]，下同。「庚戌卜，□貞，王心若，□□其隹辥（孽）。」（拾九．一一）葉玉森誤釋心為貝。爾雅釋言「若，順也」，又釋詁「若，善也」。王心若即王心順善之意。甲骨文稱：「壬午卜，貞，王心亡𢿍（艱）。」（陳七八）詩何人斯的「我心孔艱」，毛傳的「無有後艱」，鄭箋并訓艱為難。然則王心亡艱，是說王心沒有困難，如果釋為王貝無艱，是根本講不通的。

二，甲骨文悆字兩見（庫六〇〇），文殘。甲骨文編誤釋為賒。按其字从心余聲，即悆字。說文悆字引「周書曰，有疾不悆，悆，喜也」。今本書金縢作「王有疾弗豫」。偽傳訓豫為悅豫，與說文訓悆為喜同義。悆乃豫之古文，豫為後起的借字。

三，甲骨文𢙼字（後下一六·七）只一見，文已殘。甲骨文編誤入于附錄。余永梁殷虛文字續考釋為舂，這和續甲骨文編釋嫼為媢，以从心為从囟，同樣是錯誤的。按𢙼即𢙼字，从心尗聲。甲骨文督（督，漢隸多从日）字常見，其上部叔字左从尗作𡭔，周器克鼎的叔字左从尗作𡭔，均可互證。典籍中的尗字通作叔或菽，後漢書光武本紀的「麻尗」，猶以尗為菽。玉篇尗部尗之重文作叔。然則𢙼即惄，也即詩汝墳「惄如朝飢」之惄的古文。

四，甲骨文稱：「叀𢙼甲劦，受又。」（京都二〇六二）

悉作，甲骨文編附錄誤摹作。按悉字从矛作，商器敄觶的敄字从矛作，周器毛公鼎的敄字从矛作，說文矛之古文作我，左从矛作。因此可知，矛字前後演化之迹宛然可尋。說文懋之或體作悉。「叀悉甲（原作田）劦，受又」，悉甲為被祭者。甲骨文中先公先王的廟號，只有上甲之甲作田，上甲名微（見國語魯語和楚辭天問），微悉由于雙聲而通用，古無輕脣，故微紐應歸明紐。因此可知，悉甲當是上甲微的異稱。

五，甲骨文常見的字，也作，从木从屮古每無別。甲骨文的「㞢于杺」（後上九·六），杺字舊不識。按杺即杺字，爾雅釋木謂「㯿樸，心」。廣韻侵部謂「杺，木名，其心黃。」甲骨文的「㞢于杺」，杺為被祭對象，未知所指，存以待考。

六，甲骨文字屢見，舊釋為吕。按其字从心从口，和敗字作吕者迥別。甲骨文稱：「貞，王㞢㕣，不之〇貞，王㞢㕣，允之。」（乙四五八四）「癸子卜，于槼月又㕣」（前八·六·

三），「㕣牛」（前一·三五·一）。按㕣牛之㕣，葉玉森誤釋為「从貝在口上」（集釋一·一一〇）。郭璞三倉解詁謂「吣音狗吣之吣」，今本譌作沁。玉篇口部謂「㕣，七浸切，亦作吣」。但與甲骨文語意不符，存以待考。

七，甲骨文有⿱羊心字（乙一七〇六，文殘），甲骨文編誤以為「从羊从貝，說文所無」。按其字从羊从心，即恙字。說文：「恙，憂也，从心羊聲。」段注：「古相問曰不恙、曰無恙，皆謂無憂也。」楚辭九辯的「還及君之無恙」，王延壽夢賦的「轉禍為福，永無恙兮」，無恙均謂無憂，乃古人常語。周代金文無恙字，古鉨文有「⿱宀恙容」，⿱宀恙字从恙作⿱羊心。

八，甲骨文⿴宁心字習見。羅振玉混⿴宁心于⿴宁貝，并釋為貯（增考中一二）。甲骨文編和續甲骨文編均从羅釋。按⿴宁心字从宁从心，和⿴宁貝字从宁从貝迥別。商器爵文有⿴宁心字，金文編也誤釋為貯。⿴宁心字應釋為⿰忄宁。甲骨文偏旁的位置，在內與在外往往無別，例如：弜字也作，滕字也作，豚字也作，也作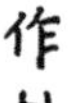，是其證。玉篇：「忯，竹與切，知也。」廣雅釋詁：「忯，智也。」甲骨文忯字均作人名用。

九，甲骨文有字（菁一一·四，辭已殘），只一見，舊不識。按即悤字之初文。周器克鼎作，番生簋作，宗周鐘作，蔡侯盤作。說文古籀補釋鏓，并謂「乃蔥之象形字」。金文編謂：「从丨在心上，示心之多遽悤悤也。說文云，从心囪，囪當是丨之變形。」這是對的。

十，甲骨文沁字作（甲二七五），也作（京都三一六六），文殘，甲骨文編誤釋為湏。說文：「沁水出上黨穀遠羊頭山，東南入河。从水心聲。」漢書地理志上黨郡：「穀遠，羊頭山世靡谷，沁水所出，東南至滎陽入河，過郡三，行九百七十里。」顏注：「今沁水至懷州武涉縣界入河。」甲骨文的「□耒▨魚▨沁▨」（甲二七五），當係網魚于沁水之貞。甲

骨文沁字也省作心。「貞，涉心，戰」（乙六三七七），是說涉沁水以從事狩獵。如果依照舊說釋沁為浿，不僅背于字形，而且漢書地理志和說文均謂浿水出樂浪郡，于地望也顯然不符。

依據上述，解決了一系列舊所誤識或不識的心和从心之字。此外，還有很多从心之字，例如：字應隸定為恖，舊誤釋為續（增考中七四）；字應隸定作盜，舊誤釋為盄；字應隸定作忌，舊誤釋為員；字應隸定作妐，舊誤釋為娼；字應隸定作嫕，舊誤釋為斆；字應隸定作慹，舊誤釋為贄。這類从心的字雖然還不認識，但辨明了其偏旁之从心，為將來作進一步研究提供了有利條件。

釋冎

甲骨文冎字作或形。晚周器魚鼎匕「藉出藉入」的藉字，舊不識，余在雙劍誃吉金文選始隸作藉，并謂「藉當讀滑

同猾，小爾雅滑，亂也」。金文編曾引用余說。甲骨文編又根據金文編謂：「金文魚匕⿰米骨（按本應作⿰禾骨）字骨旁从此，知冎為古冎字。」至于⿰禾骨讀滑的義訓，在此附帶加以訂正。說文謂「滑，利也」。周禮食醫的「調以滑甘」，賈疏：「滑者通利往來。」用匕以取實于魚鼎，取其出入滑利，如讀滑為猾訓亂，則于文義不符。

說文：「冎，剔人肉置其骨也，象形頭隆骨也。」按許說不盡可據，象形頭隆骨之解尤誤。饒炯說文解字部首訂：「冎即骨之象形本字，因形不顯義，而骨乃加肉以箸之也。人身惟頭多骨，故篆象人頭隆骨，以為凡肉覈之稱。」饒氏以為冎即骨象形本字，這是對的。但饒氏未見古文初形，故仍附會許說。

甲骨文冎字本象骨架相支撐之形，其左右的小豎劃，象骨節轉折處突出形。金文⿰禾骨字从骨作⿱冎月，係从肉冎聲的形聲字。象形字再加形符變作形聲，乃文字孳乳之慣例。說文謂骨「从冎有肉」，誤以形聲為會意。西周器過（過）伯簋和過伯爵的過字所从的冎，與甲骨文同形。冎既為古文骨字的初形，骨、過雙聲（并見紐一等字），故過从骨聲。古鉨文「陰滑」之滑右从骨作冐，為小篆所本。

甲骨文⿰歹咼字作□（佚九五〇），舊誤釋為歌或歌。說文：「⿰歹咼，逆惡驚詞也，从歺咼聲，讀若楚人名多夥。」段注：「史記漢書多假⿰冎旡為禍，⿰冎旡即⿰歹咼也。」又甲骨文的別字作𠛱（乙七六八），右从冎。

商器父□斝有w字，舊不識，金文編入于附錄。以甲骨文網字作网也作网以及車字縱列橫列無別證之，則w字自係冎之橫書者。至于其篆劃稍有繁簡，自是古文字的常例，不足為異。

總之，前文既闡明了ㄖ為骨字的初文，象骨架相支撐形，其左右小豎劃象骨節轉折處突出形，後來冎字孳乳為骨，遂成為从肉冎聲的形聲字，這就糾正了說文的誤解。至于商代金文中舊所不識的W字，以古文字橫列豎列往往無別證之，無疑它也是冎字的古文。古文字中冎和从冎的字既然常見，則甲骨文的囗囗囗囗囗囗等字，舊釋為禍、冎或骨，又釋迆或迖為過，都是主觀臆測、毫無根據的。

釋卢、桌、咅、䖒、虘

甲骨文卢字作卢、内、日等形，即列（列）字的初文。又甲骨文的桌字或作桌，商承祚同志「疑即洌字之省」（類編一一·三）陳邦懷同志謂「此即說文解字肖之古文」（小箋七）。按商和陳說頗有道理，但商說應改為「桌即洌之古文」。說文：「卢，削骨之殘也，从半冎。讀若櫱岸之櫱。」卢字的造字本義還不可知，但許氏从半冎之說殊不可信。漢碑的列和烈字有的从歺，猶存古文。說文：「削，分削也，从刀肖聲。」詛楚文光列（烈）之列作削，為小篆所本。詩大叔于田「火烈具舉」

之烈，魯詩作列，是列與烈古通用。

甲骨文稱：「貞，其亦泉雨〇貞，不亦泉雨。」（京津四一九）楊樹達甲文說訓亦為又，是對的。泉即洌字，應讀作烈，就雨言之故泉字从水。烈雨猶言暴雨。說文訓洌為水清，乃後起之義。

甲骨文中訓為並列的歺字僅一見，屬于第二期，它和第三期的□□□等字同用。□□□三字隸定作⿱⿰歺歺曰⿸厂⿱⿰歺歺曰虘。甲骨文編附錄于口部，續甲骨文編誤釋⿱⿰歺歺曰⿸厂⿱⿰歺歺曰二字為⿸厂⿱⿰歺歺曰。郭沫若同志謂「虘當即盧字」（粹考九六八），非是。按⿱⿰歺歺曰⿸厂⿱⿰歺歺曰虘都是以⿰歺歺或歺為音符的形聲字。古文字的偏旁往往單複無別。甲骨文歺即列字的初文，从刀作列乃後起字。禮記服問的「上附下附，列也」，鄭注謂「列，等比也」。按訓列為等比，具有相並之義。又廣雅釋詁謂「併，列也」，釋文「併本作並」。說文謂「竝（隸變作並），併也，从二立」。按竝字契文屢見。竝與併乃古今字。

然則併之訓列，足以證明列有相並之義。

今將甲骨文中訓為並列的𠂤、㬱、䖒等字的辭例較為完整者，擇錄于下，并予以闡釋。

一、戊兑卜，𡰥貞，王曰，余其曰多尹，其𠂤二侯——上絲眔𡆥侯，其☐周（通別二桃山）。

二、☐㬱令二人（甲五四二）。

三、豚眔羊㞢用（甲六七五）。

四、䖒𩁹二田喪、盂，又大雨（粹九六八）。

五、霸眔門䖒酌，又雨（金一八九）。

六、其䖒用雀眔貝（甲七七七）。

七、其䖒取二山，又大雨（後下二三・一〇）。

以上第一條的末句已殘缺，辭義不詳。自王曰以下三句是說，王告多尹，並及上絲和𡆥侯。末一侯字也承上絲為言，故上絲下省侯字。第二條的㬱令二人即並令二人，意思是說令二人一起從事某項工作。自第三條以下均就祭祀為言。第三條的豚眔羊曽用，是說豚及羊並用；第四條的眉䨓（雩）二田喪、盂，又大雨，是說並用雩祭于喪、盂二田，則有大雨；第五條的霸眔門眉彭，又雨，是說于霸及門兩地並用彭祭，則有雨；第六條的其眉用雀（當是祭品名）眔貝，是說並用雀及貝；第七條的其眉取（臮，祭名）二山，又大雨，是說應該並用臮祭于二山，則有大雨。總之，上列七條全是兩種事物並舉。驗之于辭例和文義，則卢、曽、礐、眉等字之讀為列訓為並，都是脗合無間的。

在上述之外，甲骨文後期以𣦵、虘、虞、𩁹等字為地名。西周金文以𥂴或𥂵為方國名。這類字已不見于後世字書，但均以卢字為聲符，其應讀如列，是沒有疑問的。在此需要附帶說明的是，我從前把曽、礐、眉等字釋為麗（見一九六二年歷史研究第六期的從古文字學方面來評判清代文字聲韻訓詁之學的得失一文」。因為商周金文麗和从麗的邐字，其上部均與从丽形不符，故加以改正，寫成此文。

釋勹、鳧、𠣞

說文勹字作勹，并謂：「勹，裹也，象人曲形，有所包裹。」按許氏據小篆之形為說，語意含混，似是而非。自來說文學家也均不得其解。甲骨文从勹的字常見，例如芍字（陳一四九）从勹作𠤎，梦字屢見，从勹作ㄅ。𠤎與ㄅ象人側面俯伏之形，即伏字的初文。周代金文匍、匐、匊、匋、𠣞等字均从ㄅ。商器伏尊的伏字作伏。說文：「伏，司（伺）也，从人，犬司人也。」史記留侯世家的「良與客狙擊秦皇帝博浪沙中」，索隱引應劭說：「狙，伺也。一曰，狙，伏伺也，音七豫反。謂狙之伺物，必伏而候之，故今云狙候是也。」按伏之本義為犬伺人，後世借伏為俯伏之伏，遂不知其本作勹。說文：「匍，手行也，从勹甫聲。」又：「匐，伏地也，从勹畐聲。」匍匐二字係由象形的勹字附加甫和畐以為音符，遂發展為雙聲謰語。典籍匍匐也作蒲服、扶服或俯伏。古人把俯其身以爬行叫作匍匐。說文勹部凡十四字，除去勻、旬二字本應从力（甲骨文以勹為旬），其餘諸字均應从勹。這就澄清了說文勹部的混沌無別。

第一期甲骨文稱：「貞，王入于⿱隹勹，朿〇貞，弓于⿱隹勹，朿。」（乙五八〇）⿱隹勹字作[illegible]（甲骨文⿱隹勹字只三見，明一六二一有⿱隹勹字，文已殘），舊不識，甲骨文編入于附錄。⿱隹勹字上從隹，古文从隹从鳥每無別。下从[illegible]，即伏之本字。⿱隹勹字後世典籍中作鳧。說文：「鳧，舒鳧，鶩也，从鳥几聲。」又：「几，鳥之短尾飛几几也，讀若殊。」林義光文源謂鳧「不从几，从人，人所畜也，取其近人」。按許氏謂鳧从几是錯誤的，林氏从人之說也不足據。周代金文的鳧字，弔鳧簋作[illegible]，鳧弔匜作[illegible]，均从勹。詩鳧鷖毛傳：「鳧，水鳥也。」爾雅釋鳥的「舒鳧，鶩」，舍人及李巡注：「鳧，野鴨名。鶩，家鴨名。」說文：「鶩，舒鳧也，从鳥敄聲。」說文通訓定聲：「以其行步較鳧為舒遲，故曰舒鳧。」說文義證引禽經：「鳧好沒。」又引易林：「鳧得水沒，喜笑自啄。」莊子達生的「若乃夫沒人」，郭注：「沒人謂能鶩沒于水底。」依據上述，則鶩與鳧只是家禽野禽之別。又典籍鳧與鶩有時互作。由于鳧能沒水，故人之沒水也稱為「鶩沒」。伏、沒雙聲，典籍多訓伏為隱為藏，和沒字的義訓也相涵。以說文為例，則⿰鳥勹字應解作：「⿰鳥勹，水鳥也，从鳥勹，勹亦聲。」是會意兼形聲字。甲骨文以王入于⿰鳥勹束和弓入于⿰鳥勹束對貞，以⿰鳥勹為地名，即詩閟宮「保有鳧繹（嶧）」之鳧。鳧山在今山東鄒縣，商王遊畋往往在魯東一帶。

甲骨文朋貝之朋作玨或玨，象兩串穿貝形。又倗字作[?]或[?]，从朋从勹。商器倗尊作[?]。西周金文以倗為朋友之朋，作

[illegible]、[illegible]、[illegible]等形。說文：「倗，輔也，从人朋聲，讀若陪位」。其實，倗字的古文本作匍，以勹為音符，說文譌勹為人，文字學家遂不知其非。古讀勹如憑。漢書周緤傳的「皆更封緤為鄺城侯」，顏注：「呂忱音陪，而楚漢春秋作憑城侯，陪憑聲相近。」王念孫謂：「服膺之為馮膺，猶伏軾之為馮軾，伏琴之為馮琴，茵伏之為茵馮也。」（讀書雜志餘編文選）按勹為伏之本字，古無輕脣音，故讀伏如憑（古也省作馮）。兩字既係雙聲，又係之、蒸對轉。然則匍之从朋勹聲，是由于象形字附加音符而變為形聲字。關于匍字的甲骨文已多殘缺，只有「己丑卜，㝑貞，令射匍衛。一月」（續三·四七·一），文尚完整。典籍皆借朋為匍，又每訓朋為羣為輩。射匍之匍應讀作朋，是說王令司射的朋輩從事保衛。

綜上所述，則俯伏之伏本作[illegible]或[illegible]，乃是一个新的發現。這既糾正了說文對于勹字形與義的誤解，又糾正了說文對于鳧和倗字的誤解。說文𩿪之从鳥夂聲，應改為从鳥勹聲。倗之从人朋聲，應改為从朋勹聲。

釋𠣾

說文：「𠣾，重也，从勹復聲。𠣾或省彳。」甲骨文有𠣾無復，可見𠣾為初文，復為後起字。又甲骨文有复無復，复作，金文复與復互見。說文：「𡕒，行故道也，从夊畐省聲。」又：「復，往來也，从彳复聲。」說文既誤認為𡕒从畐省聲，又不知复為復之古文。甲骨文𠣾字為舊所不識，甲骨文編和續甲骨文編入于附錄。今分別闡明于下：

一，第一期甲骨文稱：「癸酉卜，爭貞，王𠣾不安，亡𢓊。」（續五·六·一）𠣾作，研契諸家之所以不識此字，以其从，不从勹，實則形乃勹字的異構。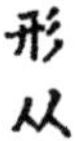形从丿乃羨劃，古文字往往隨形附劃，即以前引一段甲骨文的安字為例，安字从女

作𠙶，在下部加一邪劃，是其證。至于𠂈形的末劃之所以作勹，因為勹即伏的本字，象人匍匐形（詳釋勹
𡨦匐），故勹形的中部即象人的腹形。甲骨文「帚好不徙疾」（後下一一·八）之疾作𠉧，左从人作勹，是其證。說文訓𡨦為重，訓複為重衣，古文字有𡨦無複。前引的王𡨦不安，亡徙，徙即古延字。這是說王有疾病，身體仍然感到不安適，要乞救于鬼神，不可延緩。

二，第一期甲骨文有𠛁字（京都八三八B，原辭已殘），上从丆乃勹字的省劃。曶鼎的𢔧字作𢔧，上从厂，可互證。下从又，乃夂形的譌變，小臣遳簋的復字也譌變為从又。魏三體石經左傳古文復字作𢕍，从彳與从彳古同用。

三，第四期甲骨文的「弜𡨦」（甲五八七），𡨦字作𠛁，左从亯，即亯字的異構。甲骨文𡨦字每作亯。又郭字作亯或亯，周器昶伯𩫖盤作亯，國差𦉜作亯。這就證明了𡨦字的繁構从亯，與亯和𩫖字中部加口或○形，其演變之迹完全一致，只是甲骨文為便于鍥刻化圓為方而已。至于鄭字从人與从勹互作，如倗字甲骨文有的从人，金文則从勹，佃字金文从人，說文从勹，是其例證。

總起來說，通過以上三條的具體分析，則甲骨文三个匔字的構形大同小異，其均為匔字，是沒有疑問的。

釋⿰火耳

甲骨文聞之古文作□，常見，有的也作□，隸定作⿰火耳或⿱耳儿。唐蘭同志謂：「冥於卜辭蓋當作⿰火耳，即夒字。」又謂：「夒冥一聲之轉。……貞，⿱交火⿰火耳㞢从雨，⿱交火⿰火耳當即⿱交火冥也。」（考古社刊第六期懷鉛隨錄）按唐謂⿰火耳即夒字是對的，但以⿰火耳為先公之冥則非是。甲骨文于⿰火耳也从無用牲之祭。甲骨文乞雨每言⿱交火⿰女才或⿱交火⿰女宰，則⿰女才⿰女宰和⿰火耳均當為女奴隸之名。⿰火耳字左从□，即古欠字（詳釋次、盜），⿰火耳字右上从耳，與欠相連。⿰火耳字的造字本義，象人之坐，用手掩其口，以表示靜默，而聳耳以聽。這和甲骨文的聖字作[illegible]，象人舉目遠望，可資參驗。說文訓聞為知聞。呂氏春秋異寶和重言高注，並訓聞為知。甲骨文稱：「㞢疒齒，父乙隹㞢聑。」（南北師一．四三）「匕己聑〇匕己弗聑。」（綴合二二七）以上三个聞字并應訓為知。甲骨文稱：「其㞢來聑」（前七．三一．二），「吕方亡聑〇其㞢聑。」（珠三四五）以上三个聑字乃聞的引伸義，指消息言之。

甲骨文昬昏之昏作[illegible]，與聑字的用法截然不同。周初金文的聑字，武王時的利鼎作[illegible]，康王時的盂鼎作[illegible]，已較契文有了譌變。成康以後，不僅聑字又有譌變，而且用法也和昏或婚相通。例如：昏愚之昏，諫簋作[illegible]，毛公鼎作[illegible]；婚媾之婚，克盨作[illegible]，殳季良父壺作[illegible]。說文婚之籀文作[illegible]（說文鑳㜕二字从之），其譌變尤甚。周初以後金文的聑字，上端變作介，下端止字或變作女，于是，王國維史籀篇疏證和林義光文源，均謂𪎣字古从爵女，未免荒謬。

總之，甲骨文㛰昏二字有别，㛰爲聞字的初文。西周金文還未見昏字。周初金文㛰字雖有譌變，但仍作聞字用。西周中葉以來的金文，既以㛰爲昏愚之昏，又以㛰爲婚媾之婚。敯䎽聞三字始見于晚周古文：敯字見于詛楚文的「絆以敯䎽」，䎽字見于說文繫傳的「古文聞」，聞字見于古鉨的「左司馬聞竘信鉨」。本文既尋出聞字本作㛰的構形和變化的源流，也尋出它和昏婚分合交錯的由來。

釋次、盜

甲骨文次字作□、□、□或□、□等形，也作□、□、□等形，舊誤釋爲次。商器次卣次字作□，舊誤釋爲叉，金文編入于附錄。周器史次鼎次字作□金文編誤釋爲次。按晚周器王子嬰次盧次字作□，石鼓文欶从次作□，漢印次字習見，均从二从欠，與説文合。甲骨文無次字，以𠂤或師為之（詳釋𠂤師）。

説文：「次，慕欲口液也，从欠从水。㳄，次或从侃。㳄籀文次。」爾雅釋言謂「蒃，盝也」，郭注謂「漉漉出㳄沫」。釋文謂「㳄字當作次，又作涎」。按次與涎乃古今字。玄應一切經音義二，謂涎亦作㳄。古文四聲韻上早謂誕古文作㳄。次涎㳄并屬邪紐，㳄誕并屬定紐，古讀邪歸定，詳錢玄同古音無邪紐證。

甲骨文盜字作[illegible]，葉玉森誤釋為盪（鉤沈），甲骨文編入于附錄。説文：「盜，私利物也，从次，次欲皿者。」按許氏誤以形聲為會意，後世沿譌襲謬，不知其非。盜字从皿作[illegible]，早期古文字从舟从皿从凡每無別。商代金文舟字作[illegible][illegible]者屢見。周器季盝鼎的盝字从皿作[illegible]。甲骨文凡字常見作[illegible]。又般庚合文之般有的省作[illegible]，有的从舟作[illegible]（乙八六六〇）。盜字从皿次聲，古讀次如誕，二字雙聲，已詳前文。老子五十三章的「是謂盜夸」，盜夸即誕夸。石鼓文的⿱竹盜字从竹从盜（盜），盜字从㳄，與說文籀文合。說文訓次為「慕欲口液」。甲骨文次字，有的象以手拂液形，有的象口液外流形，故後世形容人之貪饕，以垂涎為言。甲骨文盜字只一見，與次同用。口液為次之本義，引伸之則為水流泛濫無方，水流泛濫無方又與後世盜竊之義相因。陳夢家引余說釋盜，但讀盜為謟（綜述二六五），未免望文生義。

甲骨文次字有三種用法，今分別加以闡述：

甲，以次為祭名

一、叀瞿日次（庫一〇九三）。

二、甲戌囗，灸，于來丁酉，父乙次（甲二九〇七）。

三、叀七牛次用，王受又（摭續八八）。

以上所列三條的次字，均象以手拂液形。第一、二兩條屬于第一期早期的㠯組卜辭，第三條屬于第四期，均以次為祭名，次應讀作延。周禮男巫「掌望祀，望衍」，鄭注：「衍讀為延，聲之誤也。……延，進也，謂但用幣致其神。」甲骨文以次為先王之祭，和周禮延祭有着因革的關係。

乙，次示和次令

一、乙酉卜，又伐自甲次示（一九七五年考古第一期所載一九七三年安陽小屯南地發掘報告，下同）。

二、乙酉卜，又伐自甲次示，叀乙子（巳）。

三、乙酉卜，又伐自甲次示，叀乙未。

四、王叀次令五族戍羌方（後下四二·六）。

以上所列前三條屬于第四期。第一期早期㠯組卜辭的次字作[illegible]，第四期仍沿用之。考古所載原報告釋次為⿰⿱米廾頁，其實，次字既不从頁也不从⿱米廾，與⿰⿱米廾頁字無涉。說文分𢓊延為二字，甲骨文無延字，以𢓊為連延或延續之延。甲骨文的「祖丁事，其𢓊妣辛妣癸」（掇四一九），「祖丁事，其祉祖己」（綴合一〇），均以祉為連延之延。以上所引的前三條的次示，均應讀為延示。第一條的又（侑）伐自甲延示，甲即上甲。是說伐人以為侑祭，自上甲延續以及于廿示。是延示乃延及廿示的省語。第四期的「自甲廿示」（佚八八四，廿示也見粹二二一），廿示指自上甲至武乙言之。前引第二、三兩條也同此例，但其辭尾的叀乙巳和叀乙未，是指祭日言之。前三條均以乙日卜，而二、三兩條又均以乙日祭，是由于文丁時的大合祭以父乙為主的緣故。第四條的次字作，也應讀為延，訓為施行之施，施與延義本相因，施訓延典籍習見。這一條是說，王施令于他的五族戍守羌方。

丙，次與盜均就洹水泛濫言之。

一、乙卯卜，貞，今泉來水，次（續存下一五四）。

二、☐洹不次（續存下一五三）。

三、丙寅卜，洹其盜〇丙寅卜，洹☐不☐其盜（前六・三二・五）。

第一條的今※泉來水，次，泉乃洹泉的省稱，因為他辭也稱洹為洹泉（甲九〇三）。次指洹泉泛濫言之。第二條的次字也同此例。第三條以洹其盜和洹不其盜為對貞，盜與次同用。甲骨文的「洹弘（洪）弗𦎫（敦）邑」（珠三九三），是就洹之洪水不至迫害商都言之。

綜上所述，甲骨文次字舊誤釋為次，盜字舊誤釋為盪，本文對于二字的形音義均重新加以辨認，并附帶分清了金文中的次與次之別。盜字本為从皿次聲的形聲字，因而糾正了說文以為會意的誤解。甲骨文既以次為祭名，也讀次為延，訓為連續或施行。其于洹水言次或盜，則均應讀為涎，訓為泛濫，乃口涎的引伸義。

釋咎

甲骨文咎字作□、□、□等形，舊不識。甲骨文編附錄于口部，謂「說文所無」；續甲骨文編也附錄于口部，與□字混在一起。按商器咎尊的咎字作□，與甲骨文同形。咎即古咏字，其从口在下與在側本無別。咏與詠典籍多通用。說文：「詠，歌也，从言永聲。咏，詠或从口。」又甲骨文有咎字（甲一五五九，原辭已殘），舊也不識，甲骨文編入于附錄，續甲骨文編附錄于口部。按咎乃咏字的異構。古文字的邪劃有的作折角形，例如商器小子□簋的易字作□，西周器㚤□母簋的永字作□，是其證。然則咎即咏字，了無可疑。說文訓詠或咏為歌，漢書揚雄傳顏注訓頌為歌，歌與頌義相因。甲骨文于祭祀每言咏或不咏，是對被祭者歌頌與否之義。其言「小臣咏王」（甲一二六七），是說小臣歌頌王。甲骨文咏與永每通用。周初器大保簋的「王永大保」，以永為咏。這是說王贊揚大保。此外，甲骨文以永為人名或地名者不備述。

釋冀

第一期甲骨文稱：「貞，王囧冀，其疒不龍。」（乙六八一九）冀字作，舊不識。又第一期甲骨文有「于⿰石冀」（乙四一二一）二字，文已殘缺。⿰石冀字作，舊也不知其从石从冀。冀字，商器冀簋作，周器令鼎作。又商器單冀簋的冀字作，據古錄（二之一）和金文編均誤釋為異。又上引商器冀字上部已變作甾。這和甲骨文甾字也作甾，叀字中从甾也作甾，其例正同。說文據已譌的小篆釋為：「冀，北方州也，从北異聲。」既誤認為从北，又割裂獨體字為形聲字。前引甲骨文的王囧冀，義不可解，存以待考。至于其疒不龍之龍，應讀為寵。言其疾病不為鬼神所寵佑。總之，甲骨文冀與从冀之字各只一

見，均為冀之初文。雖其造字本義還不可知，但冀字上部演變的特徵，和商周金文以及甲骨文其它文字偏旁相印證，是無有不符的。

釋厷

甲骨文厷字作□或□，舊不識。甲骨文編入于附錄。說文厷字作□，並謂：「厷，臂也，从又，从古文□。□古文厷，象形。肱，厷或从肉。」按說文既譌□為□，又誤認□為古文厷。說文段注謂「小篆以厶太古，故加又」，□「象曲肱」；王筠說文句讀謂「此字最古，隸所不用，故無楷法。」按段王二氏出于主觀猜測，以附會許說。今以甲骨文驗之，則厷字作□或□，既非从又也不从□。其从□，尾劃上彎，象曲肱形，與又之作□迥別。其从□，後來譌變作□。商器鼎文和父乙器亞中均有□字，與甲骨文厷字形同。古鉩文厷字作□，已經分化為二體，為小篆所本。按厷為肱之初文。甲骨文的「㞢疒厷」（乙七四八八）和「疒厷」（京都四四七），是指肱腕有疒言之。此外，甲骨文也以厷為俘獲品，如「王隻厷」（續存上一二三五），「王不其隻厷」（後下二〇．一七），是其例。總之，甲骨文厷字作□或□，于肱之曲處加ㄷ，以示厷之所在，于六書為指事字。由于說文厷字的構形不符于初文，因而說文學家就無從捉摸了。

釋㪅

甲骨文㪅字屢見，作□或□形，甲骨文編釋為更。按㪅即古文鞭字。說文鞭字作鞭，并謂：「鞭，驅也，从革便聲。□古文鞭。」就古音言之，鞭从便聲，便从㪅聲，㪅从丙聲，丙鞭雙聲。㪅字隸變作更，丙更疊韻。周禮考工記輪人的「眡其綆」，鄭司農謂「綆讀為關東言餅之餅」。按綆从更聲，更本作㪅，从丙聲。是丙更古通之證。西周金文馭字作⿰馬攴，其从攴，乃甲骨文㪅字的省變。說文謂「馭从又馬」，又乃攴形的譌省。西周金文馭字均作⿰馬攴，右从攴乃古文鞭字，用鞭以驅馬。石鼓文馭字作騪，右从鞭作㪅，猶存初形。以上略論㪅為鞭之初文，以及它和更字形音變通的由來。

有關㪅字的甲骨文，辭多殘缺，其較為完整者，例如：「戊午卜，㪅⿺辶䍇，弗其𢍰（擒）。」（乙七六八〇）又：「王㪅☐䍇（麋）☐。」（摭續一二八）以上兩條均屬第一期。前一條的⿺辶䍇字，即掘坑坎以陷麋之陷的專字（詳釋⿺辶䍇）。這是說，王（依第二條補）用鞭以驅麋，使之陷入坑坎，不該擒獲。此條缺對貞辭。第二條雖然殘缺，但王字可以補充第一條。由此可見，商王的狩獵，用鞭驅麋，使之陷入坑坎，以便擒獲。

總之，鞭字的古文，商代甲骨文作㪅，周代金文偏旁作攴，說文引古文作攴，石鼓文始作鞭。又駕車之鞭，周代車器作鞁，金文編以為說文所無。「鞭作官刑」之鞭，周器㑀匜作㑀，象以鞭擊人之背。說文訓便為安，誤以後起之義為本義。

釋⿳宀㠭殳

甲骨文稱：「□兇卜，才斬田龍楱波⿳宀㠭殳其□。」（粹九四五）此段辭義難通。但其中⿳宀㠭殳字作，為舊所不識，甲骨文編謂「說文所無」。按近年湖北枝江出土的𡫳公孫詒父盂，𡫳字作。為初文，說文：「𡫳，窒也，从㠭从収窒宀中，㠭猶齊也。」段注：「穴部曰，窒，塞也。此與土部塞音同義異，與心部㥶音同義近。塞，隔也，隔，塞也，與𡫳窒訓別。㥶，實也，實，富也，與𡫳窒訓近。凡填塞字皆當作𡫳。自塞行而𡫳㥶皆廢矣。」按說文之𡫳，來源于周代金文。𡫳又孳乳為塞與㥶或賽，由于用各有當，遂致分化。但文字學家皆知从𡫳之字隸變作寒，今驗之于甲骨文，才知道𡫳之初文本作⿳宀㠭殳。

釋利、杈、炋、伓

甲骨文利字作□或□，杈字作□或□（从又即古手字），炋字作□，伓字作□（从𠂤从人古同用）。以上四个字均為舊所不識。其从不作□，乃早期的構形。甲骨文無否字，以不為否，否乃不的後起字。早期甲骨文的語尾以不為問詞者習見，例如：「今日方其至不？」（乙一七七）「出咸戊牛不？」（綴合六）是其證。西周金文不字有的已孳乳為否。甲骨文有杯字（拾一四·一六），西周金文不杯二字連文者屢見，守宮盤作不舙，可見杯字已孳乳為舙。

否與咅本為同字，後來分化為二。說文咅字作□，並謂：「咅，相與語、唾而不受也，从丶从否，否亦聲。」林義光文源：「从丶聲義俱非是。古不或作□（宋公戈）作□（陳曼匿），則咅與否同字，咅即否，故棓即桮。海內北經，蛇巫之山有人操杯而東立，操杯者操棓也。」按許說殊誤，林說明確無疑。但陳曼匿的不字，上部本从一小横，非从圓點。蔡侯盤的不字作帀，上从·，可以為證。近年來南北各地出土的秦漢簡牘，以音或桮為杯，以盃為𦈡者，數見不鮮，是从音从不通用之證。又元刻本詛楚文亞駝的倍字作偣，右从否，這也是从音从否同字之證。根據以上對于不否音三个字分析驗證的結果，很明顯，利、杈、炋、伓乃剖、棓、焙、倍的初文。由于以上所引幾个甲骨文从不即从音的字，文辭或簡略或殘缺，因而義訓不詳。其用作人名者，如「王令利出田」（粹九三三），「子杈出」（乙九〇九一），是其例。其用作地名者，如「貞，乎比奠取炋、奠、畐三邑」（前七·二一·四），是以炋為邑名。朱駿聲說文通訓定聲，謂說文[麥畐]字「俗作焙」，未免本末倒置。甲骨文的「貞，于伓南奞奠」（前四·三六·七），是又以伓為地名。總之，本文考證出利、杈、炋、伓即剖、棓、焙、倍的初文，否則，這四个字容易被人認為後世字書所無。

釋盟

甲骨文盟字作[甲骨文字形]或[甲骨文字形]，舊不識。按盟即古盟字。說文：「盟，腫血也，从血農省聲。膿，俗盟从肉農聲。」按農乃後起字，應从盟省聲，許氏以為盟从農省聲，未免本末倒置。盟字从𡿪或𡿪。古文字从𡿪也作𡿪或𡿪是常見的，無須舉例。盟字在甲骨文中僅四見。其所从之白，後世加上文飾作囟，這在甲骨文中同是一个字，而無文飾和有文飾則是時常互見的。例如：吳字作[甲骨文字形]也作[甲骨文字形]，萬字作[甲骨文字形]也作[甲骨文字形]，文字作[甲骨文字形]也作[甲骨文字形]，不煩備引。周器麥尊有[金文字形]字，郭沫若同志謂：「盟字與說文膿之作盟者相似，疑摹刻有失。」（系考四二）這是對的。甲骨文稱：「貞，盟涉于[甲骨文字形]〇盟弓涉于[甲骨文字形]。」（乙五三一七），這是以盟為人名。又：「丁卯卜，□貞，𡚱鮮白盟，用于丁。」（後下三三·九）

甲骨文婁與𢧵通用，𢧵字右从戌（鉞），作動詞用，乃殺戮之義。盥為絴方酋長之名。這是說，殺戮絴方酋長之名盥者以祭于丁。

甲骨文絴方屢見，絴字作𦍌或𦍌，象係索于羊頸形，這和羗字作𦍌形同義，但前者是就羊言之，後者則就羌人言之。近年來雲夢出土的秦簡：「士五（伍）甲盜一羊，羊頸有索，索直（值）一錢。」（一九七六年文物第八期二八頁）以甲骨文驗之，則以索係羊頸，已見于絴方。絴方或由此習慣作風而得名。

總之，甲骨文的盥即說文盥字的初文，但也糾正了說文以盥為農省聲之誤。至于絴字的形義和絴方稱名的由來，也附帶予以解說。

釋各

說文：「各，異詞也，从口夂。夂者有行而止之，不相聽意。」按許說臆測無據。自來說文學家皆附會許說，不煩引述。羅振玉謂：「各从夂象足形，自外至，从口自名也。」（增考中六四）林義光文源謂「象二物相齟齬形」，朱芳圃殷周文字釋叢釋各為入，以為入之別構。以上三說未免乖謬。

甲骨文各字初形作或，後來作或，最後變作或。最後之形，周代金文因之。字上从夂，象倒趾形，下从凵，即說文的凵字（口犯切）。典籍通作坎（詳釋邕）。字象人之足趾向下陷入坑坎，故各字有停止不前之義。典籍各字通作格，小爾雅廣詁訓格為止。此外，典籍每訓格為至為拒，均與止之義訓相因。又甲骨文出字作也作，這和各字只是所从之止有向上向下之別。或謂出字「从止象足自坎出」（柏考一〇頁）。各字之形象足陷入坎，故其本義為停止；出字之形象足自坎出，故其本義為上出。各與出的形與義相反而相成，可以互驗而知其造字的由來。

釋歬

說文：「歬，不行而進謂之歬，从止在舟上。」徐灝說文段注箋：「人不行而能進者，唯居於舟為然，故从止舟。止者人所止也。」林義光文源：「象人足在舟上，前進之義。」按許說乖舛不通，徐林二氏又加以阿附。歬為前後之前的本字，典籍作前，乃歬字的隸變，歬為俗字剪的本字。甲骨文歬字作肯或𢓊、𧗝。其从止，乃足趾之趾。其从H，即古凡字，甲骨文般字本从凡聲，般字後世孳乳為盤。甲骨文般庚合文之般多省作H。凡與盤同屬脣音，又為疊韻，二字初本同文，後來分化為二。又古文字凡、般（般）與舟有時混同，但音讀有別。商器般甗的般字从H。西周金文从H者多譌變為舟，故般字皆从月。金文歬字作肯或肯，為說文歬字所本。本諸上述，歬字的初文自應以甲骨文為準。古文字从止从彳从彳止之字每互作，均表示行動之義。甲骨文肯字从止，止有行動向前之義。其所从的日，即古般字，肯般疊韻。因此可知，肯為从止日聲的形聲字，說文誤認為會意。

釋夋

甲骨文夋字作或，甲骨文編附錄于夊部，並謂「从幺从夊，說文所無。」按夋即後之初文，从彳作後乃後起字。金文後字屢見，也作遂。說文：「後，遲也，从彳幺夊者後也。遂，古文後从辵。」段注：「幺者小也，小而行遲，後可知矣，故从幺夊，會意。」林義光文源：「古玄字，繫也，从行省，夊象足形。足有所繫，故後不得前。」按許說既不足據，段注又曲加傅會。林說也誤。夋字的造字本義，還須待考。說文訓夊為「行遲曳夊夊（楚危切）」，又訓夂為「從後至」，「讀若黹」。古文字的偏旁中有夊無夂，夊象倒止形。夋字孳乳為

後，比如甲骨文復作复，徃作生，得作旻，御作知，是其例證。甲骨文稱：「來甲申，先于大甲乂戠」（庫一六四五），「其夋乂戠」（庫一一九五）。先與夋相對成文，然則夋之即後，是顯而易見的。甲骨文的「夋束希」（乙八八二三），應讀為後剌殺。甲骨文的「先夋束」（乙八七二八，八八一四），是說剌殺有先後。以上兩條均就祭祀殺牲言之。

釋⿱今女

甲骨文有「帚⿱今女」（明二三三九Ａ），⿱今女字甲骨文編附錄于女部，並謂：「从女从Ａ，說文所無。」按⿱今女即妗字。說文：「妗，娑妗也，从女今聲。一曰，善笑皃。」段注：「玉篇曰，娑妗美笑皃。按集韵，俗謂舅母曰妗，巨禁切。」按甲骨文稱帚⿱今女，則⿱今女為婦名。⿱今女字从女从Ａ，Ａ即今字的省文。今从Ａ聲（詳釋古文字中附劃因聲指事字的一例），今字在偏旁中往往省作Ａ，比如：甲骨文紟字从Ａ，侖（龠）字从Ａ，金文龠字每从Ａ。又甲骨文今日和今夕合文之今，均省作Ａ，是其例證。本諸上述，則㚬即㚬也即妗字。集韻去沁的「俗謂舅母曰妗」，乃後起之義。宋張文潛明道雜志謂「妗字乃舅母二字合呼」，臆測之說，不足為據。

釋阪

第一期早期的𠂤組卜辭，有「阪征二人」（乙四〇七）之貞。阪字兩見，均作[illegible]。甲骨文編謂「从𠂤从及，說文所無」。按阪乃級的本字。說文：「級，絲次弟也，从糸及聲。」段注：「本謂絲之次弟，故其字从糸，引申為凡次弟之偁。階之次弟，曲禮云，拾級聚足，連步以上是也。」按段注謂階之次弟是由絲之次弟所引申，難以令人置信。集韻入緝：「阪，階等也，通作級。」這是訓阪為階的等次，而以級為阪的通假字，頗有道理。但是，集韻是宋代學者所輯，阾字如果不見于古文字，人們難免以阾為級的後起字。現在既然發現甲骨文有了阾字，則級之本作阾已經得到驗證。阾為階之等次，二字意義相因，故均从𠂤（阜，今楷偏旁在左作阝）。說文：「𠂤，大陸也，山無石者，象形。」段注：「釋名曰，土山曰阜。象形者，象土山高大而上平，可層絫而上，首象其高，下象其三成也。」甲骨文𠂤和从𠂤的字習見，作𠂤也作阝。其从三疊，正象𠂤之層次形。甲骨文陟降字作陟降，一象足趾歷阾而上，一象足趾歷阾而下。一切經音義卷二一引聲類，謂「級，階次也」。階次是指台階的等次言之。階字古文字未見，始見于詩大雅「維厲之階」。總起來說，甲骨文阜字作𠂤，象山阜之有層次形，台階之有等次與之相仿，故古人造字阾與階均从𠂤。由于古代典籍皆假級為阾，久假不歸，于是級行而阾廢。前引甲骨文的「阾征二人」，阾字用法雖然還須待考，但就阾字从𠂤及聲來看，它為階次之阪是沒有疑問的。本文論證的結果，是闡明了我們現在所說的社會階級之級初文本作阪。再進一步追究階阪二字的原始意義，則是由台階的等阪引伸而來。

釋𣏟

甲骨文𣏟字作𣏟（續存下四九五），只一見，原辭已殘。甲骨文編謂𣏟字為「說文所無」。按𣏟即莽字的初文。早期古文字的偏旁，屮木無別，單複也無別。例如：甲骨文的萅、莫、蒿、萑、蔌等字，有的从屮或从茻，有的从木从林从森或从𣡕。說文的艸、木二字既然有別，又區劃屮艸茻為三个字，這是後來的分別文。說文：「莽，南昌謂犬善逐兔艸中為莽，从犬从茻，茻亦聲。」按西周後期器齊莽史喜鼎的莽字作⿱艸犬，从艸不从茻，乃會意字。這可以糾正說文莽从茻聲之誤。以从屮从林無別驗之，則甲骨文的𣏟即西周金文的⿱艸犬字。總之，甲骨文的𣏟字和金文的𦱤字，均為莽字的初文，是沒有疑問的。

釋⿳艹害廾

第五期甲骨文地名的⿳艹害廾字作⿳屮害屮（京津五二八三），只一見。甲骨文編附錄于艸部，並謂「說文所無」。按⿳艹害廾字从口作ㄩ，也如唐字作⿱庚ㄩ（甲一一三二），又金文周字从口作ㄩ者屢見，不備引。周器井侯簋的「⿳艹害廾井侯服」，⿳艹害廾字作⿳屮害屮，與甲骨文形同。楊樹達積微居金文說：「⿳艹害廾字从茻害聲，當讀為匃。廣雅釋詁三云：匃，與也。……⿳艹害廾井侯服者，服通訓事，謂與井侯以職事也。」按楊說可從。⿳艹害廾字典籍均作⿱艹害，古文字从茻與从艸無別。方言三：「蘇，芥草也。江淮南楚之間曰蘇，自關而西或曰草，或曰芥，……沅湘之間或謂之⿱艹害。」郭注：「今長沙呼野蘇為⿱艹害。」芥从介聲，⿱艹害从害聲，古字通。說文：「芥，菜也，从艸介聲。」大徐本說文，謂芥字大篆作⿳艹介廾。總之，⿳艹害廾為芥之初文，莽與芥為後起字。

釋果

甲骨文果字作或形者常見，也作、、等形。郭沫若同志釋葉（粹考一〇三四）。商承祚同志謂：「象果生于木之形，卜辭中婐字采字从此。」（類編六．一一）又謂：「殆為果字，象果實在樹之形。」（類編一二．五）按商釋果是對的，但既言「殆」則非決定之詞，而又不知道果字的義訓，故仍須加以闡述。甲骨文「大采」的采字作者屢見，象用手采摘木上果實形，其作者乃省體。晚周古鉩文果字作，為說文所本。說文：「果，木實也，从木，象果形在木之上。」甲骨文稱：「乙酉卜，王果令」和「弜果令」（寧滬一．五〇六），以同版卜辭驗之，乃令三族或族馬出征之占。果字作虛詞用，應訓為能。孟子梁惠王的「君是以不果來也」，公孫丑

的「聞王命而遂不果」，趙注并訓果為能。果訓能，典籍常見。前引占卜是說，王能否令三族或族馬出征？又甲骨文稱：「貞，亘不果隹（唯）執○亘其果隹執。」（乙五三○三）這是貞問亘能否被執？但是，亘為武丁時重要貞人，不應以執不執為言。甲骨文稱：「乙亥卜，爭貞，令弗其隹執亘○☐隹執亘。」（乙四六九三）這也是以亘之執不執為言。其實，以上所稱的亘，乃亘方的省語。這和甲骨文常見的呂方也省稱呂，召方也省稱召，其例正同。甲骨文有「𠂤及亘方」（綜述圖版貳貳．四），是說𠂤追及逃走的亘方。而「犬追亘，㞢及」和「犬追亘，亡其及」（綴合三○二），亦以亘為亘方的省稱。總之，前引甲骨文是說亘方能否被執，而果字作虛詞能字用，是一新的發現。

釋弋、弟

說文弋作𢎘，并謂：「弋，橜也，象析木銳衺著形，从厂，象物挂之也。」按許氏訓弋為橜是對的，但據已譌的小篆以為之解，迂妄不通。自來說文學家均曲加附會，不煩列舉。

甲骨文第二期弋字作Ｉ（前四·三四·一）、Ɩ（乙三〇六九），舊不識，甲骨文編入于附錄。又「弋侯」（續存上一〇七五）之弋作ꝉ。甲骨文从弋之字習見，例如：盃字从弋作Ｉ、Ɩ，宊字从弋作ǂ或ǂ，㘸字从弋作ǂ或ǂ。又妣字有的从弋作ǂ，甲骨文編誤釋為姒。按金文妣字屢見，其所从之弋中間皆作直劃。㳄其簋「皇母惠妣」之妣从弋作ǂ，與卜辭从弋之省體相合。又卜辭弐甲之弐作Ɩ[或Ɩ，从兩弋相背，舊誤釋為戔，詳釋弐。

甲骨文弋字作Ｉ或Ɩ，象豎立有杈之木于地上之形，與說文訓弋為橜之義相符。說文又訓橜為弋。朱駿聲說文通訓定聲謂「凡豎木而短者皆得曰橜」。弋字典籍也通作杙或樴。周禮牛人鄭注，謂「樴謂之杙，可以繫牛。」尚書大傳的「椓杙者有數」，鄭注謂「杙者繫牲者也」。

甲骨文中的「令弋刀」（林二·一九·一七），弋刀當為人名。又「王其弋」（乙三〇六九），「大事弋彭」（前四·三四·一）。上下文均已殘缺，義訓未詳，存以待考。

第一期甲骨文的子㱿世譜（據影印拓本，摹本見庫一五〇六），有「壺弟曰畋」和「知弟曰㲋」的記載。兩个弟字均作☐，摹本誤作☐。☐字从☐从己，☐即弋之初文，正象豎橛于地上之形。其从己，象纏之以繩。說文誤以為「从古文韋省」。第三期甲骨文的「多母弟」（金三六一）之弟作☐（原誤摹作☐），上部多一橫劃，中間直劃已變為邪劃。據以上所引，可以看出甲骨文弟字前後演變之迹。

說文弟作☐，并謂「弟，韋束之次弟也，从古文之象。☐古文弟，从古文韋省丿聲。」王筠文字蒙求，謂弟字「上象丱角，下象足，從弟之狀也。說文以為形聲字，似非」。按王說完全出于臆測。林義光文源謂弟字「古作𢦔，从弋，己束之，束杙亦有次弟也」。按林說謂弟字从弋，已較舊解為優，但還不知弟字本从弋聲。弋為喻母四等字，古隸舌頭定母（詳曾運乾喻母古讀考）。兄弟之弟無形可象，故借用束弋字以為之。

本諸上述，由于甲骨文弋字的初形作𠄌或𠄌，本象豎木橛于地上之形，這就糾正了說文弋从丿象物挂之的誤解；甲骨文弟字的初形作𢆶，本為从己弋聲的形聲字，這就糾正了說文謂弟為从古文韋省丿聲的誤解。又甲骨文从弋之字，如㚤本女姓，舊誤釋為𡚸，㢤甲之㢤本作][或兆，象兩弋相背，舊誤釋為𢦔，也均得到新的辨認。至于甲骨文的盛、宓以及其它一些从弋之字，雖然不盡可識，但既知其从弋，也有利于將來作進一步的探索。

釋冂、高

甲骨文的「貞，勿冂」（明七五四），冂字作H，舊不識。說文作冂，并謂：「象遠界也。冋，古文冂从口，象國邑。坰，冋或从土。」按商器冂戈爵作H，金文編誤入于附錄。又周代金文冋字常見，均作冋，从日，可以糾正說文从口之誤。勿冂之勿即古物字。周禮保章氏：「以五雲之物，辨吉凶水旱降豐荒之祲象。」鄭注：「物，色也，視日旁雲氣之色降下也。」章炳麟文始：「H象遠界，又有遠義，故孳乳為迥，遠也。」甲骨文的「勿見（現），其㞢（有）㯄（渝），亡勾（害）」（南北明七六二）。這是說，自然界呈現物色，雖有變異而無災害。然則物迥，是說自然界的物色遥遠。

甲骨文亯字，早期作畐、畐、畐等形，晚期均作畐或畐形，舊不識，甲骨文編入于附錄。按其字从H或冃，其横劃單複本無別。甲骨文旁字从H也作冃，周代金文䈞字从H也作冃，是其證。亯字，商器亯觚作畐，上从辛乃言字在偏旁中的省體，金文編誤入于附錄。按⿱言冋字从言从冂，即古詗字。說文：「詗，知處告言之，从言冋聲。」段注：「史漢淮南傳，王愛陵，多予金錢，為中詗長安。孟康曰，詗音偵。西方人以反間為偵，王使其女為偵於中也。服虔亦云，偵，伺之也。」按偵即今日所謂偵探，中詗即今日所謂間諜。甲骨文⿱言冋字常見。第一期的「帚⿱言冋示四屯，炎」（南北師二·一八），「帚⿱言冋示四屯，小叟」（粹一四九〇），均以⿱言冋為婦名。第五期的「今日王步于⿱言冋」，「才⿱言冋貞」（前二·八·七），又均以⿱言冋為地名。

在上述之外，甲骨文有⿱屮𠙵字（乙四四七五），从屮从𠙵。又有⿱女𠙵字（前八·八·一），从女从𠙵。以上二字均不見于後世字書，但均从冂，是可以肯定的。

總之，甲骨文𠙵字，也見于商代金文，即說文冂字，甲骨文⿱言冋字，也見于商代金文，即說文詗字的古文。

釋曲

甲骨文有𠙹字（京都二六八），辭已殘，甲骨文編入于附錄。按𠙹即曲字的古文，商器曲父丁鼎作𠙹，其框內文飾之劃有繁有簡。漢無極山碑的「窮窕乚隈」。以乚為曲，而框內已省去文飾。說文：「凹，象器曲受物之形也。或說曲，蠶薄也。乚古文曲。」按凹乃後起字，乚乃乚形之譌。說文段注：「匚象方器受物之形，側視之；凹象圜其中受物之形，正視之。引申之為凡委曲之稱。不直曰曲，詩曰，予髮曲局。又曰，亂我心曲，箋云，心曲，心之委曲也。又樂章為曲，謂音宛曲而成章也。周語曰，士獻詩，瞽獻曲，韋云，曲，樂曲也。毛詩傳曰，曲合樂曰歌，徒歌曰謠。韓詩曰，有章曲曰歌，無章曲曰謠。按曲合樂者，合於樂器也。行葦傳曰，歌者比於琴瑟也，即曲合樂曰歌也。」按段氏依據匚和凹形，而為側視正視之解，實屬妄加附會。自不直曰曲以下，闡明了曲字展轉引伸之義，則頗有道理。

釋量

甲骨文量字作量、量、量、量、量等形。商承祚同志「疑即重字」（佚考三），甲骨文編入于日部，謂「說文所無」。其作量形者，甲骨文編入于附錄。按此字从口从東也从東。其从口乃日字的省文，甲骨文日和从日的字通常作日，有的省去中間橫劃，有的作曰，中間變為豎劃。其从東即古重字，初文借東為重，東从東聲，係東的孳乳字，東上加一橫劃以別于東，于六書為指事（詳附劃因聲指事字的一例）。

西周金文的量字，𪟝甗和克鼎作量；金文編釋量是對的。又邢侯簋重字作重，可與甲骨文互證。量字，西周後期器量侯簋作量，戰國時器大梁鼎作量，秦器作量，說文作量，這就可以看出量字的演化規律。又量字古鉨文作暲，漢光和斛和曹全碑也作暲，均从日章聲，已譌變為形聲字。

說文：「量，稱輕重也，从重省，曏省聲。量古文量。」許氏誤以會意為形聲。清代和現代文字學家對于量字的解釋，有的說⊖▽蓋象量器之形，有的說從日以土圭正日影，有的說量下从里，還有的說量从良省聲，異解紛起，無一是處。因此，王筠說文釋例遂謂：「量字形聲義，無一不回穴者，蓋失傳也。」

量字的初文本作量，从日从重係會意字。量字的本義，應讀為平聲度量之量，屬于廣義，作為名詞用的度量之量，乃後起之義。量字从日，當是露天從事量度之義，這和甲骨文眾字作眾，為眾人露天勞動同例。量度田野、道路和穀米都是露天的工作。西周金文揚簋的「王若曰，揚作𤔲工，官𤔲量田甸」，量度田甸，是以量作動詞用的明徵。甲骨文彊字作彊（後下二·一七），田以弓計，故从弓。儀禮鄉射禮的「侯道五十弓」，賈疏：「六尺為步，弓之下制六尺，與步相應。」周禮司裘鄭注：「凡此侯道，虎九十弓，熊七十弓，豹麋五十弓。」度地論：「二尺為一肘，四肘為一弓，三百弓為一里。」按吳大澂說文古籀補于彊字下只引儀禮鄉射禮。郝懿行證俗文地曰弓條說解較詳。今以甲骨文彊字驗之，則以弓量田，商代已經有之。

甲骨文量字凡十餘見，都屬早期，惜文多殘缺，其言「量亡囚」，「知量于父戊」（乙六六九○），以量為人名，又稱「小臣還」（珠七○六），還字从彳从量，也係人名。

總之，甲骨文量字从日从東，借東為重。其从日从東，東即重字的初文。其从日，係露天量度之義。量所以量度物之多少輕重。量字从重从日，乃會意字，這就糾正了說文以為形聲字的誤解。本文既尋出了量字構形的遞嬗規律，同時也澄清了清代說文學家的分歧臆說。

釋朿、師

甲骨文□字屢見，商承祚同志釋作条（佚考六五八）。按甲骨文条字作□或□，從無作□者。又甲骨文師字習見，作□、□、□、□等形。金文作□或□。羅振玉釋師為餗，並謂：「从𠂤朿聲，師所止也。後世假次為之，此其初字矣。」（增考中一三）按羅說非是。甲骨文束字作朿，詳釋束。周器曶鼎秭字从朿作□，也與束字判然有別。甲骨文的□與□應隸定作朿或師，讀作次。朿與次同屬齒音，又為疊韻，故通用。易夬九四的「其行次且」，釋文：「次，說文及鄭作趑。」儀禮既夕禮的「設牀第」，鄭注：「古文第作茨。」是从朿从次字通之證。石鼓文的「麀鹿趚=」，趚字从朿作□，并非束字，而舊均誤釋為趚。第一期甲骨文的「貞，朿于咸朿〇貞，弓朿于咸朿」（綴合二〇〇），朿作□，即師字的初文，應讀作次，指巫咸被祭的神主位次言之。第四期卜辭的「賊于大甲師珏，三牛○賊于大甲師珏，一牛」（鄴三下四二·六），師也應讀次，指大甲的神主位次言之。

第五期甲骨文的「王田于𠂤」（金五七七），以𠂤為地名。又第五期甲骨文言王「在某師」某為地名者習見，例如：「在魰師」，「在齊師」，「在書師」，「在淮師」，「在桼泉師」等，無須備列。又商器宰甫簋的「在稷師」，小子射鼎的「在兇師」，周器中鼎的「王在寒師」。師字均應讀為次。穆天子傳的「五里而次」，郭注「次，止也」。廣雅釋詁四「次，舍也」。次之訓止或舍係典籍常詁。因此可知，甲骨文言王在某師，均指王之外出臨時駐于某地言之，金文同。

總之，𠂤與朿字的構形迥別，師从𠂤，不从朿。師為𠂤的孳乳字，次為後起的借字。

釋漅

甲骨文稱：「甲戌卜，翌日乙，王其𠬝膚白漅。」（甲三六五二）又：「□膚白漅，其征乎卿。」（鄴三下三六·一〇）膚白（舊或誤釋為日）漅即盧伯漅。漅為盧伯之名，作漅，他辭也作漅（京津三七二二，文殘）。舊均不識。此字从水巢聲，即古漅字。西周器班簋地名的巢字作巢（見一九七二年文物第九期發表的新拓本），和漅之从巢可以互證。說文：「巢，鳥在木上曰巢，在穴曰窠，从木，象形。」徐鍇說文繫傳：「臼，巢也，巛，三鳥也。」王筠說文釋例：「巢在木之上，故從木。巛則鳥形，臼則巢形。三鳥者，況其多耳。」按徐氏演化許說，以三鳥形和巢形為解，而王氏又加以阿附，未免荒誕。其實，依據古文，則漅字从巢作巢，只象木上有巢形。說文無漅字。郭璞江賦的「朱滻丹漅」，李注謂「漅湖在居巢」，是後世又以濼為湖名。前引兩段甲骨文，是以盧伯濼為人牲以祭。甲骨文往往對俘獲某方伯而言𠬝（酹）言用者，都是以之為人牲。總之，本文由于解釋舊所不識的濼字，也連帶糾正了說文對于濼字的誤解。

釋⿱吅又

甲骨文⿱吅又字作⿱吅又，甲骨文編入于附錄，續甲骨文編附錄于品部後。⿱吅又即說文斝字所从的吅。說文：「斝，玉爵也。夏曰醆，殷曰斝，周曰爵。从斗，吅象形，吅與爵同意。或說，斝受六升。」按許氏醆斝爵之說既不足據，而解釋字形也是任意割裂。斝字應从斗吅聲，吅字的初文本作⿱吅又，猶說文从⿱从凵的字習見，據金文則均應作⿱炏又或⿱炏又，隸定作⿱炏又。⿱吅又字又孳乳作⿱吅口，商代金文屢見。又⿱炏又子簋的⿱炏又字，盉文作⿱炏口，也是从口與否無別之證。

甲骨文稱：「丁亥卜，古貞，⿸广西⿱吅乂于滴（漳）○⿸广西不⿱吅乂于滴」（乙七三三六），「王固曰，弓⿱吅乂」（乙七三三七）。⿸广西字作吅，象鹿首戴角形。甲骨文以⿸广西為地名。斝字本从吅聲，已詳前文。周禮量人鄭注：「斝讀如嘏尸之嘏」。甲骨文⿱吅乂字應讀為汩沒之汩，廣韻十一沒：「汩，古忽切，汩沒。」⿱吅乂汩雙聲，故通用。甲骨文的「⿸广西汩于漳」和「⿸广西不汩于漳」，是貞問⿸广西地是否為漳水所陷沒言之。春秋僖十四年的「秋八月辛卯，沙鹿崩」，公羊傳：「沙鹿者何？河上之邑也。此邑也，其言崩何？襲邑也。」徐疏：「襲者嘿陷入于地中，言崩者，以在河上也。」這和甲骨文的⿸广西是否汩沒于漳，可以互證。

總之，⿱吅乂即斝字所从的吅。斝為从斗⿱吅乂聲的形聲字，可以糾正說文之誤。甲骨文的⿸广西⿱吅乂于漳與否，讀⿱吅乂為汩，在音義上是符恰的。此外，西周金文从⿱吅乂的字，如⿱⿱吅乂兄、⿱⿱吅乂尸、⿱⿱吅乂㔾、⿱⿱吅乂口等，舊說糾結莫辨。現在雖然不能得到解決，但其上部均係从⿱吅乂，可以為將來作進一步研究提供有利條件。

釋𤖕

甲骨文爿字也作爿，反正無別，舊不識。其从彐或卜，即爿或爿的省體。甲骨文从爿的字習見，有時也省作彐，不煩舉例。說文从爿之字屢見，而無爿部。甲骨文偏旁中的爿字，象牀形，故疒（疾）字从之。但爿字也象祭祀時用以陳列肉類的几案形，故𩰫字从之。說文不知爿與片反正無別，而訓片為判木，實則判木之片乃後起字。至于爿字从⺼，即古文肉字，甲骨文豚字从肉作⺼者常見（詳釋豚）。又𩰫字（前五·三·七）从𤖕作𤖕，上从三點象血滴形。甲骨文祭字从肉作⺼⺼或⺼者互見，又多从數點，有的或不从點，可資參證。甲骨文有「侯爿來」（續五·五·六），「爿入」（陳一三七），「宁告人乎爿□」（續存上一四四七），均以爿為人名。說文：「𤖕，酢漿也，从水將省聲。」其實，爿乃將之初文。總之，爿字應隸定作爿，本象祭祀時陳列肉類于几案之形，也即甲骨文䵼字所从之爿。金文早期䵼字常見，稍晚則作䵼，右上从刀，用以割肉。䵼與䵼均以爿為聲符，即詩我將「我將我享」之將的古文。

釋椸

甲骨文稱：「庚申卜，彭自甲一牛，至示癸一牛。自大乙九示一牢。椸示一牛。」（京都二九七九）按自大乙九示一牢，即自大乙至仲丁九示一牢。椸字作[illegible]，舊不識，隸定應作椸。椸从木施聲，施从也聲。椸字既以也為基本音符，和現在用語「其他」之他音符同。說文的「杝从木也聲，讀若他」，是其證。說文無椸字，新附有之。錢大昭說文新補新附考證：「案曲禮內則俱有男女不同椸枷之文，鄭云，椸可以枷衣者。又云，竿謂之椸。爾雅釋器竿謂之箷，是椸箷同物，說文無此二字，陸氏釋文內則篇本作杝。說文杝訓落，其字承栅之下，當解為藩落之落，非虛字也。李巡本爾雅作⿱竹是，⿱竹是是叚借字。」鄭珍說文新附考：「經典多以杝為之，知本加人作柂，作椸尤後出。」按錢鄭二氏之說殊不可信。自來說文學家多株守許說，甚至把文字之不見于說文者，一概認為後人所造，鄭珍謂「作椸尤後出」，就是這个緣故。總之，椸字之見于甲骨文，不僅說明不是後起字，而更重要的是，第三稱謂代名詞的他字，甲骨文本作椸，椸與他為古今字。余于一九七四年去北京，曾以這一發現告知張政烺同志，他當時拿出他的某篇論文見示，已經附帶釋椸為他，彼此所見不謀而合。但附帶說明，未免簡畧，故本文又加以伸述。

釋「鬼方昜」

甲骨文昜字習見，有的言「才昜牧」，以昜為地名。有的言「昜伯㜏」是說昜方的酋長名㜏。此外，稱「鬼方昜」者兩見，今錄之于下：

一、乙酉卜，穷貞，鬼方昜，亡囚（咎）。五月（乙六六八四）。

二、乙酉卜，内□貞，鬼方昜，□亡囚。五月（甲三三四三）。

以上兩條都屬于第一期，語例相同。「鬼方昜」為舊所不解。按昜與揚為古今字。周代金文的揚字通常作⿰昜丮，从丮與从手古每通用。說文：「揚，飛舉也，从手昜聲。」詩沔水稱「載飛載揚」。飛舉與飛揚義相仿。揚也通作颺，書盤庚的「優賢揚歷」，漢碑揚作颺。列子黃帝的「揚于地」，張湛注謂「猶颺物從風也」。鬼方昜的昜字作動詞用，是說鬼方飛揚而去，言其逃亡之速，故下句以無咎為言。

釋凡

甲骨文凡字習見，用法頗有不同。現在只就于方國言凡者舉例于下，然後加以說明。

一、□□□卜，㝉貞，眔告曰，方由今萅（春）凡，受㞢又（前七·二八·四）。

二、乙酉卜，爭貞，眔告曰，方由今萅凡，受㞢又（京津一二二一）。

三、壬戌卜，方其凡（藏二三七·一）。

以上三條的凡字均應讀作侵犯之犯。典籍中从凡與从巳之字往往通用。例如：詩文王有聲鄭箋的「豐水亦汎濫為害」，釋文「氾字亦作汎」；禮記王制的「氾與衆共之」，釋文「氾本又作汎」；周禮大馭的「祭軓」，杜子春注「軓當為軳」，是其證。古文字中的犯字始見于詛楚文的「倍盟犯詛」。前引第一、二兩條的方由今春凡，是說某方從今春起要來侵犯。下句的受㞢又即受有佑，是說受到神靈的保佑，不會有什麼患害。第三條的方其凡，是說某方該來侵犯。總之，不僅讀凡為犯，在文字的音義上無有不符；同時也說明了早期古文字以凡為犯，犯乃後起字。

釋其

甲骨文的其字作、、等形，均作虛詞用。在甲骨文中其字是最常見的字，但它的音義和用法，自來還沒有明確的詮釋。現在僅就一時繙檢所及，選錄十餘條，并略加闡述。

一、貞，今夕不其征𢼄（啓）（京津三一六二）。

二、庚其㞢設，吉，受又，其隹壬不吉（簠典一〇五）。

三、貞，來庚寅其雨○不其雨（乙四五一一）。

四、翌癸亥其雨　癸亥允雨（前六·五五·四）。

五、其桒于上甲，其兄（祝）（粹三三〇）。

六、癸丑貞，其又匚于甲，其卯于大乙□□（珠六三三）。

七、辛丑卜，㱿貞，𢀛方其來，逆伐（前四·二四·一）。

八、壬辰卜，㱿貞，雀𢦏祭〇壬辰卜，㱿貞，雀弗其𢦏祭。三月（乙五三一七）。

九、壬寅卜，王其逐在萬鹿，隻。允隻五（乙三二〇八）。

十、翌壬戌其雨。壬戌雇（後上三二·一）。

十一、貞，方允其來于沚〇不其來（前七·二九·一）。

十二、丙戌卜，㱿貞，戠允其來。十三月〇丙戌卜，㱿貞，戠不其來〇貞，戠允其來〇貞戠不其來〇貞，戠允其來〇貞，戠不其來〇丙戌卜，㱿貞，戠其來（乙六六六八）。

說文：「該，軍中約也，从言亥聲。」段注：「凡俗云當該者皆本此。」按俗語當該也作該當或應該。又典籍中每訓該為該備，該乃借字，依說文則該備字本作晐。古文字中無該字，那末，古代應該之該本作何字，這是一个令人迷惑莫解的問題。其實，該乃虛詞，無本字，甲骨文中的其字，除去在句首有時用作發語詞外，均當讀作該。古音从其从亥之字往往由于雙聲而通用。例如：易明夷的「箕子」，釋文引劉向作「荄滋」；孟子萬章的「亥唐」，抱朴子逸民作「期唐」；老子二十章的「如嬰兒之未孩」，孩字應讀作期年之期（詳老子新證）；淮南子時則的「爨萁燧火」，高注謂萁讀該備之該。以上是其亥通用的例證。甲骨文的貞卜，是以卜兆為依據。但兆象的吉凶是否和事實相符，事前也不能立即判定，事後要以追記的驗辭為準，當然缺記驗辭者仍佔多數。

前引第一條的今夕不其徏𢼄，其字應訓為該。這是說，今夜不該延續晴啓。第二條的庚其㞢設，吉，受又，是說庚日該有天神所設施的兆象，是吉利而能受到保佑的。下言其隹壬不吉，其為發語詞。這是說，在壬日有兆象，則是不吉利的。第三條至第九條的各个其字，也均訓為應該。至于第四條的癸亥允雨和第九條的允獲五，都是事後追記的驗辭。第十條的壬戌雈，雖然沒有允字，但也當是事後追記的驗辭。第十一條以方允其來于沚和不其來為對貞。這和第十二條屢次以戠允其來和戠不其來為對貞的語法相同，乃是甲骨文中不常見的例子。雖然上舉兩條的前一句都言允，但驗辭的通例，既不在前一句言允，而且也沒有以允其二字連言者。典籍中多訓允為信。允其來猶言信乎應該來，這不過是加重語氣，傾向于它來的可能性較大而已。

綜上所述，甲骨文的其字除去用作句首發語詞外，其餘的均作助動詞的該字用。王引之經傳釋詞謂「其猶將也」，并引「盤庚曰，天其永我命于茲新邑，微子曰，今殷其淪喪」，以及其它一些典籍詞例為證。按訓其為將，義尚可通。但王氏是用歸納法尋出它們的抽象含義，而代之以擬定之詞。本文係根據契文和典籍、方言以追求其字本來的音讀，然後才斷定它的詞義，自以為較之王說更為明確。

釋庶

說文：「庶，屋下眾也，从广炗，炗古文光字。」段玉裁注：「諸家皆曰庶眾也，許獨云屋下眾者，以其字从广也。」王筠說文句讀：「广下之光，照徹四壁，有眾意焉。古文光廣通用。又木部桄：充也，廣大充滿，皆有庶意。」林義光文源：「按光字諸彝器皆不作炗，庶、眾也，古作㢈，从火石聲，从火取眾盛之意。」林氏據金文糾正了說文對庶字偏旁結構的錯誤分析，提出了庶字「从火石聲」，這是對的。但仍因襲舊解而以「从火取眾盛」為說，殊有未當。

甲骨文庶字作、、（珠九七九、京津二六七四）等

形，舊不識。甲骨文石字作ㄗ或𠙵，西周金文石字則變形作[厂口]。故孟鼎庶字作[厂火口]。東周金文者沪鐘庶字作[厂火口]，故説文作庻。

林氏謂庶字是「从火石聲」的形聲字，有其正確的一面。孟子盡心：「蹠之徒也」，音義引張音：「蹠與跖同」；説文拓之或體作摭；説文「樜木」山海經北山經作「柘木」；説文「藷，藷蔗也」，司馬相如子虛賦作「諸柘」，均可證庶从石聲。

但是，庶字之所以从火从石，則是一个懸而未決的問題。其實，用火燒熱石頭以烙烤食物，或以燒熱的石頭投于盛水之器而煮熟食物，則是原始人類普遍采用的一種熟食方法。這在一些少數民族中曾經沿用了相當長的時間。例如：「閔皮考人調製食物的技術是站在頗高的階段之上，從前面説過的可以知道，他們已經懂得用水煮肉和根莖。……不過肉類不常煮食，大半是在火上用燒串烤炙，或夾在兩塊熱石間燒烤。藷蘋也常放在熾灰中烤炙的，或者切成小塊，包以樹葉，放在熱石間燒烤。」（吳覺先譯經濟通史一三五頁）又如波里內西亞人，「最常用的炊爨方法是用熾熱的石塊，上蓋樹葉，再覆以土。先在地下掘小坑，中堆柴薪，視爐坑之大小，柴上置小石塊五十至一百枚，柴燃石紅，將熾石攤開，堆食物于石上。」（同上，五七三頁）我國松花江下游的赫哲人，「在用鐵鍋煮物以前，沒有知道制造陶器，在他們的傳說中……用極大的木盆一个，內盛水，將肉放在其中，以石塊燒紅，立刻浸入大盆水中，如是數次即水沸肉熟。」（凌純聲著松花江下游的赫哲族上册六五頁）根據上述事實，我們可以判定甲骨文从火从石的庶字，也就是煮字的初文。周禮秋官序官庶氏鄭注：「庶讀如藥煮之煮，」這是庶和煮音近字通之證。要之，古文煮字本作庻，即庶字。用水煮物之煮，用火炙肉之炙，均係後起的分化字。

甲骨文中庶與从庶之字文多殘缺，其中有兩條值得注意：

一、☐⿱宀⿱石火牛于☐（前六・三一・二）。

二、庚戌卜，貞，㞢（有）⿱众⿱石火（⿱众⿱石火）𪚔（秋），隹帝令侃〇庚戌卜，貞，㞢⿱众⿱石火𪚔，告□于丁。四月（前五・二五・一加綴合編八五）。

前一條言⿱宀⿱石火牛于☐，⿱石火是煮的本字，⿱宀⿱石火為⿱石火的孳乳字。因煮于室內故从宀，這是說煮牛于某。後一條之⿱众⿱石火即眾庶之庶的原始字，从众⿱石火聲。典籍多訓庶為多，也訓為豐，爾雅釋言謂「庶，侈也」，孫炎注謂「庶，豐多也」。是多與豐義相函。甲骨文的有⿱众⿱石火秋，是說有豐盛的秋收。書盤庚：「若農服田力穡，乃亦有秋。」「有秋」和「有⿱众⿱石火秋」語意相仿。

總之，甲骨文庶字是「从火石、石亦聲」的會意兼形聲字，也即煮之本字。凡會意兼形聲字，仍應屬形聲的範圍。庶之本義乃以火燃石而煮，是根據古人實際生活而象意依聲以造字的。但因古籍中每借庶為眾庶之庶，又別制煮字以代庶，庶之本義遂湮沒無聞。周禮鄭注雖讀庶如煮，已不知庶爲煮之本字。說文根據譌變後的字形，割裂庶字上邊的广解爲屋形，又把賸下的炗說成是古文光字，从而把从火石聲的形聲字曲解爲从广炗的會意字。漢以後遂沿譌襲謬，習焉不察。林義光雖認識到庶字是由火、石兩个偏旁所構成，但仍以爲庶之本義爲衆盛。其實衆庶之庶的本字，在甲骨文中作夓，从众夏聲。但後世以庶代夓，庶行而夓廢。這和風行而寉廢，星行而曐廢，地行而墬廢，靁行而䨓廢，雷行而靁又廢一樣，是合乎文字由繁趨簡一般規律的。

釋具有部分表音的獨體象形字

周禮保氏教國子六藝，「五曰六書」，六書之名始見于此。說文敘段注：「蓋有指事象形，而後有會意形聲。有是四者爲體，而後有轉注假借二者爲用。」按把所有文字劃分爲六个範畸的六書，段氏又把六書分析為四體二用，都有着一定的邏輯性。但是，六書中尤其是指事的界劃和轉注的解釋，自來議論分歧，糾纏不清，在此撇開不談。說文敘于象形舉日月為例，于形聲舉江河為例，可見象形和形聲是不難辨别的。四體中的形聲字最後出現，以其便于應用，故說文一書九千餘字，形聲字約佔七千以上，後世則越發衍化繁殖。就造字來說，形聲字是以形符和聲符相配合而成，似乎容易創造。但是，它之所以最後出現，還是有着發生發展的過程。形聲字的如何起源，自來文字學家都沒有作出適當的說明。我認為，形聲字的起源，是從某些獨體象形字已發展到具有部分表音的獨體象形字，然後才逐漸分化為形符和聲符相配合的形聲字。但在這一過渡期間之前，已經出現了兩个或幾个偏旁相配合的會意字，會意字的出現當然要先于形聲字。在會意字初步發展階段，即使出現了具有部分表音的獨體象形字，也不過是形聲字的萌芽而已。在會意字相當發展之後，形聲字才應運而出，會意字有時也附加聲符，則成為會意兼聲的字，當然也屬于形聲的範疇。現在就甲骨文中具有部分表音的獨體象形字以及它如何演化為形聲字，分條闡述之（周代金文也有兩个這一類型的字，因為它與甲骨文有着連帶關係，故附列于後）。

一，說文羌作羌，並謂：「羌，西戎牧羊人也，从人羊，羊亦聲。」按說文據已譌的小篆，誤分羌字為人與羊兩个偏旁。甲骨文前期羌字均作𦍌，乃獨體象形字（第五期羌甲之羌，偶有作𦍋者——前一·四一·七，周代金文因之），本象人戴羊角形，并非从羊。原始社會早期，人們為了獵取野獸，往往披皮戴角，裝扮成野獸的樣子，以便接近于野獸而射擊之。後來戴角逐漸普及為一般人的裝飾，以表示美觀。有的貴族婦女或部落酋長戴着雙角冠，以顯示尊榮。有的民族到奴隸社會甚至近現代，仍然保持着這種風尚（詳釋羌茍敬美）。至于說文謂羌从人羊，羊亦聲，已成為會意兼形聲，與造字原意不符。總之，𦍋為獨體象形字，上部作ᄊ形，既象人戴羊角形，同時也表示着以羊省聲為音讀（甲骨文的𦍋字从羊省作ᄊ者屢見）。但不能因此遂謂𦍋字為从人从羊省聲的形聲字。

二，說文：「姜，神農居姜水，因以為姓，从女羊聲。」按許說背于初文。甲骨文姜字作姜，和𦍋字的構形相仿，均為獨體象形字。姜字上部从ᄊ，既象女人戴羊角冠，同時也表示着姜字以羊省聲為音符。

三，甲骨文來字作朩，研契諸家均誤釋為往來之來。實則來字上部作禾省，下部為來省聲，後世代以从禾來聲的秾字而來字遂廢。說文：「秾，齊謂麥秾也，从禾來聲。」甲骨文以麥為大麥，以來為小麥（詳釋桼齎來）。來本為獨體象形字，但其下部作來字的省體，也表示了來字的音讀，然而不得謂為从禾來省聲的形聲字。

四，甲骨文眉字有的作𠕁形，象目上有眉形。又眉字也作[glyph]或[glyph]形，隸定作兜。兜字上部作𠕁，象人的眉形，這和[glyph]之上部作𠕁，象橫目以視，[glyph]之上部作[glyph]，象舉目以視，頗有相似之處。見兒兜三字都是獨體象形字，但是，見和兒的上部只是象目之橫與豎，而兜字的上部作𠕁，不僅象眉形，同時也表示着兜字的音讀。

五，說文：「麋，鹿屬，从鹿米聲。麋冬至解其角。」急就篇的「貍兔飛鼯狼麋麚」，顏注：「麋似鹿而大，冬至則角解。目上有眉，因以為名也。」甲骨文麋字作[glyph]或[glyph]，其頭部作𠕁或𠕁，和人的眉目之眉同形。後世代之以从鹿米聲之麋，于是麋行而兜廢。總之，毘本為獨體象形字，但其頭部作𠕁，也表示着毘字的音讀。

六，第一期早期𠂤組甲骨文，有「弗疒朕天」（乙九〇六七）之貞，天字作[glyph]。此外，第一期甲骨文从天的字，如子𡦹世譜的𢒈字（影印拓本，也見庫一五〇六），右从天作天。又奊字（乙三八四三）下从天作天。第一期晚期的天字也有作天或天者。甲骨文晚期天字習見，均作天，為了便于鍥刻，故上部化圓為方。商代金文天字，一般作天。天字構形的起源，是一个懸而未決的問題。說文：「天，顛也，至高無上，从一大」。後世說文學家和近年來古文字學家對天字的說法，聚訟分歧，甚至在六書歸屬問題上，也有指事會意象形之不同。令人困惑莫解。說文據已譌的小篆，而又割裂一與大為二字，其荒謬自不待言。又說文既訓天為顛，又訓顛為頂。按顛頂雙聲，真耕通諧，但以聲為訓，也解決不了它的造字本義。甲骨文早期的天字不多見，天形下部作夫，夫與大古通用，故甲骨文大甲也作夫甲。天字上部作○，或●，即古丁字，也即人之顛頂之頂字的初文。前文的弗疒朕天，是占卜人之顛頂之有無疾病。天本為獨體象形字，由于天體高廣，無以為象，故用人之顛頂以表示至上之義，但天字上部以丁為頂，也表示着天字的音讀。

七，說文：「須（俗作鬚），面毛也，从頁（首）从彡（所銜切）。」按甲骨文而字作□或□，即須字的初文（詳釋而）。周代金文始出現須字，作□或□（左右相連）。這是從獨體象形的而字，孳乳為附加首形的須字。由于而字假作虛詞（今文尚書和詩經中的而字常見），久假不歸，遂別造須字以代之。說文依據小篆把須字分化為「从頁从彡」，又誤以「毛飾畫文」之彡為偏旁，遂成為會意字。其實，即使後來分化為二，也當作「从頁彡（讀須）聲」的形聲字。這和上一條的來變為䅘同例。總之，須本為獨體象形字，但其所連接的三邪劃，也表示着須字的音讀。

八，甲骨文和周代早期金文，均以□或□（隸變作無）為舞。東周器余義鐘以訶遝為歌舞。遝字从辵，以表示行動，但遝字後世並未通行。甲骨文以亡為有無之無，而周代金文則多借無為有無之無。説文訓無為豐，訓𣞤（後起字）為亡，均與造字本義不符。説文舞字作舞，並謂「舞樂也，用足相背，从舛無聲。」説文繫傳：「舛，兩足左右也，兩足左右蹈厲也。」按許氏不知缺疑，本諸小篆，割裂舞字形體以為之解，乖謬之至。早期古文未見舞字。近年來房山縣琉璃河西周燕墓出土之圓盤形銅器上有「匽侯舞昜」四字，舞字作[illegible]，上部象人兩字執舞器，下部象兩足均有足止（趾），用以表示手舞足蹈之形。這是由無字孳乳為舞，成為舞字的初文。所謂「中流失船，一壺千金」。古文早期之人形，从止（趾，下同）與否本來無別但後期則不盡然，比如周器穆公鼎的舞作[illegible]（甲骨文之炎字作炎），是其例。然而説文也把舞字割裂為「从炎舛」。古文無與舞均用作舞蹈字，只是有早晚期之別而已。周代多借無為有無字，因而別制舞字以為區別。總之，後起的舞為獨體象形字，其上部既象左右執舞器，同時也表示着舞字的音讀。

依據上述，前八條的羌、姜、來、兕、⿱罒比、天和須、舞等字，除天字外，其它各字後世都分化為形聲字。其中⿱罒比字，後世則代以从鹿米聲的麋。但它們在未分化為形聲字以前，和天字相同，都是具有部份表音的獨體象形字。總之，具有部分表音的獨體象形字，是界乎象形和形聲兩者之間，可稱作「獨體形聲」，這類文字可能將來仍有發現。由此看來，本文對于六書的範疇，已經初次作出突破。

甲骨文字釋林附錄

釋古文字中附劃因聲指事字的一例

海城于省吾撰

說文解字敘：「指事者，視而可識，察而見意，上下是也。」按上下二字以及一至九的紀數字，都屬于抽象指事。指事屬于六書之一。六書者，乃後人用歸納方法把所有文字劃分為六个範疇。六書中的象形會意和形聲尚易辨認。而自來說文學家對于指事的說法，頗多分歧，在此不煩引述。象形和指事之別，物有形，故可象，事無形，故須有所指以見意。會意與指事之別，會意是由兩个或兩个以上的獨立偏旁所組成。而指事字的構成，有的連一个獨立偏旁也不具備，而由極簡的點劃所構成，這是原始的指事字；有的僅有一个獨立的偏旁，而附以并非正式偏旁的極簡單的點劃以發揮其作用，這是後起的指事字。本文所論證的是：「古文字中附劃因聲指事字的一例」。這一類型的指事字，雖然也有音符，但和一般形聲字都為一形一聲兩个正式偏旁所配合的迥然不同。本文所論列的指事字，和前人的說法雖然也有偶合之處，但不盡相同，而且，前人還未曾發現這一通例。這一類型指事字的特徵，是在某个獨體字上附加一種極簡單的點劃作為標志，賦予它以新的含意，但仍因原來的獨體字以為音符，而其音讀又略有轉變。這當然是陸續後起的指事字。現僅就一時所知，分條予以闡述。

史——吏。說文：「史，記事者也，从又持中，中，正也。」又：「吏，治人者也，从一从史，史亦聲。」又：「事，職也，从史之省聲。」又：「使，伶也，从人吏聲。」按古文字吏與事同字，有時與史通用。古文無使字，使乃後起的分化文。吳大澂說文古籀補謂史字象「手執簡形」。江永周禮疑義舉要：「凡官府簿書謂之中，……其字从又从中，又者右手，以手持簿書也。」王國維釋史從江永說，而謂：「是中者盛筭之器也」。按吳江王三氏之說都不可信。古文字中與中迥別，中字卜辭屢見，乃叓字的省文，與事字通用。其造字本義待考。依據說文則吏為會意兼形聲字，事為形聲字。甲骨文的吏與事均作叓，既不从一，也不从之，則許說不攻自破。史與吏的初文，自應以甲骨文為準。叓字的造字本義，係于叓字豎劃的上端分作兩叉形，作為指事字的標志，以別于史，而仍因史字以為聲。

東——東。甲骨文東字作東。東字并非从日，通常作東，中期有時作東或東。說文東作東，并謂：「東，縛也，从口（音圍）木。」說文東作東，并謂：「東，動也，从木。官溥說，从日在木中。」段注：「木，榑木也，日在木中曰東。」朱駿聲說文通訓定聲：「从日在木中，會意。木，叒木，榑桑也。離騷折若木以拂日。」按段朱二氏均傅會許說，毫不足據。林義光文源：「古日作⊙不作⊖。」又引金文偏旁東東互作，并謂：「東與東同字，東東雙聲對轉，東聲之竦亦轉入東部。四方之名，西南北皆借字，則東方亦不當獨制字也。」按林說甚是，但還不知東為指事字。甲骨文東與東每互作，例如：東方之東也作東（南北師二·五六，此例屢見），曩字或从東（乙三四七八，此例屢見），是其證。東字的造字本義，係于東字的中部附加一横，作為指事字的標志，以別于東，而仍因東字以為聲。

東——重。說文重字作重，並謂：「重，厚也，从壬東聲。」按許氏據已譌的小篆為解，故誤為从壬。甲骨文無重字，而量字从重多作東，也有从東者（詳釋量）。周代金文的中甗和克鼎，量字也均从重作東，與甲骨文形同。又東周器陳侯因資錞「叀（紹）緟高祖黃啻（帝）」之緟，說文作緟。重字的造字本義，係于東字上部附加一个横劃，作為指事字的標志，以別于東，而仍因東字以為聲。

月——夕。說文月字作，並謂：「月，闕也，太陰之精，象形。」說文夕字作，並謂：「夕，莫也，从月半見。」段注：「旦者日全見地上，莫者日在茻中，夕者月半見，皆會意象形也。」王筠說文句讀：「黃昏之時，日光尚在，則月不大明，故曰半見。」林義光文源：「夕月初本同字，暮時見月，因謂暮為月，猶晝謂之日，夜晴謂之星也。後分為二音，始於中加一畫為別，而加畫者乃用為本義之月，象月形者反用為引伸義之夕。」以上所引各說，林說有一定的道理，其餘都係望文生義，無一可取。月與夕之別雖然只爭一劃之有無，但也是文字學上的千古疑案。林氏已經看出這一疑案的是非，而不知其根本原由。甲骨文由第一期到第四期，月字作或，夕字作或，而第五期的月字作或。夕字作或。雖然前後期的月與夕也偶然有時相混，但畢竟是個別的現象。至于西周金文的月字均作，夕字均作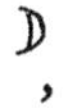，兩者互作是極為个別的，而

在偏旁中則互見較多。西周金文月夕二字之所以顛倒，是由于沿襲了甲骨文的晚期作風，一直到小篆仍然如此。話又説回來，為什麼甲骨文前四期的夕字在月字中間加一豎劃？夕字在六書中屬于哪个範疇？我認為，月本有形可象，夕則無形可象，故夕字的造字本義，乃于月字的中間附加一个豎劃，作為指事字的標志，以別于月，而仍因月字以為聲。

白——百。説文：「百，十十也，从一白。數，十百為一貫，相章也。」按百字从一白，已與初文相背。戴侗六書故：「百也當以白為聲。」林義光文源：「古作百，當為白之或體，八∧皆象薄膜虛起形。」戴説較舊解為優，但誤認為形聲，與造字本義不符。林説殊誤。甲骨文第一期早期的百字作百，稍後又孳乳作百，也省作百。此外，甲骨文還有借白以為百者，如「三白羌」（燕二四五）即三百羌。百字的造字本義，係于百字中部附加一个折角形的曲劃，作為指事字的標志，以別于白，而仍因白字以為聲。

人——千。說文千字作𠆤，並謂：「千，十百也，从十人聲。」按甲骨文千字作𠂉或𠂈，金文同。許氏不知古文十作丨，七作十，而割裂千字的下部，誤以為从十百之十。孔廣居說文疑疑：「千當訓从一人聲，十百千皆數之成，故皆从一。」孔氏謂千从人聲是對的，但以數之成為言也誤。千字的造字本義，係在人字的中部附加一个橫劃，作為指事字的標志，以別于人，而仍因人字以為聲（人千疊韻）。

又——尤。說文尤字作𡯒，並謂：「尤，異也，从乙又聲。」說文繫傳：「乙者欲出而見閡，見閡則顯其尤異也。」徐灝說文段注箋：「尤，過也，从乙，艸木出土也。物過盛則異於常，是曰尤。」林義光文源：「又象手形，乙抽也，尤異之物自手中抽出之也。」許氏據已譌之小篆，誤認尤字从乙，又誤認為形聲字。至于其他三家之說，也均紆回不通。甲骨文尤字習見，作□或□，金文作□，上部皆从横劃或邪劃，下部右側無从乙者。尤字的造字本義，係于□字上部附加一个横劃或邪劃，作為指事字的標志，以别于又，而仍因又字以為聲。

弓——弘。説文弘字作□，並謂：「弘，弓聲也，从弓厶聲。厶古文肱字。」許氏誤以弘為形聲字。甲骨文弘字作□或□，西周金文作□。其弓背隆起處乃弓的高出部分，故典籍多訓弘為高為大，高與大義相因。金文弘字的右側已由邪劃變為彎劃，而小篆的彎劃又與弓形分化為二，故作弘。□字的造字本義，係于弓背隆起處附一个邪劃，作為指事字的標志，以别于弓，而仍因弓字以為聲。

矢——寅。説文：「寅，髕也，正月陽氣動，去黄泉，欲上出，陰尚彊，象宀不達，髕寅於下也。」按許氏據形譌的小篆妄為之解，而自來説文學家仍拘泥許説，加以緣飾。近代文字學家多援引金文為説，均無是處，無須列引。甲骨文早期干支的寅字均作矢，即古矢字。後來一變為寅寅寅寅，再變為寅寅。金文早期作寅寅寅寅，晚期作寅寅寅。總之，寅字的初文，係借用弓矢的矢字，所謂造字假借，這和借雚（鳳）為風，借𠬝為報同例。古音矢與寅雙聲，矢屬審紐三等，寅屬喻紐四等，并讀為舌頭。本諸上述，則寅字的造字由來，假借弓矢之矢以為寅。後來因為矢與寅用各有當，故于矢字的中部加一方框，作為指事字的標志，以別于矢，而仍因矢字以為聲。當然，寅字後來譌化滋甚，與矢字大有出入，已脫離了指事字的範疇。

用——甬。說文用作用，并謂：「用，可施行也，从卜中，衛宏說。」又甬作甬，并謂：「甬，艸木華甬甬然也，从马用聲。」按許氏釋用和甬，根本不可靠。甲骨文用字的初文作用，即古桶字，後來又變為用（詳釋用），西周金文車器「金甬」之甬屢見，均作甬，後來又變為甬。江小仲鼎的「自作甬鼎」，曾姬無卹壺的「後嗣甬之」，均以甬為用。甬字的造字本義，係于用字上部附加半圓形，作為指事字的標志，以別于用，而仍因用字以為聲。

口——甘。説文：「甘，美也，从口含一，一道也。」按許説不足為據，而自來解者又附和之，訓道為味道。甘字説文繫傳以為指事，這是對的。王筠説文句讀謂「以會意定指事字」，朱駿聲説文通訓定聲謂「會意兼指事」，俞樾兒笘錄以為象形。以上各説，無一可通。甲骨文甘字作□，用作地名。甘之訓美見于周代典籍。古化文甘丹（邯鄲）之甘作□。甘字的造字本義，係于口字中附加一劃，作為指事字的標志，以別于口，而仍因口字以為聲（甘口雙聲）。

母——每。説文每作□，并謂：「每，艸盛上出也，从屮母聲。」按許説不足為據，而自來文字學家并無異議。甲骨文母與女互用無別。甲骨文每字作□或□，後來又變作□。甲骨文每字既不从屮也不作艸盛用，艸盛乃後起之義。甲骨文每字多用作悔吝之悔或晦冥之晦。每字的造字本義，係于母字的上部附加一个〉劃，作為指事字的標志，以别于母，而仍因母字以為聲。

毋——毋。說文毋字作𢀩，并謂：「毋，止之也，从女有奸之者。」禮記曲禮的「毋不敬」，陸氏釋文：「說文云，止之詞。其字从女，内有一畫，象有姦之形，禁止之勿令姦。」按許說荒謬，而陸氏還予以附會，自來說文學家又隨聲附和，遂成定論。甲骨文和金文均借用母字以為否定詞之毋。詛楚文的「葉萬子孫毋相為不利」，毋字作毋。古鉨文作毌，秦權和詔版毋字習見。毋字的造字本義，係把母字的兩點變為一个横劃，作為指事字的標志，以别于母，而仍因母字以為聲。

亼——今。說文：「今，是時也，从亼乀，乀，古文及。」段注：「會意。乀，逮也，乀亦聲。」王筠說文句讀：「今與亼乀皆平入疊韻。是亼乀皆義又皆聲也。」徐灝說文段注箋：「乀即乙字，屮木冤曲難出之義。」林義光文源謂亼「即含之古文。亼為口之倒文，亦口字。亼象口含物形。」按今字甲骨文早期作亼，後期作亼，金文作亼或亼。甲骨文作亼，為今字的初文，然則說文以為从乀，以及諸家的解說，均失去了依據。我認為，今字係从一亼聲（詳釋亼），說文：「亼，三合也，从入一，象三合之形，讀若集。」按說文从入一之說，殊誤。亼與集疊韻，均屬緝部。今字的造字本義，係于亼字的下部附加一个橫劃，作為指事字的標志，以別于亼，而仍因亼字以為聲。

小——少。說文：「小，物之微也，从八丨，見而分之。」又：「少，不多也，从小丿聲。」又：「尐，少也，从小乀聲，讀若輟。」按許氏釋小少尐三字並誤。甲骨文小與少同用，後世分化為二字。甲骨文小字作小，既不从八也不从丨。小字作三小點以表示物之微小。甲骨文少字作小，無从丿者。果如許說，則小為會意字，少與尐為形聲字，均背于初文。少字，春秋時金文鄘侯簋作少，弓鎛作少，蔡侯鐘作少，都是後起的變形。其中少字作少，本來反正無別。本諸上述，則少字的造字本義，係于小字下部附加一个小點，作為指事字的標志，以別于小，而仍因小字以為聲。

从——并。說文：「幷，相從也，从从幵聲。一曰，从持二為幷。」徐灝說文段注箋：「幷不得用幵為聲。从持二干會意，於義為長。」林義光文源：「幵非聲，二人各持一干，亦非并聲。秦權量皇帝盡并兼天下，并皆作𠀤，从二人並立，二并之象。」按許氏分為兩種說法，徐氏以為會意，均誤。林說較優，但也不夠明確。甲骨文并字作𠀤、𠀤或𠀤。并字的造字本義，係于从字的下部附加一个或兩个橫劃，作為二人相連的指事字的標志，以別于从，而仍因从字以為聲（東耕通諧）。

高——喬。說文喬字作喬，並謂：「喬，高而曲也。从夭从高省。」按許說殊誤。據古文字則喬字既不从夭，也不从高省。喬字東周金文邵鐘作□。曾伯陭壺的鐈字从喬作□或□。喬字的造字本義，係于高字上部附加一个曲劃，作為指事字的標志，以別于高，而仍因高字以為聲。

大——太。說文：「泰，滑也，从廾水，大聲。□，古文泰如此。」段注：「當作□，从□取滑之意也。」許說和段注均不可據。春秋時器韶塤「太室」之太作□。太字下从八，依大字下部的空隙，因形隨勢而作曲劃。這和甲骨文百字作□，也因白字上半三角形的空隙而加八是相同的。太為大的後起字。典籍中太與大每同用，又訓太為大之極為甚。由於用各有當，以致分化。太字的造字本義，係于大字下部附加一个折角形的曲劃，作為指事字的標志，以別于大，而仍因大字以為聲。

言——音。說文：「言，直言曰言，論難曰語，从口辛聲。」又：「音，聲也。……从言含一。」按甲骨文言字作□，在偏旁中則作□或□（詳釋設）。許氏誤認為形聲字。甲骨文有言無音。西周金文音字作音，與言字作言者互用無別，後來由于用各有當，因而分化。音字的造字本義，係于言字下部的口字中附加一个小横劃，作為指事字的標志，以別于言，而仍因言字以為聲（言音古通用，詳鄂君啟節考釋）。

言——𠶷。說文：「𠶷，快也，从言从中。」又：「𢡃，滿也，从心𠶷聲。一曰，十萬曰𢡃。」按許氏誤以𠶷為从中。𠶷即十萬曰𢡃之𢡃的初文，俗字作億。甲骨文的劃字从𠶷作𠶷（京都三〇一六），弔□鼎（西清二．二七）的「其萬𠶷年」，𠶷字作𠶷，命瓜（令狐）君壺的「至于萬𠶷年」，𠶷字作𠶷，从⊙音聲。⊙形中的點乃羨劃，古文字乘隙加點或劃者習見。甲骨文有言無音，往往以言為音，讀為歆饗之歆，周代金文的言與音以及偏旁中从言从音，每互作無別。漢魯峻碑的「永傳𠶷年」，孔宙碑的「𠶷載揚聲」，均以𠶷為億，猶存古文。𠶷字的造字本義，係于言字中部附加一个圓圈，作為指事字的標志，以别于言，而仍因言字以為聲（言音古同用，音億雙聲）。

氏——氐。甲骨文氐字只一見，作𠂆（後下二一·六，辭已殘）。又甲骨文氐字習見，作𠂆或𠂆，余舊誤釋為氏。甲骨文𥁕字常見，从氐作𠂆也作𠂆。由于鍥刻不便作實點，故氐字之點皆作𠂆形。周代金文氐字多作𠂆，其點皆在竪劃或邪劃的中部。後来變點為横則作𠂆，但無論點或横，從沒有在氏字下部者。石鼓文「其簻氐鮮」之氐作𠂆。周器害簠的𥁕字，从氐作𠂆。說文氐作𠂆，并謂：「氐，至也，本也，从氏下箸一，一，地也。」按氐字下部本从點，後世變點為横，許氏遂誤以為从一。典籍氐字多通底，爾雅釋言：「底，致也。」說文：「致，送詣也。」書禹貢的「覃懷底績」，史記夏本紀底作致。按凡物由彼送至此為致。甲骨文氐字訓為致，于義均可通。氐字的造字本義，係于氏字竪劃或邪劃的下部附加一點，作為指事字的標志，以别于氏，而仍因氏字以為聲（氏氐雙聲）。

止——世。甲骨文笹字只一見，作𦬁形（續存上一二三七，辭已殘），舊不識。按笹字从竹世聲，世字作𠀍，需要加以說明。說文世字作丗，并謂：「世，三十年為一世，从卅而曳長之，亦取其聲也。」段注：「曳長之謂末筆也。末筆曳長，即為十二部之乀，从反厂，亦是抴引之義。世合卅乀會意，亦取乀聲為聲，讀如曳也。」林義光文源：世「當為葉之古文，象莖及葉之形。草木之葉重累百疊，故引伸為世代之世。」按許說出諸杜撰，段氏還阿附其說，林氏又以草木莖葉為解，這都無異後世的拆字和猜謎，毫無道理。其實，周代金文有的以止為世（伯尊），有的以祉（从止聲，見構簋）為世，可見止與世有時通用。又世字師晨鼎和師遽簋作𠁣，寧簋作屮，在止字上部加一點或三點，以表示和止字的區別。石鼓文世字作丗，變三點為三橫，為說文所本。此外，最引人注意的是，周器祖日庚簋「用笹亯孝」的笹子作𥫗，和甲骨文的𦬁字完全相同，只是其三點有虛實之别而已。笹字雖然不見于後世字書，但篕文以笹為世，也證明了笹从世聲，與世同用。因此可知，世字的造字本義，係于止字上部附加一點或三點，以别于止，而仍因止字以為聲（止世雙聲）。

除上述外，還要加以說明的是，各个附劃因聲指事字，在沒有附加點或劃以前和既已附加點或劃以後，有的仍然同用，并非完全等齊劃一，判然分為兩个字。例如文中所闡述的史與事，月與夕，朿與東，東與重，白與百，用與甬，小與少，言與音，止與世等，是其證。本文論證的結果，可以概括為三項：一，附劃因聲指事字，是由于文字孳乳愈多而采取了因利乘便的方法，在獨體字上附加極為簡單的點劃，作為區别，既可以達到指其事的目的，而又因原字以為聲符，一舉兩得。二，附劃因聲指事字所附加的各種點劃，只是起着記號的辨别作用，既不成為偏旁，當然也不是个獨體字。自來說文學家把屬于這種類型的指事字，有的不知道它具有聲符，而誤作會意；有的知道它有聲符，而誤作形聲；有的也以為指事字，而和會意或形聲字界劃不清。三，附劃因聲指事字的發現，不僅尋出了一个重要的通例，而更重要的是，可以徹底明瞭這些指事字的創造由來。

釋𠙵、吕兼論古韻部東冬的分合

第一期甲骨文有𠙵字，也作𠙵，它是雝（說文譌作雝，隸變作雍）的原始字。有的作地名用，也作為祭名的饔字用（詳釋𠙵）。甲骨文中又另有吕字，作地名用，但無作祭名用之例。西周金文中「赤◎市」習見，◎即雝字（詳拙著古文雜釋釋赤◎市）。凡赤◎市之◎，無一作吕者。至于西周金文中的吕字，用作為國名或氏名，如班簋之「吕伯」，靜簋之「吕剛」。晚期或孳乳為郘。凡金文吕國或吕氏之吕，從無作◎者。又金文中常以吕為金屬名，均作○○，未有作⊖者。甲骨文中也有「鑄黄吕（鋁）」之辭（金五一一），吕作吕。以上可證⊕、吕二字形音義本來有别，至于甲骨文變圓作方形，乃因鍥刻之便。

據一時推測，⊖字本象連環形。故其孳乳為雝以及从雝的字如饔、雝、廱、雍、灉、攤等，均有合和貫通之義，即由連環之義所引伸。至于吕字初文作○○，則象兩環相偶，當係伴侶之侶的初文。

但是，自商末以來，偏旁或合文中的⊕，已有譌作吕者。如甲骨文和商器俗于宫尊的宫字均作□，但多有變為从吕之□者。西周金文的宫字則均从○○。又如甲骨文中之雝，原均从⊕作□，西周金文則變為从○○而作□。吳其昌殷虛書契解詁認為「雍己」一名晚期甲骨文合文作□、□，其説精確不磨，已為研契諸家所公認。其从口者猶象兩環相連，而从吕者則以其分列于己字的上下。凡此諸例中所从之吕或○○，與吕字初文源異而流混，這是需要加以辨别的。

⊖字在西周金文中的「赤⊖市」還保持原形。而其孳乳的雝字則在西周金文中已變作从吕。説文：「邕，从巛邑，讀若雝，籀文作𡿺。」按説文邕字所从之邑，乃吕形之譌。晚周的古鉨文與古化文，吕和从吕的字作吕形，邑和从邑的字作㔾形者常見，故兩者由于形近而易譌。至于从巛（川）則與从水同。説文籀文𡿺从吕，尚與西周古文合，但究其本源，則从吕乃从⊖之譌變。

吕字，小篆變作吕。説文據小篆為説，訓吕為「脊骨」，篆文作膂。段注：「吕象顆顆相承，中象其系聯也。」按先秦古文的吕字中間從沒有相連的直劃，漢印中吕字無直劃者也習見。如係脊骨，則不應作斷梁形。故許氏之臆説不攻自破。脊骨之訓當以説文所引篆文膂為其本字。

説文釋躳為「从吕从身」（俗作躬），是以躳為會意字。

然吕既不象脊骨，則躳字無由从之以會意。故躳之从吕，自係从8之變，本應為从身8聲之形聲字。說文又釋宫為从宀躳省聲，殊不知甲骨文宫字本从宀⊞聲。後世作从吕，亦是从⊞之變。許氏不知古代本有8字，既誤釋躳為會意字，又誤以躳省聲為宫之音符，所謂一錯再錯，而從來却無人道破這一點，今特為之糾正。

附帶說一說，說文釋⿱穴⿰身巴為「从邑竆省聲」，以為夏后時諸侯夷羿國。按⿱穴⿰身巴字从⿰身巴，⿰身巴所从之邑，亦吕形之譌，猶⿱巛吕之譌為邕。故⿱穴⿰身巴即「从穴躳聲」的竆字之譌，並非別有國名專用的⿱穴⿰身巴字。

總之，說文邕字應改為「从巛8聲」，凡从邕聲之字，如雝、饔、壅、癰、廱、灉、擁等，亦均由8而得聲。其字應改从邕為从⿱巛吕。說文躳字應改為「从身8聲」，宫字應改為「从宀8聲」，凡說文以為从躳聲之字，亦均由8而得聲。此外，說文中凡从呂聲之字，如莒、筥、梠、閭等，均應改作从呂聲，讀如旅。總之，由于从𠙴或⑧的字已譌變為从呂或从邑，而𠙴或⑧形後世已廢止不用，故說文中對于从⑧或从吕的字誤解叢出，糾結莫辨。今以古文字為依據，溯源尋流，加以辨正。

孔廣森詩聲類說：「蓋東為侯之陽聲，冬為幽之陽聲。今人之溷東于冬，猶其并侯于幽也。蒸、侵又之、宵之陽聲。故幽、宵、之三部同條，冬、侵、蒸三音共貫也。宋儒以來，未睹斯奧，惜哉。」其自負和自信之堅如此。自孔氏以後，音韻學家認為他的別冬于東和陰陽對轉之說是古韻學上的兩大發明。唯王念孫主張東、冬不分，他與江晉三論韻書說：「孔氏分東、冬為二，念孫亦服其獨見。然考蓼蕭四章，皆每章一韻，而第四章之沖沖雝雝既相對為文，則亦相承為韻。孔以沖沖韻濃，雝雝韻同，似屬牽強。旄邱三章之戎東同，孔謂戎字不入韻。然蒙戎為疊韻，則戎之入韻，明矣。左傳作尨茸，亦與公從為韻也。又易彖傳象傳合用者十條，而孔氏或以為非韻，或以為隔協，皆屬武斷。又如離騷之庸降為韻，凡若此者，皆不可析為二類，故此部至今尚未分出。」（王氏晚年才主張東、冬分立，見王氏與丁履恒書，和國學季刊五卷二號陸宗達之王石臞先生韻譜合韻譜稿後記。劉盼遂不以此說為然，辨見文字音韻學論叢三二三頁）

孔氏既主張東、冬分立，江有誥又曾進一步加以申論。他覆王石臞先生書說：「東每與陽通，冬每與蒸侵合，此東、冬之界限也。」按東、冬同屬合口洪音，收音又同為ng。覈以先秦典籍的押韻實際情況，則王氏之說是始終可以成立的。在王氏之後，王國維和他的高足劉盼遂也認為東、冬不應該分立，說詳文字音韻學論叢二八四頁。

孔廣森詩聲類把雝、廱、饔三字列入東部，又把宮、躳、竆三字列入冬部。但前文既分析出宮、躳、竆和雝、廱、饔等字都以𠂤字為基本音符，然則即使依照孔廣森東、冬分立之說，則同从𠂤聲之字也不能分屬兩部，這是可以肯定的。然而在宮、船、竆三字劃歸東部之後，則東冬之合用更十分突出了。

詩經中押東部韵者四十三見，今不備列。押冬部韻者五見：一，蟲螽忡降（草蟲一章），二，仲宋忡（擊鼓一章），三，蟲螽忡降仲戎（出車五章），四，中降（旱麓二章），五，潨宗宗降崇（鳧鷖四章）。東、冬合韻者十三見，其不與宮、船、竆為韻者六見：一，襛雝（何彼襛矣一章），二，戎東同（旄丘三章），三，濃沖雝同（蓼蕭四章）四，功崇豐（文王有聲二章），五，崇功（烈文），六蜂蟲（小毖）。而其與宮船竆為韻者凡七見，以及老子、莊子、楚辭、易傳等書中與宮船竆為韻者，今并分列于下（其加△符號者，舊以為屬冬部，今皆應劃歸東部）：

詩經：一，中宮△（采蘩二章），二，冬竆△（谷風六章），

三，躳△中（式微二章），四，中宮△、中宮△、葑東庸
中宮△（桑中一、二、三章），五，中宮△（定之方中
一章），六，蟲宮△宗臨（侵部）躳△（雲漢二章），
七，中躳△（召旻六章）

老子：一，竆△中（虛用），二，沖竆△（洪德）

莊子：一，中竆△（齊物論），二，竆△終（在宥），三，
竆△宗（田子方），四終竆△（知北游）

楚辭：一，降中竆△儀（九歌雲中君），二，宮△中（九歌
河伯），三，躳△降（天問），四，中竆△（九章涉江），
五，忠竆△（卜居），六，衆宮△（招魂），七，降宮△
（風賦附）

易傳：一，中竆△（蹇彖傳），二，戎竆△終（夬彖傳），
三，中竆△（困彖傳），四，竆△中（井彖傳），五，
中竆△（漸彖傳），六，中竆△（既濟彖傳），七，中

竆終（坤象傳），八，竆中（大壯象傳）。九，中竆（節象傳），十，終竆（雜卦傳）

依據上述，則舊以為押冬部韵的宮、船、竆三字均應隸屬東部，這正是冬部不能獨立而應併于東的明徵。此外，西周金文的頌鼎、善夫山鼎、此鼎、追簋等，均以「霝冬（終）」與「子子孫孫永寶用」為韻。這也足以證明東、冬之不分，西周也是如此。

總起來說，由于古韻冬部字本來就很少，如果以原始音符相同為據，再把宮、船、竆與雝、廱、饔等字歸屬東部，則冬部已無由成立。所以本文才肯定了王念孫東、冬不分的主張，同時也否定了孔廣森以來東、冬分立的主張。而近人多以分為沒有問題，這是因為局限于說文的形體已譌的諧聲，而不從事探索古文字原始音符的緣故。

于省吾先生著述年表*

凡例：

一、本表臚列于省吾先生著述，先專著，後文章，各以刊發時間為先後，月份未詳者置於最末，寫作時間括注於題下。

二、會議論文以論文集出版時間爲準。為他人著作所作序跋未單獨發表者，以隨所在著作首次刊行時間爲準，隨著作再版而重見者不單列。《春游瑣談》中隨筆六則具體創作年份不可考，以全書正式出版時間爲準，附於一九八四年。

三、囿於見聞，先生專著臺灣地區重版信息一時難以搜全，今就所知見信息以年編次，別爲一表附焉，以俟來日增補。

一九二六年

專著一種：

《未兆廬文鈔》三卷一冊，鉛印本。收錄自一九一六年至一九二五年所作桐城派古文五十六篇，及姚永概、王樹楠、吳闓生、吳辟疆等桐城名家品題。《自序》云：『恐其散逸無以省覽，印以代鈔，與梓集問世者不同。』

---

* 本年表由樂游撰寫。

一九二八年

文章一篇：

十一月，《奉天萃升書院記》，刊於羅繼祖：《于省吾〈奉天萃升書院記〉並書後》，《遼海文物學刊》一九九三年第二期。又收入王慶祥選編《羅繼祖絶妙小品文》，時代文藝出版社一九九八年六月，二一六至二一八頁。

一九三三年

專著一種：

《雙劍誃吉金文選》，北平大業印刷局。

一九三四年

專著二種：

五月，《雙劍誃吉金圖録》，北平琉璃廠來薰閣。

十二月，《雙劍誃尚書新證》，北平大業印刷局。

文章一篇：

十二月，《四國多方攷》，刊於《考古學社社刊》第一期，三十八至四十三頁。

一九三五年

文章七篇：

一月，《〈古文聲系〉序》（一九三四年十月），刊於孫海波《古文聲系》，北平來薰閣影印。

二月，《〈衡齋金石識小録〉序》（一九三四年十一月），刊於黄濬《衡齋金石識小録》，北平彩華珂羅版印刷局。

五月，《〈十二家吉金圖録〉序》（一九三五年三月），刊於商承祚《十二家吉金圖録》，金陵大學中國文化研究所叢刊甲種，以燕京學社經費印行，北平彩華、啟新印刷局。又收入《金文文獻集成》第二十冊。

七至八月，《〈續殷文存〉序》，刊於《國立北平圖書館館刊》第九卷第四號，七頁。又見王辰《續殷文存》，考古學社專集第五，北平大業印刷局一九三五年十二月。

九月，《〈詩·綿〉篇「來朝走馬」解》，刊於《禹貢》第四卷第二期，十三至十四頁。

十二月十六日，《泗濱浮磬考》，刊於《禹貢》第四卷第八期，一至三頁。

十二月，《〈易·説卦〉巽「為寡髮」解》，刊於《考古學社社刊》第三期，一一七至一一九頁。

一九三六年

專著一種：

四月，《雙劍誃詩經新證》，北平大業印刷局。

文章十二篇：

一月三十日，《〈易·益卦〉六四「利用為依遷國」解》，刊於《北平晨報·思辨》第二十六期。

二月七日，《豫卦古義》，刊於《北平晨報·思辨》第二十七期。

二月十七日，《釋賁》，刊於《晨報》。

三月六日，《〈井〉九三「王明並受其福」解》，刊於《北平晨報·思辨》第三十期。

三月二十七日，《〈坎〉六四「樽酒簋貳用缶納約自牖終无咎」解》，刊於《北平晨報·思辨》第三十二期。

三月，《〈周頌〉「彼徂矣岐有夷之行」解》，刊於《禹貢》第五卷第一期，二十一至二十二頁。

四月二十七日，《〈說卦〉兑「為附決」解》，刊於《北平晨報·思辨》第三十五期。

四月，《〈尊古齋所見吉金圖（初集）〉序》（一九三六年一月），見黃濬《尊古齋所見吉金圖（初集）》，北平彩華珂羅版印刷局。

五月，《〈段王學五種〉序》（一九三六年五月），刊於劉盼遂《段王學五種》（又名《百鶴樓叢著》），北平來薰閣影印。又見段玉裁著，鍾敬華點校《經韻樓集（附年譜補編）》，上海古籍出版社二〇〇八年四月，四二五至四二六頁。

六月，《井侯毁考釋》，刊於《考古學社社刊》第四期，二十二至二十五頁。

十二月，《碧落碑跋》，刊於《考古學社社刊》第五期，五十八頁。

十二月，《〈春秋名字解詁〉商誼》，刊於《考古學社社刊》第五期，二七一至二七九頁。

十二月，《老子新證》，刊於《燕京學報》第二十期，二四五至二六二頁。（與《雙劍誃諸子新證》中《老子新證》條目上有差異。）

一九三七年

專著二種：

五月，《雙劍誃易經新證》，北平大業印刷局。

八月，《雙劍誃荀子新證》，北平大業印刷局。後收為一九四〇年《雙劍誃諸子新證》之一種。

文章五篇：

四月一日，《武王伐紂行程考》，刊於《禹貢》七卷一至三合期，六十一至六十五頁。

六月，《穆天子傳新證》，刊於《考古學社社刊》第六期，二七五至二八五頁。

七月，《〈尊古齋古鉨集林第二集〉序》（一九三七年五月），刊於黃濬《尊古齋古鉨集林第二集》，北平大業印刷局。

七月，《〈魏三字石經集録〉序》（一九三七年八月），刊於孫海波《魏三字石經集録》，考古學社專集第十七種，北平大業印刷局。

八月，《〈鄴中片羽二集〉序》（一九三七年二月），刊於黄濬《鄴中片羽二集》，北平尊古齋。

一九三九年

文章一篇：

十二月，《釋屯》，刊於《輔仁學志》第八卷第二期，一至四頁。後經修改，收入《雙劍誃殷栔駢枝》。

一九四〇年

專著三種：

十月，《雙劍誃殷栔駢枝》，北平大業印刷局。

十月，《雙劍誃諸子新證》，北平大業印刷局。

十一月，《雙劍誃古器物圖録》，北平大業印刷局。

一九四一年

專著一種：

八月，《雙劍誃殷栔駢枝續編》，北平大業印刷局。

文章三篇：

三月，《〈商周彝器通考〉序》（一九四一年三月），見容庚《商周彝器通考》，哈佛燕京學社出版。又上海人民出版社二〇〇八年八月。

九月，《論語新證》，刊於《輔仁大學語文學會講演集》第二集，一至二十四頁。後與一九四六年《經世日報》所發表同名論文會集並加刪訂，發表於《社會科學戰綫》一九八〇年第四期。

《毛伯班簋考》，收入華北文教協會（沈兼士）編《辛巳文録初集》，文奎堂書莊，二四一至二六三頁。（原書目録中題作《毛伯班簋考釋》。）

一九四二年

文章一篇：

三月，《〈鄴中片羽三集〉序》（一九四二年三月），刊於黄濬《鄴中片羽三集》，北平震泰印書局。

一九四三年

專著一種：

五月，《雙劍誃殷栔駢枝三編附古文雜釋》，北平大業印刷局。

一九四六年

文章一篇：〔一〕

九月二十五日，《澤螺居讀書記》，刊於《經世日報·讀書週刊》第七期。

一九四七年

文章四篇：

一月十五日，《釋人、尸、仁、𡰥、夷》，刊於《大公報·文史週刊》（天津）第十四期。

六月十一日，《古文字對於載籍故訓之糾正》，刊於《經世日報·讀書週刊》第四十三期。

六月二十五日、七月二日、七月九日，《論語新證》，刊於《經世日報·讀書週刊》第四十五至四十七期。

七月十七日，《急就篇新證》，收入《遼海引年集》（金毓黻先生六十壽辰文集），北京和记印書館，一至十七頁。

一九四九年

文章一篇：

十二月，《重文例》，刊於《燕京學報》第三十七期，一至九頁。

〔一〕或說于省吾先生一九四六年於《經世日報·讀書週刊》發表《急就篇新證序》一文，今尋繹未得，識之以存疑。

一九五六年

文章三篇：

一月，《殷代的奚奴》，刊於《東北人民大學人文科學學報》一九五六年第一期，一三二至一四二頁。

五月，《釋「蔑曆」》，刊於《東北人民大學人文科學學報》一九五六年第二期，二二三至二三七頁。

六月，《〈商周金文録遺〉序言》，刊於《史學集刊》一九五六年第一期，一至四頁。又見于省吾《商周金文録遺》。

一九五七年

專著一種：

八月，《商周金文録遺》，科學出版社。

文章三篇：

一月，《商代的穀類作物》，刊於《東北人民大學人文科學學報》一九五七年第一期，八十一至一〇七頁。後分別改寫為《釋黍、齋、來》、《釋禾、年》、《釋秜》三篇，收入《甲骨文字釋林》。

四月，《讀趙光賢先生〈釋蔑歷〉》，刊於《歷史研究》一九五七年第四期，八十九至九十二頁。

十月，《從甲骨文看商代社會性質》，刊於《東北人民大學人文科學學報》一九五七年第二、三期合刊，九十七至一三六頁。

一九五八年

文章一篇：

八月，《駁唐蘭先生〈關於商代社會性質的討論〉》，刊於《歷史研究》一九五八年第八期，五十九至七十一頁。

一九五九年

文章四篇：

八月，《對趙錫元同志〈評于省吾教授研究歷史的觀點、看法〉一文的幾點意見》，刊於《吉林大學人文科學學報》一九五九年第二期，七十九至八十六頁。

九月，《〈書·無逸〉「文王卑服為康功田功」解》，刊於《吉林大學人文科學學報》一九五九年第三期，一一一至一一四頁。

十月，《釋庶》（與陳世輝合寫），刊於《考古》一九五九年第十期，五七一至五七三頁。後經修改，收入《甲骨文字釋林》。

十一月，《略論圖騰與宗教起源和夏商圖騰》，刊於《歷史研究》一九五九年第十一期，六十至六十九頁。

一九六〇年

文章二篇：

三月，《楚公蒙戈辨偽》（與姚孝遂合寫），刊於《文物》一九六〇年第三期，八十五頁。

八月，《關於「天亡簋」銘文的幾點論證》，刊於《考古》一九六〇年第八期，三十四至三十六頁。

一九六一年

文章二篇：

八月，《歲、時起源初考》，刊於《歷史研究》一九六一年第四期，一〇〇至一〇六頁。

十月，《陳僖壺銘文考釋》，刊於《文物》一九六一年第十期，三十五頁。

一九六二年

專著再版一種：

八月，《雙劍誃諸子新證》，中華書局修訂再版，增加《列子新證》。

文章九篇：

三月，《盜蹠和有關史料的幾點解釋》，刊於《學術月刊》一九六二年第三期，五十至五十三頁。

六月，《釋∞、8兼論古韻部東、冬的分合》，刊於《吉林大學社會科學學報》一九六二年第一期，五十三至五十七頁。後經修改，收入《甲骨文字釋林》。

九月，《釋奴、婢》，刊於《考古》一九六二年第九期，四九六至四九八頁。後改寫為《釋𤔲》，收入《甲骨文字釋林》。

十月，《「皇帝」稱號的由來和「秦始皇」的正式稱號》，刊於《吉林大學社會科學學報》一九六二年第二期，七十七至八十頁。

十月，《澤螺居讀詩札記》，收入《文史》第一輯，中華書局一一五至一二八頁。

十一月，《〈師克盨銘考釋〉書後》，刊於《文物》一九六二年第十一期，五十六至五十七頁。

十二月，《〈詩〉「駿惠我文王」解》，刊於《吉林大學社會科學學報》一九六二年第三期，六十五至六十七頁。

十二月，《從古文字方面來評判清代文字、聲韻、訓詁之學的得失》，刊於《歷史研究》一九六二年第六期，一三五至一四四頁。

十二月，《對於〈詩·既醉〉篇舊說的批判和新的解釋》，刊於《學術月刊》一九六二年第十二期，四十至四十三頁。

一九六三年

文章五篇：

四月，《澤螺居詩義解結》，收入《文史》第二輯，中華書局，一一一至一二八頁。後與《澤螺居讀詩札記》經刪訂,收入《澤螺居詩經新證》卷中。

五月,《〈詩經〉中「止」字的辨釋》,收入《中華文史論叢》第三輯,中華書局,一二一至一三二頁。後收入《澤螺居詩經新證》卷下。

六月,《釋羌、苟、敬、美》,刊於《吉林大學社會科學學報》一九六三年第一期,四十三至五十頁。有「更正」,見《釋尼》文後。

八月,《「鄂君啟節」考釋》,刊於《考古》一九六三年第八期,四四二至四四七頁。

十二月,《釋尼》,刊於《吉林大學社會科學學報》一九六三年第三期,七十五至七十七頁。後經修改,收入《甲骨文字釋林》。

一九六四年

文章二篇:

三月,《略論西周金文中「六𠂤」和「八𠂤」及其屯田制》,刊於《考古》一九六四年第三期,一五二至一五五頁。

十一月,《司母戊鼎的鑄造和年代問題》,收入《文物精華》第三集,文物出版社,三十九至四十頁。

一九六五年

文章四篇：

三月，《關於〈論西周金文中「六𠂤」「八𠂤」和鄉遂制度的關係〉一文的意見》，刊於《考古》一九六五年第三期，一三一至一三三頁。

六月，《關於〈釋臣和鬲〉一文的幾點意見》，刊於《考古》一九六五年第六期，三〇九至三一〇頁。

六月，《〈夏小正〉五事質疑》，收入《文史》第四輯，中華書局，一四五至一五〇頁。

八月，《〈詩〉「履帝武敏歆」解——附論姜嫄棄子的由來》，收入《中華文史論叢》第六輯，中華書局，一一一至一二〇頁。（收入《澤螺居詩經新證》卷下。）

一九六六年

文章二篇：

二月，《讀金文札記五則》，刊於《考古》一九六六年第二期，一〇〇至一〇四頁。

四月，《「王若曰」釋義》，刊於《中國語文》一九六六年第二期，一四七至一四九、一三六頁。

一九七二年

文章一篇：

七月，《從甲骨文看商代的農業墾殖》，刊於《考古》一九七二年第四期，四十至四十一、四十五頁。後改寫為《釋圣》，收入《甲骨文字釋林》。

一九七三年

文章二篇：

二月，《關於古文字研究的若干問題》，刊於《文物》一九七三年第二期，三十二至三十五頁。

三月，《關於長沙馬王堆一號漢墓内棺棺飾的解說》，刊於《考古》一九七三年第二期，一二六頁。

一九七七年

文章一篇：

八月，《利簋銘文考釋》，刊於《文物》一九七七年第八期，十至十二頁。

一九七八年

文章五篇：

五月，《略論甲骨文「自上甲六示」的廟號以及我國成文歷史的開始》，刊於《社會科學戰綫》，一九七八年第一期，三三三至三三五頁。（後經修改，收入《甲骨文字釋林》。）

七月，《〈周易尚氏學〉序言》，刊於《社會科學戰綫》一九七八年第二期，二十七至二十九頁。又見尚秉和《周易尚氏學》，中華書局一九八〇年五月第一版。

七月，《憶郭老》，刊於《吉林大學學報》（哲學社會科學版）一九七八年第四期，二至三頁、封三。後收入《悼念郭老》，生活·讀書·新知三聯書店一九七九年五月，四一三至四一七頁。

九月，《〈關於利簋銘文的釋讀〉一文的幾點意見》，刊於《中山大學學報》（哲學社會科學版）一九七八年第五期，二十一至二十二頁。

十二月，《晉祁奚字黃羊解》，收入《文史》第五輯，中華書局，一至五頁。

一九七九年

專著一種：

六月，《甲骨文字釋林》，中華書局。

文章五篇：

五月，《神判》，刊於《社會科學輯刊》一九七九年第二期，六十九頁。（署名思泊，《春游瑣談》選登之一。）

七月，《釋㬎》，刊於《考古》一九七九年第四期，三五三至三五五頁。

八月，《澤螺居楚辭新證》（上），刊於《社會科學戰綫》一九七九年第三期，二一七至二二八頁。

八月，《壽縣蔡侯墓銅器銘文考釋》，刊於《古文字研究》第一輯，中華書局，四十至五十四頁。

十一月，《澤螺居楚辭新證》（下），刊於《社會科學戰綫》一九七九年第四期，二三三至二四五頁。

一九八〇年

文章六篇：

六月，《論〈甘誓〉書》，刊於《中國史研究》一九八〇年第二期，第一五七頁。

八月，《〈論語〉「子罕言利與命與仁」解》，收入《歷史論叢》第一輯，齊魯書社，三十至三十四頁。

十月，《論語新證》，刊於《社會科學戰綫》一九八〇年第四期，一三二至一三九頁。（系一九四一年與一九四七年兩種《論語新證》合編刪訂。）

十一月，《釋盾》，收入《古文字研究》第三輯，中華書局，一至六頁。

十二月，《關於商周時代對於「禾」、「積」或土地的有限度賞賜》，收入《中國考古學會第一次年會論文集》，文物出版社，一四九至一五二頁。

十二月，《甲骨文「家譜刻辭」真偽辨》，收入《古文字研究》第四輯，中華書局，一三九至一四六頁。

一九八一年

文章四篇：

一月，《牆盤銘文十二解》，收入《古文字研究》第五輯，中華書局，一至十六頁。

三月，《釋皇》，刊於《吉林大學社會科學學報》一九八一年第二期，十九至二十三頁。

十月，《釋隸、鬲》，刊於《史學集刊》一九八一年復刊號，六十九至七十二頁。

十二月，《釋中國》，收入《中華學術論文集》（中華書局成立七十周年紀念），中華書局，一至十頁。

一九八二年

專著一種：

十一月，《澤螺居詩經新證・澤螺居楚辭新證》，中華書局。

文章四篇：

三月，《釋日》，刊於《鄭州大學學報》（哲學社會科學版）一九八二年第一期，一至七頁。

三月，《于省吾自傳》（林澐執筆），刊於《晉陽學刊》一九八二年第二期，四十九至五十三頁。又收入《晉陽學刊》編輯部編《中國現代社會科學家傳略》第三輯，山西人民出版社一九八三年十二月，一至十頁。

六月，《釋黽、黿》，收入《古文字研究》第七輯，中華書局，一至六頁。

十二月，《釋蘁》，刊於《史學集刊》一九八二年第四期，一至四頁。

一九八三年

文章六篇：

二月，《釋「能」和「㲋」以及从「㲋」的字》，收入《古文字研究》第八輯，中華書局，一至八頁。

六月，《釋「𡗜」和「亞𡗜」》，刊於《社會科學戰綫》一九八三年第一期，一〇七至一〇九頁。

七月，《釋兩》，收入《古文字研究》第十輯，中華書局，一至十頁。

七月，《釋薾》，收入《上海博物館集刊一九八二——建館三十周年特輯》（總第二期），上海古籍出版社，一至二頁。

九月，《釋从天从大从人的一些古文字》，收入《古文字學論集》（初編），香港中文大學出版社，一至六頁。

十一月，《釋百》，刊於《江漢考古》一九八三年第四期，三十五至三十八頁。

一九八四年

文章一篇：

二月，《論俗書每合於古文》，刊於《中國語文研究（季刊）》第五期，香港中文大學中國文化研究所吳多泰中國語文研究中心，十三至十七頁。

《春游瑣談》隨筆六則：

七月，《春游瑣談》，中州古籍出版社。內收隨筆六則（署名思泊）：

《曹雪芹故居與脂硯齋脂硯》（十三至十四頁）

《房頂開門》（二十三頁）

《神判》（三十二頁，前見）

《〈易·未濟〉「征凶利涉大川」解》（五十頁）

《周白丹字圭》（五十八頁）

《〈楚辭·遠游〉「南巢」解》（一五六頁）

一九八五年

遺文一篇：

十月，《釋古文字中的㸚字和豆冊、弜冊、豆冊》，收入《古文字研究》第十二輯，中華書局，一六七至一七二頁。

一九八六年

遺文重刊一篇：

六月，《釋从天从大从人的一些古文字》，重刊於《古文字研究》第十五輯，中華書局，一八五至一八七頁。

一九九〇年

遺文一篇：

四月，《伏羲氏與八卦的關係》，收入《紀念顧頡剛學術論文集》，巴蜀書社，一至三頁。（按，據《〈周易尚氏學〉序言》，此文當成於一九七八年之前，原擬於一九八〇年編入《慶祝顧頡剛先生八十八誕辰論文集》，後因顧頡剛逝世及出版方面周折，一九九〇年始以《紀念顧頡剛學術論文集》為名出版。）

一九九三年

專著再版一種：

七月，《商周金文録遺》由中華書局再版。

一九九四年

專著再版一種：

《雙劍誃吉金文選》，三册一函，江蘇廣陵古籍刻印社綫裝影印。

一九九六年

專著出版一種：

五月，于省吾主編、姚孝遂按語編撰《甲骨文字詁林》，中華書局。

一九九七年

遺文一篇：

十二月，《〈積微居金文說〉序》（作於一九五一年），刊於楊樹達《積微居金文說（增訂本）》，中華書局。（按，《積微居金文說》一九五二年九月出版時此序未能刊出，此時始重新加入。）又見《湖湘文庫・積微居金文說（增訂本）》，湖南教育出版社二〇〇七年十二月。

一九九八年

專著再版一種：

八月，《雙劍誃吉金文選》，中華書局影印。

遺文重刊一篇：

三月，《釋中國》，收入王元化主編《釋中國》，上海文藝出版社，一五一五至一五二四頁。

一九九九年

專著再版一種：

四月，《雙劍誃群經新證・雙劍誃諸子新證》，上海書店出版社彙集影印出版。

二〇〇一年

遺文重刊一篇：

十二月，《釋兩》，收入傅傑主編《二十世紀中國文史考據文録》，雲南人民出版社，三六六至三六九頁。

二〇〇三年

專著再版一種：

四月，《澤螺居詩經新證‧澤螺居楚辭新證》，收入《中華學術精品叢書》第二輯，中華書局簡體排印出版。

二〇〇九年

著作集出版：

四月，《于省吾著作集》十三種十冊，中華書局。

專著再版一種：

九月，《甲骨文字釋林》，收入《中國文庫‧史學類》，中華書局縮印再版。

附：于省吾先生著作臺灣地區部份出版情況表*

一九五一年

* 此表承復旦大學程少軒先生及臺灣成功大學莊惠茹女士惠助資料。

《韓非子新證》、《墨子新證》，臺北：藝文印書館。

一九五七年

《易經新證》、《雙劍誃論語新證》，臺北：藝文印書館。

《墨子新證》、《淮南子新證》、《吕氏春秋新證》、《韓非子新證》、《荀子新證》，收入『嚴靈峰無求備齋諸子文庫』，臺北：藝文印書館。

一九五八年

《吕氏春秋新證》、《易經新證》、《雙劍誃尚書新證》，臺北：藝文印書館。

一九五九年

《雙劍誃諸子新證》、《老子新證》，收入『嚴靈峰無求備齋諸子文庫』，臺北：藝文印書館。

一九六〇年

《雙劍誃諸子新證》，臺北：樂天書局。

一九六九年

《雙劍誃殷契駢枝續編》、《雙劍誃殷栔駢枝三編》、《雙劍誃殷栔駢枝》，臺北：藝文印書館。

一九七〇年

一月，《雙劍誃吉金文選》，臺北：藝文印書館。

九月，《諸子新證》，收入「樂天人文叢書」，臺北：樂天出版社再版。

一九七一年

一月，《雙劍誃殷栔駢枝》、《雙劍誃殷栔駢枝續編》，臺北：藝文印書館再版。

六月，《雙劍誃吉金文選》（與吳闓生《吉金文録》合印為《彝銘會釋》），臺北：樂天書局。

六月，《商周金文録遺》，臺北：明倫出版社。

一九七五年

九月，《易經新證》，臺北：藝文印書館三版。

十一月，《殷栔駢枝全編》，臺北：藝文印書館再版。

一九七六年

十月，《雙劍誃吉金圖録》、《雙劍誃古器物圖録》，臺北：臺聯國風出版社。

一九八一年

十月，《甲骨文字釋林》，臺北：大通書局。

一九八二年

十一月，《詩經楚辭新證》（修訂本），臺北：木鐸出版社。

一九八五年

四月，《尚書新證》，收入「研究叢刊」，臺北：崧高書社。

二〇〇八年

七月，《雙劍誃詩經新證》、《雙劍誃尚書新證》、《雙劍誃易經新證》，收入「民國時期經學叢書第二輯」，臺中：文听閣圖書有限公司。

二〇一〇年

五月，《雙劍誃諸子新證》，收入「民國時期哲學思想叢書」，臺中：文听閣圖書有限公司。

出版年代不詳：

《雙劍誃殷契駢枝》、《雙劍誃殷契駢枝續編》、《雙劍誃殷契駢枝三編》、《雙劍誃論語新證》、《雙劍誃易經新證》、《雙劍誃尚書新證》、《雙劍誃詩經新證》、《雙劍誃莊子新證》、《墨子新證》、《淮南子新證》、《荀子新證》、《韓非子新證》、《老子新證》、《呂氏春秋新證》，臺北：藝文印書館。

《甲骨文字釋林》述介

林澐

于省吾先生（一八九六至一九八四）是著名的古文字學家、古器物學家、訓詁學家。字思泊，號雙劍誃主人、澤螺居士、夙興叟。遼寧海城人。

他在一九三一年移居北京後，即從事古器物學和金文研究，並用古文字研究成果校訂和詮釋先秦要籍。一九三九年開始從事甲骨文研究，深感「契學多端，要以識字為其先務」，一九四〇年到一九四三年出版《雙劍誃殷契駢枝》和續編、三編。其後又有四編稿本（一九四五），在陳夢家著《殷虛卜辭綜述》時借去（見該書「甲骨論著簡目」的文字部分）。可惜在于先生的遺稿中未能發現，大概是在陳夢家處散失了。

在于省吾先生的研究生涯中，長期以甲骨文字考釋為主，不斷深入鑽研、去粗存精、推陳出新。晚年匯成的《甲骨文字釋林》一書，一九七九年由中華書局出版，是于先生在古文字和中國古文獻學研究方面的成果結晶，也是他一生學術成就的代表作。

此書內容以釋字為主，所釋的字可分為兩類：一類是前人未識或誤釋之字，由先生首先正確認出來的。例如表季節的「春」，表天象的「虹」和「雷」，表顏色的「黑」，重要祭名「豊（飢）」，常用詞「喪」等等。另一類是前人已識之字，而于先生對其字形由來、使用於卜辭中具體場合的意義，作進一步闡釋的。例如解釋「斤」的形體的由來，解釋「其」為什麼作「該」講，以及「夕」在祭祀卜辭中作「腊」理解，「啟」在征伐卜辭中是充當前軍之意，等等。

于省吾先生不僅在正確釋字和正確理解卜辭文義方面作出重大貢獻，而且在釋字過程中正確辨認出一大批甲骨文構字元素，即偏旁。對正確釋讀甲骨文和其他古文字都有重大意義，這可以舉出屯、甾、乇、宂、冎、勹等為例。

于省吾先生在考釋古文字方面之所以取得很大的成績，是和他堅持「以形為主」的方法分不開的。正如他在本書的自序中所說：「留存至今的某些古文字的音與義或一時不可確知，然其字形則為確切不移的客觀存在，因而字形是我們實事求是地進行研究的唯一基礎。」其實，任何古文字除了本身的字形之外，還有另一個客觀存在，那就是它在文句中所處的位置，即所謂「辭例」，也是考釋文字時的依據。但于省吾先生反對僅從某個不識的古文字的上下文來揣測它的字義，而不是首先認真研究字形，以致「望文生義，削足適屨地改易客觀存在的字形以遷就一己之見」。但是，于先生主張的「以形為主」，並不是只看著某個不識的古文字的形體冥思苦想，說它像什麼東西、表什麼意思，就說是什麼字； 而是要和其他已識的古文字全面比較，串聯成可信的演變序列，才能下結論。所以他在《殷契駢枝三編》的序中已經指出，商周古文字是「本」，小篆是「末」。研究者「須本末兼晐。本固重矣，而其所以演變以至於末者，迹必相銜，方可徵信」。也就是說，要通過歷史比較法，找到演變過程中的關鍵性環節，才有可信的結論。以本書所釋的「气」字為例，在甲骨文中，這個字和「三」字的差別，僅僅是中間一畫稍短一些。這一差別在研究初期没有被注意到，所以最早也被認為是「三」字，後來資料積累多了，發現中間一畫稍短的字都不作為數字使用，於是就有釋「彡」、「肜」、「川」等說法。而于省吾先生在研究中發現這個三字和西周到東周古文字中的三、气、乞以及小篆的气可以銜接，所以確定為「气」的初文。而且，這個結論還要放到出現這個字形的全部甲骨文辭例中去驗證，看看是不是都能講得通，這才完成了對這個字的全部研究。于先生釋「气」的結論在古文字學界得到公認，代表這種方法已成為公認的科學方法。

所以，所謂「以形為主」的方法，並不是要求研究者單單注意某一字形，而是要求研究者在研究某一時段的古文字時，需要全面掌握各個時段的文字字形，才能為「本末兼晐」地研究字形演變相銜之迹打好基礎。而且，要盡可能全面掌握所研究的字的全部辭例，一方面是由辭例的同異可以發現該字的字形究竟有哪些值得注意的特點，避免把字形相近的不同字混淆，或把寫法上略有差異的同一字誤認作不同的字。另一方面，可以對從字形出發而得到的釋字結論，進行全面的檢驗，避免錯誤。一生堅持「以形為主」的于省吾先生，從研究甲骨文開始，就編輯了一部《栔文例》（稿本，一九四〇至一九四三），把每個甲骨文字有哪些辭例，分別輯録在一起，由曾毅公謄清成八大本。這其實也是他在甲骨文字考釋中取得輝煌成就的重要基礎。後來島邦男出版的《殷墟卜辭綜類》，和《栔文例》是同一性質的工具書，于省吾先生得到此書，即作為案頭的常備書之一。因此，我們對于省吾先生所説的「字形是我們實事求是地進行研究的唯一基礎」切不可作片面的理解，而應該把字形作為古文字兩個客觀存在中更重要的立論依據和研究的首要出發點。

除了考釋單字外，于先生從《駢枝》時期起就對甲骨卜辭中的部分兩個以上字構成的詞或短語作解釋。而到本書又有進一步的擴充，有的條目幾乎成為一篇某一方面問題的短論。由於他對古文字字形的熟悉和音韻、訓詁知識的豐富，以及在傳世典籍和古文字資料融會貫通方面下過很深的功夫，所以每有很多精彩的創見。讀者一一細繹，可以得到多方面的收穫。

由於于省吾先生在五十年代以後，頗有志於用古文字資料，結合傳世典籍和考古資料，研究商周社會歷史，所以在考釋甲骨文字時，也自然流露出對商代的生產經濟、社會狀況、意識形態等方面的關注，因而本書有不少條目對史學工作者也頗有助益。特別是「釋自上甲六示的廟號以及我國成文歷史的開始」一條，從示壬、示癸的配偶的天干並不相次，顯非後人所追擬，推論成湯以前的商史已經有典可稽，可謂慧眼卓識，很有啟發意義。

本書還有一些條目，是于省吾先生在長期研究古文字的過程中對古漢字造字方式的思考，如「部分表音的獨體象形字」、「附劃因聲指事字」，對傳統的「六書」說有所突破，提出了值得我們進一步深入探究的課題。

本書作為于先生晚年總結一生研究成果的著作，充分體現了他從不固步自封，不斷探索新知的可貴精神。一個明顯的例子是他早期出版的《駢枝》初、續、三編，共有辭條九十八條，到編定本書時竟刪落近半。就在本書寫定的條目中，也可以看出他對一些字的反復探索過程。實際上在他生前主編的《甲骨文字詁林》的按語中，對本書所釋之字就有所改釋。這是因為古文字學的地下新資料不斷出土，研究又不斷有所進步所致。所以我們讀他的著作，首先應該學習他取得成功的方法，學習他不囿於私見、勇於打破陳說的精神，才能使他留給我們的寶貴遺產發揚光大，使古文字學永葆青春！

附：本書勘誤表

《甲骨文字釋林》是于先生責我手抄後影印出版的。在付印前雖經校對，但還有一些錯字未能校改。出版後又發現一些問題，現附校勘表如下：

二十五頁四行十二字，「四」當作「下」。

四十五頁六行十二字，「二」當作「一」。

一二〇頁四行五字，「盧」當作「鹵」。

一二〇頁四行十、十一字，「盧」當作「鹵」。

一二〇頁十三行十二字，「盧」當作「鹵」。

一二二頁九行二十一字，「四」當作「三」。

一二五頁七行八字，「成」當作「萬」。

二〇七頁十一行十九字，「茷」當作「蔑」。

二二二頁二行十一字，「氏」當作「氐」。

三〇一頁三行六字，「羌」當作「[illegible]」。

三八一頁九行九字，「鼎」當作「毀」。

四二六頁十行十七字「汎」當作「汜」。

四四二頁六行二十三字「字」當作「手」。

四六一頁十四行十字，「子」當作「字」。